TRADE ECONOMICS

贸易经济学

丁宁◎主编

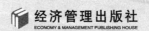

经济管理出版社
ECONOMY & MANAGEMENT PUBLISHING HOUSE

图书在版编目（CIP）数据

贸易经济学 / 丁宁主编. -- 北京：经济管理出版社，
2024. -- ISBN 978-7-5096-9902-7

Ⅰ．F710

中国国家版本馆 CIP 数据核字第 2024ZL0108 号

组稿编辑：张馨予
责任编辑：张馨予
责任印制：张莉琼
责任校对：陈　颖

出版发行：经济管理出版社
　　　　　（北京市海淀区北蜂窝 8 号中雅大厦 A 座 11 层　100038）
网　　址：www. E-mp. com. cn
电　　话：（010）51915602
印　　刷：北京晨旭印刷厂
经　　销：新华书店
开　　本：720mm×1000mm/16
印　　张：16.5
字　　数：331 千字
版　　次：2024 年 12 月第 1 版　　2024 年 12 月第 1 次印刷
书　　号：ISBN 978-7-5096-9902-7
定　　价：98.00 元

前　　言

　　贸易经济学是一门研究贸易领域各种经济关系和运行规律的学科，贸易经济学的知识体系应包含贸易成因与发展、贸易实现以及贸易活动人格化和专业化三个方面的内容。贸易成因与发展是贸易经济学的核心和理论根基，贸易实现是贸易经济学的基本理论在总体和宏观领域的拓展和外延，贸易活动人格化和专业化是贸易资本运行规律的生动体现。本教材以马克思主义立场、观点和方法为指导，遵循贸易分工的理论内核、保护带和启示法的理论逻辑，基于过程、组织与政策的关系，紧密结合国内国际双循环、现代流通体系和全国统一大市场的发展背景，引入国家新制定的流通政策、法规等内容进行编撰。通过对本教材的学习和使用，使学生掌握马克思主义流通理论，进而能够运用马克思的流通经济理论分析实际问题，正确地认识和把握现代商品流通以及贸易的运行机制和发展规律。

　　在本教材的编写过程中，编写团队按照贸易经济学基本原理，即贸易的产生与发展、贸易的地位与作用、贸易分类、贸易结构与过程、贸易组织与方式、贸易效率、贸易管理体制与政策的逻辑关系编撰相关内容。本教材是安徽省省级质量工程项目"贸易经济学"精品线下开放课程（2022xxkc002）和"贸易经济学"省级规划教材项目的建设成果，同时也是国家社会科学基金项目"数字赋能零售业态高质量发展的机理与政策"（23BJY194）的阶段性成果。

目　　录

第一章 分工深化与贸易发展

第一节 分工与分工深化

一、分工及其划分

(一) 分工的概念

分工是指在人类社会的经济领域中为进行合理的劳动而把劳动专业化的过程。具体地说，分工即为劳动的分割，将一组完整的生产活动分割成若干不同的部分，将原来一个人或组织的生产活动中所包含的不同职能的操作分开进行。最早对分工进行阐释的是古希腊的色诺芬，他指出大城市中的手艺在较小城镇更为完善，社会分工的程度依存于市场范围。[①] 威廉·配第在 17 世纪末认识到分工对生产效率的作用，并指出荷兰人航运费之所以低廉的原因是荷兰人能够适应各种特定业务的需要，使用特定种类的船只。[②]

亚当·斯密是古典分工理论的集大成者，他认为劳动生产率与分工有关，分工是有助于生产力提高的最重要的条件。亚当·斯密在其著作《国民财富的性质和原因的研究》中明确提出了著名的斯密定理：首先，"劳动生产力上最大的增进，以及运用劳动时所表现的更大的熟练技巧和判断力，似乎都是分工的结果"。其次，分工产生于人的交换本性，交换引起分工。最后，"分工起因于交换能力，分工的程度，因此总是要受交换能力大小的限制，换言之，要受市场广狭的限制"。交通工具与人口稠密程度影响市场的规模，资本是在各间接生产部门发展

---

① 色诺芬. 经济论雅典的收入 [M]. 北京：商务印书馆，1961：3.
② 威廉·配第. 政治算术 [M]. 北京：中国社会科学出版社，2010：24.

分工的工具。①

Young（1928）对于分工理论做出了重要贡献，在其里程碑式的论文《报酬递增与经济进步》中提出了杨格定理。他用三个概念来描述分工，一是每个人的专业化水平，专业化水平随每个人的活动范围的缩小而提高；二是间接生产链条的长度；三是此链条上每个环节中的产品种类数。②

（二）分工的划分标准

分工有不同的划分标准，马克思在《资本论》中提出："单就劳动本身来说，可以把社会生产分为农业、工业等大类，叫作一般的分工；把这些生产大类分为种和亚种，叫做特殊的分工；把工场内部的分工，叫作个别的分工。"③ 特殊分工主要是指大类之下的小类分工，个别分工是指生产过程中各环节的分工。依据分工的基础可以将分工划分为以比较利益为基础的劳动分工和以规模报酬为基础的劳动分工。

按照分工在空间范围内的拓展，分工深化可以描述为从国内区域分工到国内市场分工再到国际分工。随着阻碍市场扩展的国际贸易壁垒降低，为实现产品生产上的规模经济，特定产品或特定产品的不同工序在不同的国家实现空间分散，形成国际分工。

劳动分工还具有历史性，第一次、第二次、第三次社会大分工出现了农业、畜牧业、手工业和商业四大产业部门，并提供了产业间分工即产业间贸易的基础。而第四次、第五次、第六次社会大分工则提供了产业内、产品内和要素内分工及贸易的基础。

二、分工深化

最原始的分工是自然分工，之后才有按劳动特长的技术分工。技术分工的发展必然导致生产的专业化，这既是劳动生产率提高的结果，也是生产力发展的必然要求。而生产专业化的发展，必然会导致社会分工的不断深化。

（一）分工深化的演进历程

分工的演进可以按照两条线索来描述，一个是从产业分工到产品分工再到要素分工，当前又进一步表现出要素内分工的趋势。另一个是从国内区域分工到国内分工再到国际分工，当前随着跨国公司的发展，这种分工又呈现出生产网络化

---

① 亚当·斯密. 国民财富的性质和原因的研究［M］. 北京：商务印书馆，2007：5.

② Young A. Increasing Returns and Economic Progress［J］. The Economic Journal，1928，38（152）：527-542.

③ 马克思. 资本论（第1卷）［M］. 北京：人民出版社，2004：406-407.

的趋势。

1. 产业分工—产品分工—要素分工

在分工的最初，决定分工的基础是比较利益。不同个体之间在体力或智力上存在差异，不同地区或国家之间在资源禀赋上也存在差异，这使得个体或国家能够根据比较利益来实行分工，即从事自己擅长、具有优势、生产成本较低的产业，这种分工的表现形式就是产业分工。在历史上出现了三次社会大分工，第一次社会大分工使得畜牧业从农业中分离出来，第二次社会大分工使得手工业从农业中分离出来，第三次社会大分工使得商业进一步分离出来。因此，三次社会大分工产生了畜牧业、农业、手工业和商业四大产业门类。产业革命和工业化进程开始之后，社会分工具有了加速的趋势，农业、林业、牧业、渔业组成了第一产业，矿业、建筑业、制造业组成了第二产业，信息业、金融业、流通业、法律业、教育业等组成了第三产业，产业间的分工得以进一步细化。

产业分工的基础是资源禀赋，但资源禀赋的不同并不是造成分工的唯一因素，尤其是在工业化之后，可以显著降低生产成本和提高效率的规模经济成为推动分工的又一因素。但此时的分工更多的是一种产品分工，即在同一产业内同一产品的不同生产阶段、不同生产环节的分工，其实质是生产布局的区位选择，既可以在国家内部的不同企业之间进行分工，也可以在国际之间进行分工。不同企业仅从事某种产品的某个零部件的生产，可以充分利用规模经济所带来的利益，降低成本、提高效率，从而进一步推动生产规模的扩大和生产效率的提高。

自 20 世纪后期以来，随着经济的扩张和全球化的推进，分工进一步深化，出现了要素分工，即建立在产品价值链基础上的分工。一件产品从研发、创新到市场营销和销售，经过了多个价值附加过程，从要素分工的角度，可以将其划分为研发阶段、生产阶段和销售阶段。随着技术的进步、产品复杂程度的增加和市场竞争的加剧，研发阶段和销售阶段的附加值呈上升趋势，而生产阶段的附加值则逐步下降。比如，一个芭比娃娃在中国、印度尼西亚或马来西亚这些劳动力成本低廉的国家生产，而芭比娃娃的模型则是由美国的母公司设计的，美国的生产单位又负责芭比娃娃的着色与打扮。一个芭比娃娃在美国市场上的售价为 10 美元，其中，中国的劳动力成本只占 35 美分，中国的布料成本约为 65 美分。通过香港转口贸易，一个芭比娃娃在香港的离岸价格为 2 美元，即从内地到香港的运输成本、仓储费、香港出口商的一般管理费用与利润总和大约为 1 美元。在美国，生产芭比娃娃的母公司 Mattel 公司在每个芭比娃娃上赚 1 美元的利润，这说明，一个芭比娃娃的主要价值链是分布于美国的进口、运输、配色、库存与营销环节上的,这方面的价值总和约为 7 美元。

当前,随着技术的进步和通信、运输成本的下降,又出现了要素内分工的趋势,即由不同的企业合作开发、合作生产或合作销售新的产品。这种合作更多的是一种动态合作,即根据市场环境的变化和市场需求的特征,选择不同的企业来进行合作和分工,以最低的成本和最快的速度推出符合市场需求的产品。

2. 国内区域分工—国内市场分工—国际分工

在一个国家内,由于各区域自然条件、人口素质、文化习俗等的不同,会造成各区域之间在不同产业上的不同优势,因此不同区域会集中生产自己所擅长、效率较高、成本较低的产品。随着市场的逐步扩大和交换的扩展,国内区域分工演化为国内市场分工,即特定产品的不同工序或区段在一个国家内部的不同区域空间分散化。例如,20 世纪 90 年代中国的自行车制造业,组成自行车的数百个零部件的生产由分散在国内的不同的企业来完成。当国内市场容量制约了规模经济的发展之后,国际分工就开始在历史舞台上扮演主要角色,即特定产品的不同工序或区段在不同国家之间的空间分散化,如波音 747 飞机包含 450 万个部件,这些部件由 8 个国家的 1600 个大型企业、1.5 万个中小型企业协作生产,最终在美国西雅图完成组装。

当然,国内区域分工、国内市场分工和国际分工也是同时并存的,只不过在某个时期或某个区域某种分工占据优势地位。而且国内区域分工、国内市场分工、国际分工也是与产业分工、产品分工、要素分工交叉并存的,国内区域分工、国内市场分工、国际分工的表现形式既可以是产业分工和产品分工,也可以是要素分工。

(二) 分工深化的影响因素

分工是一种制度安排,马歇尔认为分工问题是给定相对生产量和消费量,分工水平是由专业化收益与交易费用之间的冲突所决定的。当分工的专业化收益大于协调分工的交易费用时,分工就会深化。具体来说,影响分工发展程度的因素主要有市场范围、交易费用、技术进步等。

1. 市场范围

首先,分工水平受市场范围的限制,对此亚当·斯密在其《国富论》一书中就明确提出,"分工起因于交换能力、分工的程度,因此总要受交换能力大小的限制,换言之,要受市场广狭的限制"。[①] Stigler (1951) 利用厂商的不同功能或构成厂商活动范围的不同操作阶段来"分割"厂商,并利用专业化不断提高

---

① 亚当·斯密. 国民财富的性质和原因的研究 [M]. 北京:商务印书馆,2007:16.

的原理来分析厂商垂直一体化，从而将斯密定理扩展用于解释产业的功能结构和地理结构的关系。[①]

其次，市场规模与分工是相互作用并自我演进的。对此，Young（1928）提出，市场的大小不仅由人口规模决定，而且由有效购买力决定，而购买力由生产率决定，生产率又依赖于分工水平，市场规模与分工程度相互依赖并以累进的方式自我繁殖，从而实现经济发展。

2. 交易费用

分工产生的协调费用是限制分工发展的关键因素（阿马萨·沃尔克，1874）。分工之所以深化是因为在生产中不断引入迂回生产链条，从而通过专业化程度的提高产生报酬递增（Young，1928）。迂回链条的引入会产生协调各个分工链条的交易成本，专业化收益与交易费用的比较将决定分工是否深化。杨小凯（1999）认为专业化可以提高生产率，减少稀缺性，但却会增加交易费用，所以存在利用专业化收益和增加交易费用的两难冲突。当分工的边际收益等于边际交易费用时，分工水平达到最优。[②]

此外一些学者用交易费用对劳动分工的制约来解释企业制度的演进，Coase（1937）指出企业将倾向于扩张直到企业内组织一笔交易的成本等于在公开市场上进行同一交易的成本。市场交易费用与企业内部管理费用的权衡一度成为决定市场分工和企业分工的关键因素。

3. 技术进步

技术进步是影响分工程度的一个非常重要的因素。马歇尔认为机械的改良与分工的日益精细是同时进行的。[③] Young（1928）认为技术进步可以加强报酬递增的力量，这包括新自然资源及其应用的发现、科学知识的增加，也就是通过迂回或间接生产方式使用劳动所取得的专业化收益。

另外，技术进步可以节约交易费用从而推动分工深化，这无论是从产业革命的发展还是从企业发展模式的演进都可以说明这一点。技术进步大大降低了协调分工的交易费用，使分工专业化的收益大于交易费用，分工得以深化。

综合来说，交通运输条件的改善和交易制度条件的完善为分工深化创造了必要条件，信息技术的进步为分工深化提供了充分条件。交通运输条件的改善扩展了市场范围，提升了人类的交易能力，而交易制度的完善则保证了交易的明确规

---

① Stigler G J. The Division of Labor is Limited by the Extent of the Market [J]. The Journal of Political Economy，1951，59（3）：185-193.

② 杨小凯. 分工与专业化：文献综述 [M] // 汤敏. 现代经济学前沿专题. 北京：商务印书馆，1999：17-40.

③ 马歇尔. 经济学原理 [M]. 北京：商务印书馆，2005：270.

范，有利于降低交易中的不确定性，减少相应的交易费用，保障专业化生产者得到分工深化的利益。以光纤通信技术和数字通信技术为代表的现代信息技术的进步不仅增加了信息传输量，还降低了通信损耗，提高了信息交流的准确性，这大大降低了由于信息传输而产生的交易费用。企业借助现代信息技术可以实现远距离的信息交流，监督和协调其分散在世界各地的经营活动，并快速地对相关业务信息进行存贮、分析和处理，为其生产经营活动提供较为准确的信息支持。在这个意义上，信息已成为生产活动中除传统的劳动、资本、土地之外的重要投入要素，为分工深化提供了新的报酬递增的源泉。另外，信息网络的普及使得全球范围的生产者、消费者、供应商紧密地联系在一起，降低了生产者和消费者相互搜寻的成本和供求双方的信息不对称，提升了交易活动的准确性，为分工深化及专业化服务的供给创造了潜在的获利机会，进一步拓展了贸易的市场份额。总之，交通运输条件的改善、交易制度的完善和信息技术的进步使得越来越多的产品适合引入迂回生产方式，也使得产品生产工序、生产环节乃至生产投入要素的可分性得以增强，推动分工从产业间向产品内和要素内深化，进而使得分工的空间范围由国内区域向国际市场不断拓展。

第二节　分工与市场、交换和贸易

一、分工与市场

（一）市场的含义

市场属于交换的范畴，在经济学上有多种含义：①市场是指人们进行商品交换的场所，也就是人们集中进行贸易活动的地方。这是有形的、具体的市场，它区别于具体的生产场所和消费场所。②市场是指商品交换关系的总和，即将市场归为流通领域。马克思指出，"市场即流通领域"，[①] "市场是流通领域本身的总表现"。[②] 马克思也提到过市场是"交换领域"。这里讲的市场是抽象意义的市场，它不是指特定的商品交换场所，但它包含了所有具体市场，是具体市场不断延伸的总和。③市场是意为商品的销路，即指商品的现实与潜在需求。有销路，

---

① 中央编译局．马克思恩格斯全集（第24卷）［M］．北京：人民出版社，1972：281.
② 中央编译局．马克思恩格斯全集（第49卷）［M］．北京：人民出版社，1982：325.

有商品需求，就有市场。马克思说："寻找市场，也就是寻找买者。"① ④在特定条件下，市场被用来作为交易组织的称谓，如批发交易市场、证券交易市场等。市场的上述含义是在实践中不断发展和丰富的。

（二）市场理论：分工论②

早期的重农学派是从生产而不是从流通出发来研究市场问题的，其市场理论可表示为：农业劳动施于土地，生产产品 P，以供劳动者全部消费。而当他们生产一个增加量 P′时，自己已无需要，于是把它交给非农业劳动者。后者把它制成工业品 Q，却非自己所需，便把 Q 交给农业劳动者。这样，工业品和农产品交换，就出现了市场。

马克思说，产品之所以成为商品……仅仅因为有其他商品成为它们的等价物，仅仅因为有作为商品和作为价值的其他产品同它们相对立。由于社会分工，这些商品的市场日益扩大；生产劳动的分工，使它们各自的产品互相变为商品，互相成为等价物，使它们互相成为市场。③ 列宁根据上述论点，提出"社会分工是商品经济的基础"这一命题。④ 他说，市场这一概念和社会分工……这一概念是完全分不开的。哪里有社会分工和商品生产，哪里就有"市场"。市场量和社会劳动专业化的程度有不可分割的联系。⑤

分工和专业化的出现是由于技术进步，其使得生产力发展，专业户可以有较大的经济效益。不仅各产业部门，一项生产的各工序的专业化也产生同样的效果。技术进步必然引起生产的各部分的专业化、社会化，进而使市场扩大，但历史上各种市场的形成并不一定靠分工。

（三）市场史：不依靠分工的市场

马克思说，最初的交换出现在原始公社的"尽头"，即"和其他公社接触"的"边界"；交换的东西主要是"奴隶、牲畜、金属"等。⑥ 既然是两个相邻的公社，自然条件差不多，就不会有什么分工。地方小市场，即农村集市，原来也是一种调剂余缺的市场。交换双方都是当地的农民，交换的东西也大多是每家都能生产的，并不必须有社会分工。城市市场，形成的主要因素不是社会分工，而是剥削。自从有了剥削阶级，地主、贵族、官僚等都需要在城市购买生活资料，于是商贾云集，城市市场大兴。地区之间的、长距离的贩运贸易，以盐铁为首的

① 中央编译局．马克思恩格斯全集（第49卷）［M］．北京：人民出版社，1982：326.
② 吴承明．市场·近现代化·经济史论［M］．昆明：云南大学出版社，1996：211-218.
③ 马克思．资本论（第3卷）［M］．北京：人民出版社，2004：718.
④ 中央编译局．列宁全集（第3卷）［M］．北京：人民出版社，1984：17.
⑤ 中央编译局．列宁全集（第1卷）［M］．北京：人民出版社，1984：79.
⑥ 中央编译局．马克思恩格斯全集（第13卷）［M］．北京：人民出版社，1962：39.

土特产品贸易，也可以说是地区分工。但它是由自然条件形成的，而不是由于技术进步和大量生产引起的。奢侈品贸易是古代贸易的重要内容，但它是根据物以稀为贵的原则，并不是根据社会分工的原则而来的。

（四）对历史上市场现象的解释

马克思在《资本论》中提出，产品在交换之前不是商品，它们通过交换才成为商品，并且不再称为物物交换，而称为"直接的产品交换"。这个词含义较广，完全可用于早期地方小市场（集市贸易）的交换。这种交换，"一方面具有简单价值表现形式，另一方面还不具有这种形式"，[①] 因而，它还不是完全意义上的商品（价值）交换。至少，它是作为使用价值但不是作为价值（商品）而生产的，只是在交换时才体现出价值。这也就是它的交换不必以社会分工为基础的理由。因为分工是指生产的专业化，目的在于增加经济效益。这种小市场的交换则主要是调剂余缺，每个生产者都是为买而卖，主要目的不是增加经济效益，所以不必须有分工。"永恒理性的一系列经济进化是从分工开始的"。[②] 因而，地方小市场的扩大，虽然是商品经济的一个发展，但对于整个经济的进步而言，却作用不大。

由剥削而产生的城市市场，是另一种性质。政治经济学所说的商品交换，是指产品与其等价物相交换（即生产者之间的交换），或者是产品与资本相交换（如工业资本家以货币购买原材料）。由剥削而产生的市场，则是产品与收入相交换，即贵族、地主以其纯收入购买消费品。

在封建社会，这种收入不论采取什么形式，都不外乎是地租的转化形态。由此所引起的商品流通是单向的：每年由农村输往城市一定量的农副业产品，城市却没有回头货来回馈农村。因而没有实际的交换，所流通的也不是真正的、完全意义上的商品。所以，由此所形成的城市市场的繁华，反映的主要是封建经济的成熟，而不是商品经济的发展。这与马克思的以分工为基础的市场理论并不矛盾。

早期的贩运贸易，马克思说它是建立在生产民族的野蛮状态的基础上的，对不发达的共同体的产品交换起中介作用。[③] 这是因为在贩运贸易中，无论是土特产品还是奢侈品，都是已生产出来的东西，自用有余或当地无用，因商人资本的活动而"使产品发展成为商品"。[④] 它不是生产的发达而造成的商业，因而不需

---

① 马克思. 资本论（第1卷）[M]. 北京：人民出版社，2004：105.
② 中央编译局. 马克思恩格斯选集（第4卷）[M]. 人民出版社，1995：534.
③ 马克思. 资本论（第3卷）[M]. 北京：人民出版社，2004：384.
④ 马克思. 资本论（第3卷）[M]. 北京：人民出版社，2004：375.

要以生产力的特别发展和分工为前提。

由此可见，在历史上，可以有不同性质的交换。马克思在讲分工时说："这里所指的分工……是表现为交换价值的分工。"① 马克思又说，这种分工"仅仅把它看作同交换价值是一回事"。② 从这个意义上来说，无论有多大的市场，只要没有专业户，即没有生产交换价值的分工，就不算有商品经济。

但是，从另外的角度来看，在商品世界中，发达的分工是作为前提存在的；但是，从商品的角度以及交换过程内部来看，分工本身只是在它的结果、在商品本身的特殊性上存在。③ 总体来说，是生产决定流通，但在经济史上，决不能低估交换的作用。在历史上，分工似乎产生得较晚，但交换则差不多和生产一样古老。原始公社之间的交换促成了公社内部的商品化。商业"使产品发展为商品"，最终发展为商品生产。正是日积月累的交换，由量变转化为质变，从而实现了分工和专业化。

恩格斯说，生产和交换是两种不同的职能，这两种职能在每一瞬间都互相制约，并且互相影响，以致它们可以叫作经济曲线的横坐标和纵坐标。④ 市场的理论恐怕不必非得建立在生产一极上，也可以建立在生产和交换这两极上。

二、分工与交换

（一）广义的交换

马克思说过，交换就其一切要素来说，或者是直接包括在生产之中，或者是由生产决定。⑤ 这是指产品或商品交换，也可以说是狭义的交换。但他还讲过，人们在生产中必须"互相交换其活动"，发生"各种活动和各种能力的交换"。⑥ 这里已不限于产品或商品的交换，但还是在生产范畴之中。

自然界存在着三种交换，即物质交换、能量交换和信息交换。在系统论中，各系统之间、一个系统的各元素之间都有交换关系，即输入和输出。这种交换也就是物质、能量、信息的转换，所以输入和输出是不同质的。这个原理也可用于社会研究，人类社会也存在着不同质的交换，如政治关系、经济往来、文化交流等。为便于研究，我们把政治经济学的交换区分为以下三种含义，三者加起来就是广义的交换。

---

① 中央编译局．马克思恩格斯全集（第31卷）[M]．北京：人民出版社，1998：356.
② 中央编译局．马克思恩格斯全集（第31卷）[M]．北京：人民出版社，1998：355.
③ 中央编译局．马克思恩格斯全集（第13卷）[M]．北京：人民出版社，1998：445.
④ 中央编译局．马克思恩格斯选集（第3卷）[M]．北京：人民出版社，1995：489.
⑤ 中央编译局．马克思恩格斯选集（第2卷）[M]．北京：人民出版社，1995：17.
⑥ 中央编译局．马克思恩格斯选集（第2卷）[M]．北京：人民出版社，1995：16.

第一种含义：指商品交换，这是通常意义上的交换。这种交换，从自然性质上来说，属于物质交换，从历史上来说，它出现得较晚，最早不早于原始社会末期。

第二种含义：指劳动交换。从自然性质上来说，它属于能量交换。但因所有产品和商品的交换都是物化劳动的交换，把它们和劳动力的买卖除去之后，仅包括其他形式的劳动，其中又主要是与流通有关的各种劳务，尤其是运储、通信、市场机制和金融。在历史上，劳动交换是与人类共始终的。

第三种含义：指智能的交换。从自然性质上来说，它属于信息交换。但用"智能"一词，意在把它限制在经济的范围之内，排除权能信息（政治信息），也排除非功能的信息（感情、艺术、宗教等），作为交换的实体限定在信息生产即精神产品的含义上，其主要内容即科学技术和组织管理的知识。①

（二）分工与交换的关系

上述三种含义的交换基础都是分工，并随着分工的扩大而发展。这正是交换可以独立于生产、有它特殊的发展规律的原因。政治经济学所称的生产，最先是指人类对自然的变革，即从原始农业和原始畜牧业的出现开始。在这以前约有150万年，人类是处于"攫取经济"时代，而非生产经济时代。但是，那时就有了分工，也有了劳动交换。

人类在采集、渔猎等劳动中，就有按年龄和性别的自然分工了。相关研究证明，原始社会的平均分配并不是根源于共同劳动，共同劳动也不是全体成员都要同时去做一种劳动，而是分别去做各种劳动。有人把这种分工叫"暂时分业"。不管是自然分工还是暂时分业，成员之间都必然有劳动交换，虽然这种劳动交换没有等价形式（劳动成果是平均分配的）。

人类进入生产阶段并未立即开始产品交换，至少有100万年仍然只有劳动交换。产品交换不是源于生产，而是源于第一次社会大分工。智能交换，可以说从"智人"出现就开始了，语言便是它的载体。原始人在劳动中互相指点路途、通报情况，自然会增进效率。但是，真正成为信息的是概念，是人脑抽象思维的产物。原始人能说出许多动植物的名称，但没有"兽""树"这种概念，也就没有信息产品。信息产品是在脑力劳动和体力劳动分工之后出现的。马克思说，分工只是从物质劳动和精神劳动分离的时候起才成为真实的分工，从这时起人类才能"不用想象某种真实的东西而能够真实地想象某种东西"，才有了理论、哲学和科学。所以，信息交换也是由分工引起的。科学技术，今天已成为最重要的生产力，但从铁器出现直到使用蒸汽机以前，技术进步所造成的劳动生产率的增长平

---

① 吴承明．试论交换经济史［J］．中国经济史研究，1987（1）：2-4.

均每个世纪还不到 4%。在前资本主义社会，生产力的发展主要不是靠科学技术，而是靠分工。

几乎所有的经济学家和社会学家，无论他们的世界观如何，都肯定了分工对于社会经济发展的效果。亚当·斯密说，劳动生产力上最大的增进，以及运用劳动时所表现的更大的熟练、技巧和判断力，似乎都是分工的结果。[①] 斯宾塞从整个社会出发，认为分工是社会有机体演化的普遍机制：分工愈完善，社会各部门的发展就愈协调有效。

马克思说，一个民族的生产力发展的水平，最明显地表现在该民族分工的发展程度上。[②] 恩格斯说，当人的劳动生产力还非常低的时候，生产力的提高、交换的扩大、国家和法律的发展、艺术和科学的创立，都只有通过更大的分工才有可能。[③] 列宁说，在手工业生产的基础上，除了分工的形式以外，不可能有其他的技术进步。[④]

然而，分工和交换几乎是同义语。分工作为一种生产形式，不仅它的效果要通过交换实现，它本身也包括交换。分工也有狭义、广义之分。狭义的分工指劳动分工。马克思也常在广义上用到分工这个词，如中世纪的等级制度和行会制度，近代的殖民制度和国际关系，都是"某种分工的表现"。[⑤] 而其中最有意义的是城市和乡村的分离，它是"一切发达的、以商品交换为媒介的分工的基础"。[⑥] 广义的分工是和广义的交换相适应的。交换除了促进产品的商品化、劳动的专业化从而有利于扩大再生产外，它的一般效果是：使原来孤立的、往往是自给的生产领域或地区互相联系起来，形成国民经济整体；又使那些专业的、不能自给的部门或地区可以独立进行生产。因而，交换使"原来独立的东西丧失了独立"，又使"原来非独立的东西获得了独立"。[⑦] 而这两个过程都会促进生产力的发展和社会的进步。

综上所述，社会分工是商品交换发展的基础。不同经济体之间的自然差别，在其互相接触时引起了产品的相互交换，从而使产品逐渐变成商品。社会分工作为商品交换的基础是以产品归不同所有者，即私有制和经济利益相互独立为条件的。

随着社会分工的发展，商品交换的规模得以相应地扩大。一方面，分工的日

---

① 亚当·斯密. 民财富的性质和原因的研究 [M]. 北京：商务印书馆，2007：5.
② 中央编译局. 马克思恩格斯选集（第 1 卷）[M]. 北京：人民出版社，1995：68.
③ 中央编译局. 马克思恩格斯选集（第 3 卷）[M]. 北京：人民出版社，1995：525.
④ 中央编译局. 列宁全集（第 3 卷）[M]. 北京：人民出版社，1984：389.
⑤ 中央编译局. 马克思恩格斯选集（第 4 卷）[M]. 北京：人民出版社，1995：532.
⑥⑦ 马克思. 资本论（第 1 卷）[M]. 北京：人民出版社，2004：408.

益深入，使每个劳动者的劳动和产品更加单一，对其他劳动者的劳动与产品的依赖性增强；另一方面，分工使每个劳动者的劳动生产率提高，使同样的劳动可以生产出更多的产品。这就意味着分工使更多的产品进入交换而成为商品，从而使商品交换的规模不断扩大。

分工是交换形成和发展的基础，但交换反过来又是分工特别是社会分工发展的必要条件。实际上，交换和分工是互为条件的。其中，商品交换是社会分工的前提，不同种类的劳动只有相互独立，即它们的产品必须相互独立，并且通过交换完成商品的形态变化，才能作为商品相互发生关系。在商品经济条件下，商品交换愈发达，社会分工就愈细微。所以，社会分工的发展，固然是建立在生产力发展的基础上，但各生产部门分离并且独立起来的主要推动力是商品交换，各个独立的生产部门只有通过把产品当作商品来交换才能建立起联系。

在分工的情况下，每个经济体的个别活动成为社会分工体系中的有机组成部分，各个经济体的私人利益、个别利益就只有当个别活动转变成为社会活动所需要的活动时，才能体现出来。然而，分工却又使各个经济体在利益上对立，这种对立的统一只能靠商品交换来实现。

（三）总体的交换——流通

从总体上看的交换被马克思称为流通，马克思认为，流通本身只是交换的一定要素，或者也是从总体上看的交换①流通第一个基本含义是，它所流通的是交换价值（产品或劳动），而且是被注定成为价格的交换价值。因此，并非每种商品交换，例如物物交换、实物献纳、封建徭役等，都能构成流通。流通首先必须具备两个条件：第一，以价格为前提的商品；第二，不是单个的交换行为，而是一连串的交换。一种交换总体，川流不息地而且或多或少地呈现于整个社会表面，即一种交换行为体系。②

流通是商品所有者的不断变换，商品通过多次买卖，从生产者那里转移到消费者手中，其实就是通过和借助于转让和让渡实行占有。仅通过一次商品和货币的转让所发生的所有权的更迭，商品不一定能够成为最终消费者所占有的对象，商品流通的职能并不一定能实现。流通实际上是这样一种运动过程，即不断转让和不断占有的过程。没有不断地转让就不可能有不断地占有，正因为如此，商品流通过程作为交换行为的一部分，在交换中的不同时刻，商品的所有者不断改变，直至到达最终消费者手中。

---

① 中央编译局. 马克思恩格斯选集（第 2 卷）［M］. 北京：人民出版社，1995：16.
② 马克思. 政治经济学批判大纲（第 1 分册）［M］. 北京：人民出版社，1975：132.

三、分工与贸易

（一）贸易的范畴

贸易是一个历史范畴。从广义上来讲，贸易是指社会经济活动中人们所从事的各种商品交换活动，这些交换活动都会发生交换客体所有权或使用权的有偿让渡和转移。① 贸易属于交换的范畴，但又不是一般的交换，而是商品性交换，即发达的交换形式，正如马克思、恩格斯所强调的：商品流通（贸易）是商品交换的发达形式。一般的交换是指人们相互交换劳动产品的过程，包括人们在生产中发生的各种活动和能力的交换，这种交换在任何社会都是不可缺少的一个部分，是社会经济总体活动中的必经环节。人是社会经济活动的主体，人的经济活动必须通过各种形式的交换活动，在人与人之间结成一定的关系，人们在生产中同自然界发生关系。他们如果不以一定方式结合起来，共同活动和互相交换其活动，便不能进行生产。② 在社会经济活动中，任何人都不可能生产出自己所需要的各种产品，因此，为了正常地进行生产、消费，必须不断地进行相互之间的劳动、能力、产品的交换。这种广义的交换是任何社会都必不可少的。而贸易活动则是一种特定的商品性交换活动，也可称之为狭义的交换。

从历史的发展顺序来看，贸易的产生与形成相继经历了生产者之间直接物物交换的原始贸易、生产者之间直接以货币为媒介的兼营贸易、中间人的代理贸易以及商人的专业贸易，即由商人进行的以货币为媒介的贸易。从贸易的内容和流通形式来看，上述贸易经历了各种不同的流通形式，即以"W—W"为特征的原始的以物易物的流通，以"W—G—W"为特征的简单商品流通，以"G—W—G"为特征的发达商品流通。

（二）分工是贸易产生和发展的前提③

生产的社会分工是贸易活动产生和发展的前提条件。马克思指出，如果没有社会分工，不论这种分工是自然发生的或者本身已经是历史的成果，也就没有交换。④ 社会分工是指社会劳动的专业化和独立，社会分工是相对于自然分工而言的。由于生产的社会分工，便产生了生产者生产单一性与消费需要多样性的矛盾，这个矛盾是客观经济条件的产物。马克思指出，社会分工使商品所有者的劳动成为单方面的，又使他的需要成为多方面的。⑤ 而要解决生产单一性与消费需

---

① 柳思维，刘天祥. 贸易经济学［M］. 北京：高等教育出版社，1998：13.
② 中央编译局. 马克思恩格斯选集（第1卷）［M］. 北京：人民出版社，1995：344.
③ 柳思维，刘天祥. 贸易经济学［M］. 北京：高等教育出版社，1998：19-21.
④ 中央编译局. 马克思恩格斯选集（第2卷）［M］. 北京：人民出版社，1995：17.
⑤ 中央编译局. 马克思恩格斯全集（第44卷）［M］. 北京：人民出版社，2001：127.

要多样性的矛盾必须通过交换使分工不同的生产者彼此之间发生联系，并得到各自所需要的产品。

从历史的发展顺序来看，贸易的产生与发展和分工深化是一致的。人类历史上的第一次社会大分工，即畜牧业从农业中分离出来，这使交换活动由偶然性变为经常化，商品贸易活动由此萌芽。第二次社会大分工，手工业从农业中分离出来，从而带来了贸易形式和生产形式的新变化。一方面，随着生产分为农业和手工业这两大主要部门，便出现了直接以交换为目的的生产，即商品生产。另一方面，随着交换的发展，货币形式的进化，出现了金属货币，这样，在分工不同的商品生产者之间便出现了以货币为媒介的商品交换。正如恩格斯所指出的，人类社会第二次社会大分工后，随之而来的是贸易，不仅有部落内部和部落边界的贸易，而且还有海外贸易。这时生产者之间的贸易活动是以简单商品流通，即"W-G-W"形式为基础的。当时，商品生产水平很低，进入市场的商品有限，商品贸易的空间范围也很狭窄，主要是近地贸易。因而，商品贸易事务可以由生产者自己来承担，产销合一，自买自卖，在从事生产的同时附带从事贸易活动。人类历史上第三次社会大分工，即专门从事贸易活动的商业与农业、畜牧业和手工业的分离，一批专门从事贸易活动的商人阶层也离开生产部门独立出来。这次大分工是贸易活动与生产部门的分离，从而形成了一个特殊的产业部门与特殊的商人阶层。专业贸易活动的产生标志着社会贸易活动及贸易关系的发展进入了一个新的阶段，随着专业贸易活动的产生，人类逐渐"走向文明时代"。①

在社会分工存在和发展的情况下，每个分工不同的经济主体的相对独立的经济活动成为整个社会分工体系的有机组成部分，分工越发展，生产者生产的单一性和局限性与消费需要多样性的矛盾就越突出，各个经济主体之间利益上的对立与依赖性也越强。要解决这些矛盾，只有依靠商品交换，即通过不同经济主体之间的贸易、不同产业部门之间的贸易、同一产业内部的贸易、不同地区之间的贸易以及各国之间的贸易去实现各自的利益需求。

（三）商业

商业是人类社会经过第三次社会大分工、出现了商品交换和商品生产之后才出现在社会经济生活之中的，它作为一种复杂化的商品交换形式，是商品交换经历了物物交换的原始形式之后，在简单商品流通基础上产生的。从社会职能角度来说，商业以"商品实现"作为自己的职能；从实现职能的方式来说，商业通过买进卖出、媒介商品交换来完成"商品实现"职能；从业务范围角度来说，商业是商流、物流、信息流和资金流的有机统一。

---

① 中央编译局．马克思恩格斯选集（第4卷）[M]．北京：人民出版社，1995：165．

商业的产生促进了贸易活动的人格化和专业化，生产与交换的矛盾是推动商业和生产分离的内部动力。生产与交换的矛盾具体体现为时间上的排斥、空间上的分隔以及活动方式上的差异。首先，在时间上，当独立的小商品生产者把他们的一部分时间耗费在买卖上的时候，这种时间或者是他们的生产职能间歇期间耗费的时间，或者是他们生产时间的损失。[①] 商品生产越发展，交换就越频繁，占用的时间就越多。其次，生产和交换这两种职能在空间上是分隔的，商品生产越发展，交换就越能突破狭窄的地方界限。最后，随着商品生产和商品交换的发展，不仅生产过程越来越复杂，而且交换过程也越来越复杂化。为执行交换职能，需要有与生产技能截然不同的知识技巧和广泛的社会联系。

为克服这些日益尖锐的矛盾，就要把交换职能由多数人的附带工作变为少数人的专门工作，或者变为他们的特殊行业。这就意味着，要有一种前所未有的社会分工，即以生产和交换两种不同职能为基础的分工，其结果就是专门的商人阶层的形成。在商人出现以后，商品生产者之间、生产者和消费者之间的直接交换就发展为以商人为媒介的交换；简单的商品流通（W-G-W）之外又出现了发达的商品流通（G-W-G），它是商品流通的特殊形态。流通过程和流通形式的这一变化是由生产的发展决定的。但是，变化一旦发生，反过来又对生产的发展起到了极大的推动作用。[②]

由于商业和生产的分离以及专门的商人阶层的形成，商品生产者摆脱了很大一部分交换事务，使社会劳动力和劳动时间只有更少一部分被束缚在这种非生产职能上。"一个商人（在这里只是看作商品的形式转化的当事人，只是看作卖者和买者）可以通过他的活动，为许多生产者缩短买卖时间"。[③]

第三节　贸易存在与发展的原因

贸易理论的本质是解释贸易存在与发展的原因，自人类社会第三次社会大分工使商业成为独立的经济部门后，分工深化不断促进贸易的发展，不仅促进了交易量和商品交易品种的增长，而且使交换范围从区域扩展到国际市场。交换是最微观和最基础的活动，贸易是分工基础上的交换。分工深化不仅扩大了市场规

---

① 马克思．资本论（第2卷）[M]．北京：人民出版社，2004：150.
② 孙全．商业经济原理 [M]．北京：北京工业大学出版社，1996：35-38.
③ 中央编译局．马克思恩格斯全集（第45卷）[M]．北京：人民出版社，2003：148.

模,而且提升了生产和交易的专业化水平,不断推动技术进步和交易制度的完善,降低交易费用,增进交易效率,从而形成报酬递增的源泉。以分工深化为主线,不仅可以解释贸易产生的原因,而且可为贸易得利的普遍性奠定坚实的理论基础,从而为贸易经济学提供统一的理论内核。

一、把分工作为外生变量

在贸易理论发展中,亚当·斯密首先将个人之间的经济关系推及到整个国家之间,提出绝对优势学说来论述国际分工和国际贸易的必要性。他认为个人之间可以进行分工,国家内部甚至国家之间也可以进行分工。在某一种商品的生产上,如果一个国家在劳动生产率上占有绝对优势,或其生产所消耗的劳动成本绝对低于另一个国家,这样各个国家都从事自己占有绝对优势商品的生产,然后进行交换,那么双方都可以通过交换来获得绝对的利益,从而整个世界也可以获得分工的好处。

亚当·斯密的绝对优势学说的存在有一个必要的假设,即一国要想参与国际贸易,就必然要有至少一种产品在生产上与交易伙伴相比是处于劳动生产率绝对高的地位上,否则该国就不具备参与国际分工的条件,这一点不符合实际情况。而李嘉图的比较优势学说认为,如果两个国家的生产力水平不等,甲国在任何产品生产上的成本都低于乙国,且劳动生产率都高于乙国,处于绝对的优势;而乙国则相反,处于绝对的劣势。这时,甲、乙两国仍然可以根据"两优取强、两劣取弱"的原则进行分工,并通过国际贸易获得好处。世界也会因为贸易而增加产量,进而提高劳动生产率。

赫克赫尔—俄林的要素禀赋学说进一步将个人间的分工推及到地区间,地区间由于生产要素的供应不同,导致在生产各种物品的便利条件方面存在较大差别。地区间贸易或国际贸易存在的必要条件,是商品和生产要素的价格在不同区域或国家之间存在差异。由于生产要素价格的差异,导致各个地区生产同种商品的成本不同,这时各个地区生产含本地区比较丰富的生产要素的商品,会比生产含本地区比较缺乏的生产要素的商品更有利。在这种情况下,各个地区只使用相对丰富而又价格低廉的生产要素禀赋去生产某种商品,并销售到其他地区,以换取本区域生产要素禀赋较少的商品。产品生命周期学说将国际贸易中商品生产成本差异的来源归因于不同国家在技术上的差距,这使产品经历的开发、引进、成长、成熟、衰退的周期在不同技术水平的国家存在差异,从而决定了不同技术水平的国家之间的国际分工与贸易。

古典和新古典贸易理论把分工假定为不变的外生变量,在此基础上讨论贸易产生的原因,主要是商品交换中的价格差,而商品的价格差异主要来源于生产商品的成本差异。产生商品生产成本的原因可以是生产效率、要素禀赋和技术差距，相应地出现了解释贸易产生原因的绝对优势说、比较优势说、要素禀赋理论和产品生命周期理论（见图1-1）。虽然这些贸易理论把分工制度看成是一种既定的制度安排，但是这些贸易理论在解释贸易产生原因的同时，也揭示了分工的基础。因为生产效率、要素禀赋和技术差距同样也可以解释分工产生的基础，分工基础的变化了推动了解释贸易产生原因的理论的发展。

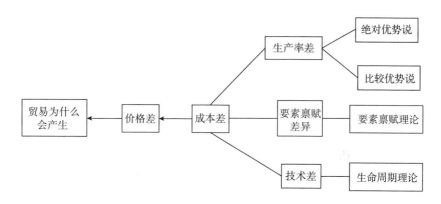

图1-1 分工作为外生变量条件下贸易产生的原因

二、把分工作为内生变量

随着交易效率不断改进，劳动分工会内生演进，而经济发展、贸易和市场结构的变化是这个演进过程中的不同侧面。分工制度的演进使一些学者考虑其动态性，分析劳动分工对贸易方式与贸易规模的作用。

Dixit 和 Stiglitz（1977）从产品种类数的角度分析了分工的内生性，他们发现产品生产上的规模经济性与多样化是矛盾的，产品生产上的规模经济可以节约成本，但是这样会减少产品的多样化，同样会造成社会福利的损失。当考虑顾客需求多样化和产品不完全替代时，每家公司实现规模经济的均衡产量将偏离社会的最优选择。而在一个规模扩大的统一市场内，市场竞争将自发地达到一种垄断竞争均衡状态，使得市场上公司数量和产品种类数上升，从而有利于解决规模经济和需求多样化的矛盾，因为规模扩大的市场允许更多的多样化需求。①

① Dixit A K, Stiglitz J. Monopolistic Competition and Optimum Product Diversity [J]. The American Economic Review, 1977, 67 (3): 297-308.

克鲁格曼（1979）的新贸易理论认为国家在某一行业内因规模经济而形成内生比较优势，从而为国际贸易的产生奠定基础。厂商为追求产品生产上的规模经济而提高自己的专业化水平，将生产资源集中于某一产业内部，获得产业规模经济。贸易并不一定是国家之间技术或要素禀赋差异的必然结果。贸易很可能只是扩大市场及促进规模经济出现的一种途径。贸易会使生产规模扩大，在这个过程中，实际工资收入和可供人们消费的产品品种会内生地增长，通过这个途径，国家的福利水平将得到提升。[①]

另外，Romer、Lucas 等强调专业化和劳动分工的发展是经济增长的基础，技术进步和产业结构的变化是内生地由这种发展决定的。Romer（1986）的内生经济增长模型将知识作为资本的主要形式，假定其为生产的一个投入，且具有递增边际生产率。技术进步由这种知识的积累而内生决定，长期的经济增长由厂商的这种知识积累所驱动。[②] Lucas（1988）提出两种经济增长模型，把资本划分为物质资本和人力资本两种形式，并认为人力资本积累通过生产过程中的"干中学"获得。在被投入特定产品的生产中时，人力资本可以提高劳动生产率，并且决定一国生产模式的比较优势可以通过人力资本的积累而加强。[③] 他们关于新增长理论的一些论述同时也是对内生比较优势理论的重要贡献。

Dixit、Stiglitz、Romer、Lucas 等主要从产品种类数或人力资本方面考虑分工的内生性，而没有涉及对专业化水平内生性的考虑。杨小凯、Becker、Rosen 等从个人的专业化水平的角度分析分工的内生性，他们在分析模型中通过消费者自给自足程度和个人的生产范围去内生专业化水平的程度。

Rosen（1983）指出分工效益由人们关于专业化的决策内生地决定，对于专业化水平的选择来自人力资本报酬递增。人力资本投资的不可分割性将提高专业化和劳动分工的水平，技术进步和新知识的发展将增加和提高专业化技能的数量、复杂性和生产率，专业化技能的获得将增强内生比较优势。[④] 在一个人口更多和更密集的区域将有利于产生足够大的市场以维持专业化技能的充分利用，这时专业化比兼业化更优。

Becker 和 Murphy（1992）认为分工水平受到协调专业化工作的交易费用和

---

① Krugman P. Increasing Returns, Monopolistic Competition and International Trade [J]. Journal of International Economics, 1979, 9 (4): 469-480.

② Romer P M. Increasing Returns and Long-Run Growth [J]. The Journal of Political Economy, 1986, 94 (5): 1002-1037.

③ Lucas R E. On the Mechanics of Economic Development [J]. Journal of Monetary Economics, 1988, 22 (1): 3-42.

④ Rosen S. Specialization and Human Capital [J]. Journal of Labor Economics, 1983, 1 (1): 43-49.

知识存量的限制，专业化水平将内生演进直到来源于分工深化的收益与协调费用相等。分工深化与知识积累相互作用，更高级的知识提高来源于专业化的收益，因此也提升了最优的分工水平。[①]

另外，交易效率还可以通过对分工与专业化水平的影响来决定贸易方式与贸易规模，这也决定了国内贸易的发展必然在国际贸易发展之前。对此，Yang 和 Shi（1992）以个人关于专业化的决策来解释国内贸易向国际贸易的演进。对于个人来说，需要对自身专业化水平和可获得产品的多样化做出选择。当交易效率低下时，每个人必须自给自足，因为交易成本超过了专业化收益。交易效率的提升将扩大和平衡专业化经济与互补性经济之间的利益空间，以至人们可以通过生产不同产品的专业化生产者之间的分工同时增加和提升可供消费的产品品种和自己的专业化水平。随着交易效率的提升，贸易品数量比所有产品的数量增长得更快。在这个过程中，国内与国际贸易依存度、市场专业化水平、内在比较优势、贸易产品的劳动生产率、市场一体化程度、经济结构的多样化程度、实际工资都会相应地增长。若交易效率高到使一国的有限人口不足以容纳很高的最优分工水平时，则国际贸易就会产生。[②]

综上所述，分工深化的机制会受到相应的专业化收益和交易费用的制约，技术进步通过对收益和成本的作用间接影响分工深化。在不同的交易环境下，决定分工深化的动力或关键性因素存在差异，分工有资源决定的比较优势分工，也有市场规模决定的分工，还有内生比较优势决定的分工。古典、新古典贸易理论在既定的分工环境下，从分工利益来源的差异讨论贸易产生的原因。而新贸易和新兴古典贸易理论则是通过对个人专业化水平、迂回生产方式的技术进步和迂回链条上的产品种类数的分析，阐释分工中专业化收益的来源，解释动态分工环境下贸易产生的原因。

随着交易环境的变化，引起分工深化的主导动力机制会发生变化，或是产生新的报酬递增，或是降低交易费用，这样就会产生新的潜在获利机会，进而推动分工深化的演进。具体分工环境中新的潜在获利机会为交易的形成奠定利益基础，从而催生新贸易方式的产生。贸易理论最核心的内容是解释贸易产生的原因，这也就出现了以资源分工为基础而衍生的比较优势理论，从规模经济出发解释贸易产生的新贸易理论，从内生比较优势的角度解释贸易发生的新兴古典贸易

①　Becker G S, Murphy M. The Division of Labor, Coordination Costs and Knowledge [J]. The Quarterly Journal of Economics, 1992, 107 (4): 1137-1160.

②　Yang X K, Shi H L. Specialization and Product Diversity [J]. The American Economic Review, 1992, 82 (2): 392-398.

理论，而比较优势、规模经济、内生比较优势要么是新的报酬递增的来源，要么是新的减少交易费用的工具，本质上均是具体经济环境中决定分工深化的关键因素。

在不同的时间与空间范围，具体分工环境不同，决定分工的关键因素或动力机制也存在差异，这就会存在不同类型的分工形式，也就会产生基于不同分工基础的贸易。不同类型的分工和不同类型的贸易是共存的，不存在某一种分工形式对另一种分工形式的排斥，也不是说某一种贸易获得的利益就比另一种贸易获得的利益大。分工、贸易、贸易利益的获得受具体分工环境中市场范围与交易费用的制约，由此也就不能说哪一种贸易理论就比另外一种贸易理论解释力更强。在严格设定的前提下，具体的贸易理论通过对具体分工环境中的交易条件进行界定而对某一种分工形式产生的报酬增进和交易费用节约进行阐释，从而对基于特定分工形式的贸易产生的原因进行解释，但都只能解释基于分工机制的贸易方式的某一方面。而对于时间和空间并存的丰富多彩的分工和贸易方式，很难通过某一种具体的贸易理论做出全面系统的解释。如果说要对这些丰富的贸易方式做出全面系统的解释，只有通过系统的贸易理论体系，对某一种特定的分工环境的交易条件和分工形式进行界定，从而区分具体环境下决定分工的关键或主导性因素，对贸易产生的原因做出解释。从这个意义上来讲，分工也是统一贸易理论的内核。

□□■ 本章小结

分工与交换是紧密联系的两个概念。分工是指在人类社会的经济领域中为进行合理的劳动而把劳动专业化的过程，影响分工发展程度的因素主要有市场范围、交易费用、技术进步等。交换是指人们相互交换活动和劳动产品的过程。交换的产生以社会分工为前提，分工越发展，交换就越扩展。但交换反过来又是分工特别是社会分工发展的必要条件。

流通本身是交换的一个要素，或者也是从总体上看的交换。流通不仅是各种商品交易行为的总和，而且是各种社会经济关系的总和。从内涵上来看，流通是商品所有者的不断变换，是社会各成员的利益关系体系，也是商品经济的运行方式。随着商品经济的发展，流通的外延在不断扩大。从外延上来看，流通包括有形商品流通、无形商品流通和要素流通。

贸易是指社会经济活动中人们所从事的各种商品交换活动，这些交换活动都会发生交换客体所有权或使用权的有偿让渡和转移。贸易属于交换的范畴，但又不是一般的交换，而是商品性交换，即发达的交换形式，这种交换在任何社会都是不可缺少的一部分，是社会经济总体活动中的必经环节。

商业是人类社会经过第三次社会大分工、出现了商品交换和商品生产之后，才出现在社会经济生活之中的。它作为一种发达的商品交换形式，是商品交换经历了物物交换的原始形式之后，在简单商品流通的基础上产生的。生产与交换的矛盾是推动商业和生产分离的内部动力，生产与交换的矛盾具体体现为时间上的排斥、空间上的分隔及活动方式上的差异。

分工深化的机制会受到相应的专业化收益和交易费用的制约，技术进步通过对收益和成本的作用间接影响分工深化。古典、新古典贸易理论在既定的分工环境下，从分工利益来源的差异讨论贸易产生的原因。而新贸易和新兴古典贸易理论则是通过对个人专业化水平、迂回生产方式的技术进步和迂回链条上的产品种类数的分析，阐释分工中专业化收益的来源，解释动态分工环境下贸易产生的原因。以分工深化为主线，不仅可以解释贸易产生的原因，而且可为贸易得利的普遍性奠定坚实的理论基础，从而为贸易经济学提供统一的理论内核。

▢▢■ 关键术语

分工；交换；流通；商业；市场；贸易

▢▢■ 本章思考题

1. 什么是分工？分工深化受哪些因素的影响？
2. 什么是交换？应如何认识分工与交换的关系？
3. 什么是流通？应如何认识流通的内涵？
4. 如何认识商业、市场、流通之间的联系？
5. 什么是贸易？应如何认识贸易活动在社会再生产中的必要性？
6. 应如何认识分工是贸易经济学统一的理论内核？

第二章　贸易的地位与作用

第一节　贸易的地位

一、贸易是市场经济运行的中心环节

贸易的本质是交换，它既是市场经济的基本特征，也是市场经济运行的中心环节。市场经济是一种资源配置方式，市场经济是以分工为基础，通过市场交换来配置社会资源、组织社会经济活动的。在前资本主义阶段，虽然也存在商品交换，但由于社会生产力水平低下，商品经济不发达，交换的范围只限于人们自给自足后剩余产品的出售，从事交换的贸易业的作用十分有限。但是，在市场经济条件下，贸易的地位发生了显著变化。市场经济是商品化、市场化、社会化的大生产，一切生产都是面向市场、为交换而进行的生产。一切消费需求都包括生产和生活消费需求，依赖于市场供给，并通过市场交换得到满足。整个社会的生产与消费、供给与需求主要靠交换或贸易来联结。正是通过市场交换这个纽带，把社会生产与消费联结成一个整体，使产品供给与消费需求实现统一，社会再生产才能周而复始地顺利进行，并通过交换过程中的信息传导，使社会生产资源按照社会消费需要实现优化配置。由此可见，在市场经济条件下，贸易或交换必然成为整个社会经济运行的中心环节。[①]

贸易是商品或服务的交换或买卖行为，贸易在社会经济运行中的地位是由交换在社会再生产过程中的地位所决定的。在现代商品经济条件下，商品交换即贸易作为社会再生产过程的中介，与生产、分配、消费相互依存、相互制约、共同

---

① 易法海．贸易经济学 [M]．北京：中国农业出版社，2002：32-33.

促进。①

（一）贸易是社会生产发展的先决性条件

贸易对生产的促进作用，首先，表现在为商品生产的发展提供市场条件。马克思指出："商品生产以商品流通为前提。"② 市场经济下的生产是商品化的生产，如果没有流通，没有贸易，这种商品化的生产就无法进行。一方面，直接生产过程要想能顺利开始，必须通过贸易活动取得各种生产要素，包括原材料、技术、设备、资金、劳动力等。另一方面，产品生产出来后，必须通过贸易去开拓市场销路，使生产出来的产品源源不断地进入消费领域而成为现实的产品，产品的价值才得以实现。此外，贸易活动能够向生产者反馈大量的市场信息，引导生产者按照市场供求状况配置资源，调整结构，使生产发展更能满足消费需求。

其次，贸易的发展可以促进商品生产水平的提高以及生产规模的扩大。包括商业在内的贸易活动不仅可以促进商品生产从低级阶段向高级阶段发展，还可以促进生产规模不断扩大。马克思说："商业和商业资本的发展，到处都使生产朝着交换价值的方向发展，使生产的规模扩大，使它多样化并且有世界主义的性质，使货币发展成为世界货币。"③ 从历史来看，资本主义商品生产规模的扩大离不开贸易活动对市场的拓展。在社会主义经济条件下，贸易的发展对于促进商品生产水平的提高和规模的扩大同样也是至关重要的。

（二）贸易是社会分配的条件

在市场经济条件下，社会产品的分配主要由市场来确定。通过市场上贸易双方的讨价还价，相互让渡产品、交换劳动，从而实现生产资料和消费资料的分配。由市场分配生产资料，辅以国家的宏观调控，一国的资源将得到合理利用。由市场分配消费资料，能够灵活地适应居民多变的生活需求。在商品贸易中，商品价格的确定对生产资料和生活资料的分配状况有着非常大的影响。在商品生产者双方的贸易中，只要商品价格高于或者低于商品的价值，都必然会影响贸易双方的收益，导致贸易的一方收益增加，而贸易的另一方收益减少，引起国民收入再分配的不合理。商品价格偏离价值越多，国民收入再分配就越不合理。在商品价值一定的情况下，商品的价格与货币的价值成反比。货币的价值越高则商品的价格越低，货币的价值越低则商品的价格越高。由于在现实生活中，纸币代替金属货币执行流通手段和支付手段的职能。因此，当货币的价值一定的情况下，纸币的发行量必须等于流通中所需要的金属货币量。如果纸币的发行量超过了流通

---

① 张章. 贸易经济学［M］. 延吉：延边大学出版社，1997：13.
② 中央编译局. 马克思恩格斯全集（第24卷）［M］. 北京：人民出版社，1972：393.
③ 中央编译局. 马克思恩格斯全集（第25卷）［M］. 北京：人民出版社，1974：371.

中所需要的金属货币量，纸币就会贬值，商品的价格就会上涨。反之，商品的价格就会降低。此外，商品的价格会受到供求关系的影响，如果某种商品的社会总供给大于社会总需求，则该商品价格下跌。反之，如果某种商品的社会总需求大于社会总供给，则该商品价格上涨。另外，国家的货币政策、投资政策也会影响市场上商品价格的变化，引起国民收入再分配的调整。[1]

（三）贸易是实现消费的条件

在社会主义市场经济中，物质生产部门生产出产品并通过市场出售产品收回货币之后，企业实现初次分配，但是人们的生活消费还没有实现。人们的生活消费要得以实现，必须通过市场。马克思说："商品的使用价值，在消费者手中比在生产者手中大，因为它只有在消费者手中才得以实现。因为，商品的使用价值，只有在商品进入消费领域以后，才能实现，才能发挥作用。"[2] 贸易直接关系到使用价值能否在消费领域实现以及实现的程度，关系到能否满足消费需要，包括满足生产性消费的需要和满足生活性消费的需要。其中生产资料消费本身就是直接的社会生产过程，物质生产部门生产过程中所消费的原料、材料、燃料、生产工具等，都必须经过贸易活动才能取得。生产性消费最终是为生活性消费服务的，因而是一种中间性、间接性消费。生活消费则是最终的直接消费，它直接关系到劳动力的再生产，关系到人的素质的全面提高。随着从温饱型消费向小康型消费、富裕型消费转化，贸易活动对消费需求的实现越来越重要。

贸易活动还可以起到抑制或刺激消费需要的作用。一方面，贸易价格的变动可以刺激或抑制消费的变化。在人们实际收入一定的情况下，对于相当一部分选购商品，即有需求价格弹性的商品，其价格的提高可以限制消费者的消费。而适当降低价格，则又会刺激消费者的消费。另一方面，贸易活动作为一种横向的交换活动，可以带动消费观念、消费文化在空间上的扩散和传播，使一些先进的消费文化和观念在更广的区域范围内为消费者吸收和认同，以改变传统的消费观念，确立新的消费观念，促进新的消费模式的生长，改善消费结构，提高消费质量。此外，贸易活动通过自身的促销宣传，不断开拓新的消费领域，引导消费者开展科学、文明、健康的消费，使物质生活消费与精神文化生活消费协调发展。[3]

二、贸易是社会经济联系的桥梁

作为国民经济中的一个行业——商业，它自身具备疏通国民经济各行业的功

---

① 王德民. 贸易经济学 [M]. 北京：中共中央党校出版社，1994：36-37.

② 中央编译局. 马克思恩格斯全集（第25卷）[M]. 北京：人民出版社，1974：311.

③ 柳思维. 贸易经济学 [M]. 北京：高等教育出版社，2021：26.

能。分工越深化，其疏通功能越强化。疏通就是疏通有无，疏通差别。现代商业具有越来越大的主导权，在国民经济中的地位和作用越来越重要。它一头连着生产，另一头连着消费，又同地区之间和城乡之间有着密切的经济联系，是商品从生产到消费这一过程中的桥梁和纽带。

商业组织贸易活动，其桥梁作用是相对国民经济的运行而言的。有了商业这座桥梁，城乡之间、工农业之间、各个行业之间就会连接成一个整体，国民经济就会稳定运行，生产的商品就能实现它的价值，社会的需要就能得到满足。商业的这种桥梁作用是由它在国民经济中的地位决定的。在买方市场条件下，商品的价值实现成为关键环节，是稳定国民经济各个行业、调整产业结构、促进产业升级的杠杆。在现代市场经济中，组织贸易活动的商业，其基本任务是服务于消费，并引导和服务于生产。而在服务的过程中，它积极主动地发挥着联系国民经济各个领域的桥梁作用。①

从社会再生产过程来看，贸易或交换处于生产与消费环节之间，由于商品生产与消费分离，生产者的产品需要通过贸易送到消费者手中，消费者对产品的要求需要通过贸易传达给生产者，生产与消费在数量、结构、空间和时间上的矛盾需要通过贸易加以调节。从国民经济各部门之间的关系来看，国民经济部门的形成是社会分工的产物。随着现代社会分工越来越细化，国民经济中产业部门和层次越来越多，各个部门或行业之间在生产、技术、信息、资金、劳务等方面的经济联系也越来越密切。在市场经济条件下，各部门之间实现这种经济联系的主要手段是贸易。贸易也是城乡之间、地区之间和国家之间经济联系的主要方式。②

三、贸易产业

（一）贸易产业是国民经济及其发展的基础产业

1. 贸易产业是满足居民消费需要的基础产业

贸易产业在任何时期都是满足居民消费需要的基础产业。中国特色社会主义进入新时代，我国社会主要矛盾已经转化为人民日益增长的美好生活需要和不平衡不充分的发展之间的矛盾。在现代分工经济中，贸易与人民美好生活息息相关，在满足人民美好生活需要上起到的作用也越来越大。现代经济社会中没有任何人可以离开市场和商业来获取所需的生活品，贸易形态提供的产品和服务质量直接决定了人民的生活水平，影响人民美好生活的实现。

分工越细，经济越发达，贸易就越重要，因为人们越来越多地需要从市场上

---

① 徐从才.贸易经济学［M］.北京：中国人民大学出版社，2015：51.
② 易法海.贸易经济学［M］.北京：中国农业出版社，2002：34.

购买产品，而非自给自足。所谓社会消费品零售，实际上就是通过各种贸易形式、贸易组织和贸易中介流向最终消费领域的商品销售额，所以社会消费品零售总额的增加充分说明了贸易保障人民生活的作用在增大。①

2. 贸易产业是直接推动国民经济增长的基础产业

随着分工和交换的发展，贸易对国民经济的重要性越来越大，成为创造 GDP 的一个重要部门。一个国家通过贸易交流可以使成本优势得到充分发挥、资源得到有效利用，可以优化和改进产业结构，甚至促进各领域引进更加先进的技术设备，以及应用更加科学的管理方法来提高劳动生产率，并进一步扩大优势产品的生产规模从而获得规模经济。而发展进出口贸易的根本目标是发展国民经济，改善人民生活，贸易对经济增长起着十分重要的拉动作用，是直接推动国民经济增长的基础产业。②

3. 贸易产业是创造就业岗位的基础产业

充分就业是所有国家宏观经济的重要指标，中国是劳动力供给大国，在大量农村剩余劳动力涌入城市和城市人口就业压力不断加大的形势下，商业对劳动力的吸纳作用就显得尤为重要。③ 贸易是一个典型的劳动密集型行业，贸易活动的发展和贸易组织的扩张能够为社会创造大量的就业岗位。大到一些商场、超市、购物中心，小到农贸市场、便利店、个体户小卖部，都是社会就业的重要形式，成为缓解社会就业压力的重要渠道。④

贸易对劳动力吸纳的作用和能力是有边界的。第一，过多地吸纳低素质劳动力对商业发展不利。第二，在一定时期内，商业的就业规模是受当时的人口规模及社会化、专业化程度制约的。在制度体制尚未健全的经济发展时期，商业就业规模的无限扩张容易导致商业流通秩序混乱，对国民经济发展产生不利影响。因此，在大力促进商业吸纳就业的同时，应加强产业结构优化，还应注重第一、第二产业对第三产业发展的支撑作用。⑤

（二）贸易产业是社会再生产中的先导产业

贸易与分工是商品经济的基本特征。但在商品经济不发达的历史条件下，贸易或商业被称作"末端产业"，不为社会和人们所重视。随着商品经济的发展，贸易已经成为社会经济生活中十分普遍的经济现象，其地位越来越重要，特别是在当今市场经济条件下，贸易已经成为社会经济运行的中心环节和国民经济中的

---

① 柳思维. 贸易经济学［M］. 北京：高等教育出版社，2021：58.
②④ 柳思维. 贸易经济学［M］. 北京：高等教育出版社，2021：61.
③⑤ 徐从才. 贸易经济学［M］. 北京：中国人民大学出版社，2015：53.

先导产业。①

现代经济大多为买方市场经济，消费者选择起着一种重要的导向作用，而这种导向作用在绝大多数情况下都是通过贸易中介来实现的。在买方市场条件下，贸易可以引导生产、促进消费并创造产业关联，从而成为先导产业。先导产业就是那些能够引导其他相关产业结构调整、带动其他相关产业联动发展，从而提升整个国民经济增长速度和质量的产业，这种主导性和带动性越强、范围越广，说明该产业的先导性越强。在现代高度分工的经济中，任何一个产业都不会独立存在或发展，而是与其他产业有着或紧或松的关联。另外，许多产业关联还涉及一种因果逻辑关系。把贸易界定为先导产业，正是基于以上对先导产业的内涵理解，具体包括以下几个方面：

1. 市场决定资源配置必须通过贸易活动来实现

各种社会资源相对社会需要而言总是稀缺和有限的，为了合理利用社会资源，资源配置就是将社会资源按照一定的比例关系合理地分配到国民经济各个部门。这在现代市场经济条件下尤为重要。一方面，随着现代分工的发展，国民经济中的产业部门更加多样化、复杂化，产业之间的投入产出联系更加密切。另一方面，随着现代经济的发展，社会资源的范围更加广泛，其分配也更为复杂，更需要对社会资源进行合理配置。②

如何有效配置资源是市场经济的核心问题。在市场经济条件下，贸易活动是优化和扩大资源配置的重要方式。其一，贸易活动能够有效地利用资源。由于地理、历史和经济发展等方面的差异，各地区的资源禀赋和资源的利用程度有所不同。如果一个区域在对外进行贸易活动之前，某些资源供应充裕，但由于条件的限制，使这些资源被闲置或不能充分利用。区域之间的贸易活动为剩余产品找到了出路，使这些闲置的资源得到了充分的利用，它可以把潜在的资源优势转化为商品优势，进而通过市场转化为经济优势。其二，贸易活动能够实现资源的合理配置。在市场经济条件下，市场机制是资源配置的主要方式。市场主体根据市场价格信号和供求变化趋势做出资本投向与投量的决策，从而促进资源在不同部门、不同地区之间的流动，以达到资源最佳配置的目标。同时，通过市场机制来进行资源配置也是通过一系列交换活动来实现的。没有贸易活动，也就没有资源配置的市场化。其三，贸易活动能够扩大资源配置的范围。任何区域都不可能拥有现代化生产的全部资源，也不可能以最佳规模生产出全部所需的产品。贸易活动中的商品移动，实质上是资源的移动。贸易活动一方面通过商品的输入，另一

---

① 易法海. 贸易经济学 [M]. 北京：中国农业出版社，2002：32.

② 易法海. 贸易经济学 [M]. 北京：中国农业出版社，2002：34.

方面通过商品的输出，扩大商品销售市场，扩展资源配置的空间。①

2. 贸易活动是生产活动的前提

在低级的商品经济中，社会再生产表现为先生产、后流通，贸易活动是生产活动的延续，是少数生产者将满足个人消费需要之后的剩余产品投入市场进行买卖的活动，因此，贸易只能是一种从属性的经济活动。然而，到了发达的商品经济和市场经济阶段，贸易活动的地位发生了根本性改变，贸易不再是一种从属性、滞后性的经济活动，而是一种主导性、先导性的经济活动。②

在商品经济不发达时期，劳动生产物的大部分直接用于自身消费，消费剩余的产品才进入交换。货币的职能和作用仅限于流通手段和价值尺度，只有货币在全社会范围内进一步作为财富的象征成为生产者追求的目标，商品经济才能成为普遍的生产方式。而在封闭型的生产格局中，各个生产者之间生产分散，无法在生产者之间进行不同分工的利益比较。贸易是社会经济机体的活性细胞，在分散的生产体系中，它必然会形成强大的凝聚力把众多的小生产者吸附在自己的周围，提供利益比较机会，生产者据此确定专门化的生产方向，使货币不仅具有流通手段和价值尺度的职能，而且还使货币成为一般物质财富的代表，从而改变生产体系封闭型的宏观结构，推动商品经济进入发达阶段。

在商品经济发达阶段，贸易已成为整个社会经济运行不可或缺的职能部门。生产者所需的投入要素必须通过市场和贸易部门购买，或需贸易部门提供多种生产服务。产品销售已成为生产者包括购买投入要素在内的全部经济活动的必要前提，从而强化了贸易活动对全社会生产活动的整体制约。这就表明，随着商品经济向发达阶段迈进，贸易已为商品经济发展注入强大助推力。

在市场经济条件下，贸易在社会经济运行中处于制导地位，当企业作为一个投入产出系统（IO 系统）在经济大系统中运行时，其投入和产出的实现或取得都离不开贸易活动，从而使贸易活动成为生产发展的先导。这一点从现代市场经济中产业资本的运行规律可得到说明。③

在产业资本运行的过程中，首先是拥有货币资本的企业家在市场上购买劳动力和原材料等生产投入品，属于典型的生产资料流通活动，其次才有生产活动。因此，在现代市场经济中，贸易活动大多先于生产活动，是生产活动的必要前提。从马克思主义的再生产理论讲，产业资本循环的第一个环节是货币资本通过贸易转化为生产资本，然后是生产资本转化为商品资本，最终再由商品资本转化

---

① 周肇先. 贸易经济学［M］. 北京：中国财政经济出版社，1999：67-68.
② 柳思维. 贸易经济学［M］. 北京：高等教育出版社，2021：60.
③ 周肇先. 贸易经济学［M］. 北京：中国财政经济出版社，1999：62.

为货币资本，在生产环节的上下游都是贸易活动。

3. 贸易促进了消费水平提升和消费结构优化

在社会再生产环节中，贸易可以带动产业结构按市场需求的变化而调整和优化，向生产领域传递消费者需求数量、类型和时间等各个方面的信息。在传递和反馈市场需求信息的同时，贸易企业对消费本身也有重要的影响作用。首先，商场、超市、购物中心等贸易企业通过选址、宣传、打折、促销等方式不仅可以增加消费者的采购量，而且可以让一些潜在消费者变成现实消费者，做出采购决策，两个方面都有助于提高整个社会的消费水平。其次，贸易企业通过商品采购、品种选择、货架设计、产品摆放等经营手段影响消费者的购买决策，尤其是在替代品选择决策中，贸易企业的决策变得极为重要。贸易企业对市场终端的消费者选择具有重要的影响作用，不仅可以提升消费水平，而且可以通过改变消费者的产品选择而优化消费结构。而优化消费结构的最终结果是优化生产领域的产业结构，促使整个社会的经济结构朝更有利的方向调整。

因此，在分工经济的整个供应链中，贸易承上启下，把下游的需求信息传递至上游，把上游的产品（最终产品或中间产品）传递至下游。在这种承上启下的作用过程中，贸易企业能够有力地掺入自己的经营决策和选择决策，既可以影响产品的传递，也可以影响信息的传递，从数量和结构上均起着调节生产、消费乃至整个宏观经济的作用，从而成为整个国民经济的先导产业。

（三）贸易产业是国家的战略产业

1. 贸易关系到国家兴盛

贸易的发展质量会影响到国家的兴盛与否，一个国家的兴盛是指包括经济、文化、生态等在内的多个维度达到很高水平的一种均衡状态。从经济的角度来说，一国的经济增长受到消费、投资、进出口"三驾马车"的拉动，而消费的水平取决于贸易的发展程度，投资的水平取决于贸易的潜力，进出口则取决于国家之间贸易的结构。从文化的角度来说，文化贸易有利于不同国家积极参与文化交流与合作，传承多元化精神，促进文明互鉴，扩大国家的国际影响力，实现合作国家间的相互理解、相互尊重和相互信任，有利于打造责任共担、利益共享的国际关系格局，为国家兴盛创造有利的外部文化环境。从生态的角度来说，贸易方式的转变将倒逼生产方式的转变，随着环境资源约束越来越强，国民经济社会对清洁能源的使用需求剧增，贸易方式已开始显现出"资源节约型、环境友好型"的需求特征，这将倒逼生产企业更多地使用清洁能源，采用更"绿色"的生产方式，从而有利于加强生态环境的保护和生态文明的发展。①

---

① 柳思维. 贸易经济学［M］. 北京：高等教育出版社，2021：63.

2. 贸易竞争力直接关系到国家竞争力

在现代市场经济条件下，商品流通竞争力已经成为国家竞争力的一个重要组成部分。国家竞争力是衡量一国投资环境和经济竞争力的主要指标。迈克尔·波特提出了国家竞争优势的四个决定性因素，即要素条件、需求条件、相关的产业支持和企业的战略与竞争状况。按照迈克尔·波特的解释，国家竞争力的核心是产业竞争力，国与国之间的竞争总是在特定的产业范围内竞争，即国家竞争力具有产业特定性。

在 18 世纪的英国，推动工业革命的真正动力是商业贸易。在当时，生产规模的扩张极大地被市场需求所限制，恰恰是商业贸易为工业革命做好了准备。商业的发展对工业化进程和整个国民经济的发展所产生的推动作用不可估量。随着制造业生产规模的扩大，在商品运行空间、时间以及具体品类、特色上产生的矛盾呈日益扩大之势。这就要求商业组织在规模、数量和质量上按相应的速度增长，以满足制造业高速增长的要求。某项产业能否顺畅地获得生产要素和产品销售的机会，不仅关系到自身能否正常运转，而且决定着相关产业链能否正常运转。在这种情况下，各产业之间以及各产业与市场之间越来越需要专门的中介机构建立起高效、有序的协调机制，而商业无疑是充当这一角色的重要力量。①

3. 现代市场经济是"流通决定生产"的经济

随着现代市场经济的发展和演化，流通产业的作用必然越来越大，"流通决定生产"也越来越现实。因为生产力提高和经济增长与人类的社会分工有着密切联系，但分工必须依赖于交换的顺利进行，而交换实际上就是商品流通的核心。亚当·斯密的《国富论》中提出："劳动生产力上最大的增进，以及运用劳动时所表现的更大的熟练、技巧和判断力，似乎都是分工的结果。"② 分工带来了专业化的好处，但由于人类固有的消费多样化偏好，分工的同时必须选择交换，从而导致了交易成本的产生，正是分工（专业化利益）与交换（交易成本）的两难冲突决定了人类社会的经济增长水平和经济组织结构的演化。

分工和专业化的演进最终会扩展到贸易领域，即交易的专业化，这意味着专职商人和流通企业的出现，其职能就是专业化地降低交易成本、提高交换效率。杨小凯在《经济学原理》一书中明确提出，"这一结果意味着，生产中的分工不可能在没有交易活动的一定专业化时发生……很多经济史书上（例如布罗代尔，

---

① 徐从才. 贸易经济学 [M]. 北京：中国人民大学出版社，2015：53.
② 亚当·斯密. 国民财富的性质和原因的研究（上卷）[M]. 郭大力，王亚南译. 北京：商务印书馆，1972.

1993）的记载也支持这种流通决定生产的观点"。① 所有这些表明，商品流通不仅自身创造财富，成为创造 GDP 的一个重要部门，而且最重要的是它为整个国民经济增长提供了动力和基础。因此，现代经济实际上已经成为"流通决定生产"的经济，贸易也自然成为了一个决定国民经济健康发展的战略部门。

第二节　贸易的职能

一、贸易的基本职能

贸易活动是在交换领域实现的。贸易活动是由一系列交织在一起的交换活动构成的。交换是社会再生产的中介。贸易活动承担的职能，从社会再生产的角度来看，就是交换在社会再生产过程中的经济作用与地位的体现。因此，贸易的基本职能就是媒介商品从生产领域向消费领域的转移。②

在社会经济活动中，贸易组织和贸易产业通过组织商品买卖活动来媒介商品交换。从社会再生产过程来看，完整的贸易资本循环过程（G-W-G′）执行着商品生产资本的货币资本（G-W）职能和商品资本（W′-G′）的职能。贸易组织和贸易产业媒介商品交换的职能是通过商品的二次交换来实现的。第一次交换：通过商品收购活动，以贸易资本为媒介，使商品由生产领域向流通领域转移。这一过程正是生产部门由商品到货币的转化。由于生产部门及时出售了产品，获得了货币资金，因此为再生产创造了前提，同时，也为贸易活动创造了物质基础。第二次交换：贸易组织和贸易产业通过出售商品，变商品为货币，收回垫付的资本并使资本增值，促进商品由流通领域向消费领域转移。此时商品最终得以实现，成为现实的商品，完成生产与消费之间的内在联系。由此可见，在贸易组织和贸易产业的驱动之下，贸易资本的循环，对商品的最终实现起中介作用，通过贸易组织运用贸易资本的买进卖出活动，媒介生产者和消费者之间的商品交换关系。

二、贸易的附属职能

贸易的基本职能是媒介商品交换，这是贸易业与其他经济部门或产业相区别

---

① 杨小凯．经济学原理［M］．北京：中国社会科学出版社，1998.
② 周肇先．贸易经济学［M］．北京：中国财政经济出版社，1999：63.

的关键所在。但媒介商品交换这一基本职能的发挥，客观上需要其他一些职能行为，与基本职能交叉在一起，共同完成商品交换活动。这些职能，我们称之为贸易业的附属职能。主要有以下四个职能：

（一）调节职能

贸易业的调节职能是指贸易组织通过商品运输、储存、分类、销售服务等活动，调节生产与消费在时间上、空间上的矛盾，实现供求平衡和产需统一。在商品经济极不发达时期，自然经济占据统治地位，人们的生产和消费便呈现出明显的同一性。随着人类社会生产力的发展，生产与消费之间逐步由同一走向分离，而且随着生产分工的发展和专业化程度的提高，分离的程度越来越大，产生供给与需求在总量上或时间、空间、结构上的差异和矛盾。贸易经济组织和个人的一个重要职能，就是调节这些差异，促使供给和需求在各个方面的统一。①

贸易协调商品产需矛盾的主要手段是合理购销和合理运输、储存。通过合理组织商品采购、引导生产，积极开拓市场、引导消费，使商品生产与消费在数量和结构上保持协调或相互一致。通过合理组织商品运输，实现商品实体地区空间位置上的合理转移，创造商品的空间效应，使商品生产与消费的空间矛盾得到统一。通过合理储存，使商品在时间上作必要的停留，创造商品的时间效应，使商品生产与消费的时间矛盾得到统一。② 另外，通过商品加工、编配、分类、包装等活动，使生产的专业化、大批量与消费的分散性、零星性统一起来，产生结构效应，使生产和销售在商品的结构上统一起来，促进商品供求的统一。此外，贸易活动还可以根据国家有关政策，通过商品价格的波动，调节不同部门、不同地区、不同消费者之间的利益分配，产生再分配效应，促使商品供给和需求之间的统一。③ 贸易的这一功能具有十分重要的意义。它不仅有利于商品经济协调、健康发展，而且有利于生产者减少生产的盲目性和资源浪费，节约劳动时间，并为消费者生活带来极大的便利。④

（二）融资职能

贸易业的融资职能是指在贸易活动中，贸易经济组织通过垫付资金、贸易信用、投资、租赁等形式为生产者或消费者融通资金的一种职能。贸易活动过程是商品或劳务的买卖过程，这一买卖过程从形式上来看是商品实体和资金的反向运动，而从实质上来看是商品所有权的全面转移。从贸易活动的总体来看，商品从生产领域向消费领域转移，资金则从消费领域向生产领域转移。因此，伴随着商

---

① 张章. 贸易经济学［M］. 延吉：延边大学出版社，1997：22-23.

②④ 易法海. 贸易经济学［M］. 北京：中国农业出版社，2002：39.

③ 张章. 贸易经济学［M］. 延吉：延边大学出版社，1997：23.

品所有权的转移，逐渐实现商品实体运动和资金运动的统一。贸易经济活动之所以在商品实体运动和资金运动中融通资金，是它本身所处的中介地位决定的。首先，在现实的贸易过程中，生产者出卖产品得到的货币，并不是消费者直接支付的，而是由贸易经济组织和个体贸易商代替消费者购进商品，代其垫付货款，然后再卖给消费者，并收回垫付的货款，当然在收回垫款中还要收取一定的流通费用和相应的贸易利润。通过这一活动，生产者的产品在没有成为现实的消费品之前即可收回货款，初步实现价值，以便于继续再生产，这对于生产者来说无疑是相当有利的。其次，在现代商品经济条件下，企业之间、行业之间、企业与消费者之间，经常采用贸易信用形式或租赁、参股的方式，为生产者、消费者以及其他经济组织融通资金。贸易的这一职能，无论是对促进生产发展，还是对满足消费需要来说都是十分必要的。[1]

（三）信息职能

贸易不仅是经济信息的来源和应用者，也是经济信息最重要的传导者，这是由贸易在社会再生产中的中介地位所决定的。贸易既是联系生产与消费的桥梁，又是各产业部门之间、地区之间、城乡之间实现经济联系的纽带，从而使它成为各种经济信息的汇集点，商品生产与消费发展状况、市场供求关系、科技进步与产品开发趋势、社会分配与居民购买力水平变化等各种信息都会在贸易购销活动中反映出来，并通过贸易商的购销活动及时地将信息传导给生产者、消费者和社会各个部门，为他们的经济决策提供依据。[2]

贸易活动传递和反馈信息的主要途径是：①交易活动实现供给同需求相结合，形成商品成交价格，提供市场信息的微观基础，在此基础上可通过统计测算提供各种经济和市场信息；②贸易活动不仅通过商品交易自身实现着传递信息的功能，还通过贸易活动中多样化的交易方式，提供更具真实性和透明度的信息。例如，在集中交易的批发市场和期货市场上，商情信息的质量就会大幅度提高。一般来说，交易活动越是分散，价格形成范围越是狭小，价格信号就越是呈现出多样化现象。反之，交易活动越集中，价格形成范围就越宽广，价格信号就会走向统一。在市场经济发展过程中，贸易方式将逐步趋向高级化。这些高级形态的贸易方式引入了更多的信用因素，有的贸易方式甚至直接以信用关系为交易对象（如期货交易）。信用关系在贸易方式中的引入，一方面使得交易方式的运用对交易环境、设施及制度规范有着较高的要求，而上述环境条件必须集中提供，才能同贸易方式运用中的经济原则保持一致。另一方面信用关系的引入甚至信用关

---

① 张章. 贸易经济学［M］. 延吉：延边大学出版社，1997：23.

② 易法海. 贸易经济学［M］. 北京：中国农业出版社，2002：38.

系本身已构成贸易方式的适用对象，使得流通中的产权转让同商品的实体流通分离开来，更易使交易出现集中化趋势。贸易方式演进中的集中化使得价格水平的变化代表了更大范围的供求关系，消除了分散交易中价格形成的偶然性，强化了贸易的价格发现功能，而这种具有代表性的价格又能对生产者和消费者发挥正确的指导作用。这些均显示了高级形态的贸易方式对市场信息功能性缺陷的补充功能。[①]

（四）风险职能

贸易部门的风险职能，主要指在贸易经济活动中，由于客观条件的变化，为维护生产者和消费者的利益而承担各种风险损失的职能。商品从生产领域向消费领域转移的过程中，要经历多次易手，由于客观条件变化，可能丧失预期收益，也就是可能存在贸易风险。当专门商人进入贸易活动以后，这种状况可以得到显著改善。因为商人承担了商品在运输、保管和销售过程中可能遭遇的各种风险。原来的贸易风险承担者主要是生产者，现在增加了专门商人，并且商人是主要的风险承担者，极大减少了贸易风险对社会再生产过程的负面影响。[②]

三、贸易职能的特点

（一）客观性

贸易职能不受社会制度的决定，不因生产方式的变革而改变，只要存在贸易业，存在贸易资本，就存在货币到商品，商品到货币的贸易活动，即贸易的交换职能。在不同的生产方式下，贸易职能发挥的条件，发挥的目的及手段有所不同，但只要有商品交换存在，贸易职能就是客观存在的，这是由交换在社会再生产中所处的地位决定的。

（二）区域性

贸易职能的作用区域主要是商品流通领域。贸易职能是在发达商品流通中的价值形态转换中实现的，贸易资本只有在不断的循环周转中才能实现为卖而买的业务活动。只有在流通领域才具备贸易职能发挥作用的条件，即集中了买者、卖者和各种类型的既买又卖者，集中了可供交换的各种有形和无形的商品。

（三）层次性

从贸易活动的内涵和外延分析，贸易职能分为两大层次，即由其内涵决定的基本职能和由其外延决定的附属职能。贸易活动的内涵是商品买卖，因而其基本职能是交换职能，但作为贸易活动，光是交换往往难以完成经济活动的全过程，

---

① 周肇先 . 贸易经济学 ［M］. 北京：中国财政经济出版社，1999：65-73.
② 陈淑详 . 贸易经济学 ［M］. 成都：西南财经大学出版社，2015：16.

必须要有商品的再加工、保管、储存、运输、包装、信息等。因此，在交换职能发挥作用的同时，必须有附属职能与之配合。①

1. 收购

商品收购是通过交换获取物料和服务的购买行为，目的是为企业经营在合适的时间、地点以合适的价格获取质量、数量合适的资源。收购使商品从生产领域进入消费领域，是商业经济活动的真正开始。商品贸易过程首先必须向生产者购进商品，其次才能进行商品转卖，满足消费，获得商业利润。对生产者来说，商业部门及时收购产品，能使生产部门尽快地把商品转化为货币，以便用于购买生产资料和支付职工的工资，为再生产提供条件。商品收购使商业本身能够及时掌握货源，组织商品供应，以满足工农业生产和城乡人民生活以及外贸出口的需要。商业在工业品收购中会发生工商关系，在农副产品收购中会发生农商关系。社会生产和社会需要之间的矛盾，会在商品收购中反映出来，表现为收购的商品数量、质量、花色、品种、规格和价格等方面的工商矛盾或农商矛盾。

2. 储存

商品储存是指商品在生产、流通领域中的暂时滞留和存放。一般来讲，它以保证商品流通和再生产过程的需要为限。商品储存通过自身不断循环，往往发挥着协调商品产销矛盾的功能，因而成为促进商品流通乃至整个社会再生产不可缺少的重要条件。储存的作用有：第一，协调产销时间矛盾。商品生产和消费并不是同时进行的，它们各有自己特定的周期性，因此需要通过商品储存来协调商品生产与消费之间的时间矛盾。第二，协调产销地域的矛盾。第三，协调市场供求矛盾。在商品流通过程中，通过储存收购，保持必要的商品数量和花色品种，才有可能保证市场供应，满足消费需求。储存就是库存，根据储存发生的原因不同，可以将其分为周期库存、在途库存、安全库存、投资库存、季节性库存、保管库存、会计库存、可调库存等九种类型。

3. 运输

商品运输是指商品借助动力实现在地区之间的位置转移。它不仅是生产过程在流通领域的继续，也是商品流通过程中的一个重要环节，还是商业企业联结生产和消费、联结城乡、联结购销、发挥桥梁和纽带作用的重要组成部分。虽然运输活动和一般生产活动不同，不创造新的物质产品，但是这一变动是使生产继续下去，使社会再生产不断推进，使价值不断增值的过程。所以，运输需求几乎是所有经济主体都具有的普遍需求。可以说，运输是生产过程在流通领域的继续，是属于流通领域的物质生产过程。在经济活动中，它连接着生产和生产、生产和

① 张章. 贸易经济学 [M]. 延吉：延边大学出版社，1997：26.

交换、生产和消费、交换和消费等各个环节。因此，运输在社会再生产和经济生活中处于十分重要的地位，与国民经济各部门有着密切的关系。

4. 销售

商品销售是指商品生产企业通过货币结算出售所经营的商品，转移所有权并取得销售收入的交易行为。它是商品所有者经过出卖把商品让渡给购买者，使商品转变为货币，并实现商品的价值形态转化的经济活动。商品销售并不是仅仅将商品卖掉，而是一个复杂的、系统的经济行为，是创造、沟通与传送价值给顾客，是经营顾客关系以便让组织与其利益相关者收益的一种组织功能与程序。进行商品销售的主体有多种，生产者销售商品，可以直接卖给消费者，也可以卖给在生产者和消费者之间起媒介作用的商人。商人购进商品，并不是为了满足自己的消费需要，而是为了转卖，所以商人也要销售商品。商人出售商品，可以直接卖给消费者。商品无论怎样销售，只有出售给消费者才是最终的出售，商品至此才能脱离流通领域而进入消费领域，成为消费者使用或享用的对象。因此，从严格意义上讲，商品销售是指出卖给消费者的最终销售。[①]

第三节　贸易的作用

一、贸易在市场经济中的作用

（一）贸易是社会资源的基本实现形式

1. 贸易引导资源配置

社会资源是一个广义的概念，是指可以为人类福利所利用的一切要素，它既包括各种物质资源，又包括人力资源；既包括有形资源，又包括无形资源；既包括国内资源，也包括国外资源。各类社会资源相对社会需要而言总是稀缺和有限的，为了合理利用社会资源，资源配置就是将社会资源按照一定的比例关系合理地分配到国民经济各个部门。这在现代市场经济条件下尤为重要。一方面，随着现代分工的发展，国民经济中的产业部门更加多样化、复杂化，产业之间的投入产出联系更加密切。另一方面，随着现代经济的发展，社会资源的范围更加广泛，其分配也更为复杂，更需要对社会资源进行合理配置。

一般来说，市场是合理配置社会资源的有效方式。但市场配置资源是通过市

① 徐从才. 贸易经济学 [M]. 北京：中国人民大学出版社，2015：41-42.

场交换过程中的信息传导机制实现的。贸易作为经济信息的传导者，它可以通过其购销手段，引导生产要素在国民经济各部门之间合理流动和进行分配。比如，当市场上某类商品生产过多，出现供过于求、商品滞销时，贸易商通过停止购进和降价销售，使生产者感到该产品生产利少或无利可图，从而压缩该类商品的生产，把资源投入转向经济效益相对较高的产品部门；同样，当某类商品生产不足，出现供不应求、商品脱销时，贸易商通过积极购进和提价销售，引导生产者把资源投入转向该类产品部门，以满足社会的需要。此外，贸易部门还可以通过资源本身价格的变化，促进生产者优化资源配置，提高稀缺资源的利用效益。[1]

2. 贸易市场体系的完善是实现资源配置优化的必要条件

第一，消费品市场的建立和完善是消费资源取得合理消费，劳动力资源得以巩固和再生的市场条件。第二，生产资料市场的建立和完善为企业的原材料采购、投资品销售提供了自由选择、资源交换、公平交易的场所。第三，劳动力市场的建立和完善有助于推动劳动力资源商品化进程，使劳动力资源的配置有一个可供劳动力供需双方进行"双向选择"的场所，有利于劳动力资源的合理配置。第四，资金市场的建立和完善可使企业的资金供给和需求不再采取计划体制下国家直接控制、直接分配的形式，而是通过市场方式完成融资。第五，房地产市场、技术市场、信息市场的建立和完善同样能够促进这些生产要素的市场化过程，使土地、技术、信息等资源合理流动和有效利用。

（二）贸易在国家宏观调控中的作用

1. 贸易部门引导商品生产发展和生活消费需要

贸易部门引导商品生产发展的作用，具体表现是：贸易商运用经济杠杆引导商品生产，价格杠杆是人们对价格机制的能动运用，贸易商在国家政策允许的范围内，运用商品价格的波动，引导商品生产者扩大或缩小某种商品的生产，引导商品生产者不断调整生产结构。当某种商品市场紧缺，贸易组织可适当提高收购价格，刺激生产的积极性；当某种商品供大于求，贸易组织可通过降低收购价格来限制生产。贸易部门还可通过一些经济手段引导生产的发展。如利用收购手段，把对农产品的合同定购、市场收购在结合中确定一定比例。这种比例随市场变化适时调整，就可使广大农民根据收购手段、收购形式和收购比例的变动了解市场需求变化，从而调整生产结构。再如销售手段，贸易商通过与生产部门协商而确定的经销、代销、自销等比例变动，也会从不同角度，不同程度上引导生产者的生产方向和结构变化。

贸易部门满足和引导生活消费需要主要表现在以下几个方面：贸易部门通过

---

① 易法海. 贸易经济学 [M]. 北京：中国农业出版社，2002：39.

合理储存、适时吞吐，调节供求平稳，保证市场供应。贸易部门对消费具有某种抑制作用。在市场经济条件下，社会经济的发展有一个良性循环的过程，其关键因素是消费应随着生产的增长而增长。[①]

2. 贸易是国民收入分配实现的手段

在商品经济条件下，国民收入的分配是以货币形态进行的，但分配的最终实现必须落实到与货币额相适应的实物商品上，因此分配只有借助于贸易才能实现。贸易对于分配的规模和结构起着决定性的作用，贸易流通的品种变化、数量增减、价格涨落直接或间接地影响着不同生产者所得到的分配份额。贸易还可以通过价格的上下波动来对消费者的可支配收入进行再分配，比如，较高的商品价格能够起到将收入从消费者转移到生产者的作用，较低的商品价格则意味着消费者实际消费水平的提高。[②]

积累是扩大再生产的源泉，是高速发展国民经济的必要条件。积累资金，要经过一系列的分配和再分配才能实现，产品和国民收入的分配，积累的形成，离不开贸易经济活动。首先，从社会再生产过程来看，生产部门创造的价值，只有通过贸易活动，把商品卖给消费者，分配才能最终实现，生产部门才能通过上缴税收，为国家建设提供积累。其次，贸易部门在商品购销活动中，要进行必要的生产性劳动，诸如商品包装、运输、分类、保管等，这是生产劳动的重要组成部分，同样创造价值，为国家增加积累。最后，贸易部门通过加强经济核算和管理，加快商品流转速度，降低费用，为国家增加积累。[③]

3. 贸易是国家对市场经济实现宏观调控的中介

完善的国家宏观调控机制和体系是现代市场经济正常运行的保障。国家宏观调控主要是通过运用经济手段、法律手段对贸易市场的市场主体施加影响来实现的。经济手段包括经济政策和经济杠杆。经济政策主要有产业政策、财政政策、金融政策等。经济杠杆是指价格、税收、利率、汇率、工资等经济调节手段。法律手段主要是指用来规范贸易市场主体、贸易市场运行的各种经济法规。比如《公司法》《税法》《反不正当竞争法》等。

国家在贸易领域运用各种经济手段和法律手段间接地调控宏观经济的形式有多种多样。比如，为了消除通货膨胀，控制物价上涨，国家对贸易品实行最高限价，提高银行存贷款利率，控制货币发行量。再比如，国家为了刺激基础产业和基础设施的建设和发展，实施资金倾斜政策，提供财政资金和优惠贷款，实行减

---

① 张章. 贸易经济学［M］. 延吉：延边大学出版社，1997：28-30.

② 易法海. 贸易经济学［M］. 北京：中国农业出版社，2002：33.

③ 张章. 贸易经济学［M］. 延吉：延边大学出版社，1997：30.

免税等。①

4. 国家的贸易政策能够帮助国家实现宏观经济平衡

在对外贸易这一环节上，国家可以运用出口刺激政策和进口保护政策影响内贸市场的商品供求。出口刺激政策是指国家对出口企业实行的出口补贴、外汇留成、银行优惠贷款、各种减免退税等经济政策。出口刺激政策能够推动出口产业和企业的发展，扩大商品出口，增加国家外汇储备，为更多地引进外国先进技术和进口先进设备创造条件。进口保护政策是指国家为了保护本国民族经济对外国某些产品设置的关税和非关税壁垒的经济政策。一般而言，出口刺激政策的实施会减少本国市场上商品总供给量，可以解决部分产品在内贸市场上供过于求的矛盾。而进口保护政策的实施会减少外国商品在本国内贸市场上的供给量。供给量有限的外国商品常常满足不了本国消费需求。这样，高关税导致的外国产品供不应求会造成本国国内市场上的外国商品价格高昂，令国内一般消费者望而却步，转向购买本国相关产品，从而保护和促进本国民族经济的发展。

由于对外贸易在国家的宏观调控中起着重要作用，因此自由、公平、平等、互利的贸易往来是国与国之间经济联系的正常条件，任何一个国家如果以人权或其他因素对他国实施贸易制裁必然会导致受制国的贸易报复。由于国与国之间贸易政策的差异，国际上国与国之间特别是西方发达国家之间的贸易摩擦、争端接连不断。②

二、贸易在经济发展中的作用

（一）贸易和经济增长的关系

贸易和经济增长关系的演变是同世界工业化的进程紧密联系在一起的。在讨论贸易同经济增长的关系时，我们必须回顾 19 世纪有关贸易作为经济的"增长发动机"的经典论述。在 19 世纪的世界工业化进程中，贸易在促进 19 世纪经济增长的扩散方面起了重要作用。把各国经济联系在一起的贸易、资本和劳动力流动不仅提供了一种把经济增长效率与福利以更高的实际收入的形式从一国传递到另一国的手段，而且还提供了一种把促进现代经济增长的技术和社会创新传播到各国的途径。其结果是，大多数国家的经济增长越来越取决于他们利用贸易的机会和获得新知识及追加生产要素的能力。

在不同时期，经济增长中贸易的作用有不同的表现形式。根据技术在经济增长过程中的贡献和贸易在技术扩散中的作用，贸易对于经济增长的功能还可划分

---

① 王德民. 贸易经济学［M］. 北京：中共中央党校出版社，1994：43.

② 王德民. 贸易经济学［M］. 北京：中共中央党校出版社，1994：44.

为内生型经济增长功能和外生型经济增长功能。由于在第一次工业革命和第二次工业革命时期形成的工业化主要是依靠资本、劳动等实际要素投入，技术仍然是经济增长过程的外生变量。因此，依靠劳动和资本投入带动的经济增长被称为外生型经济增长。贸易在 19 世纪经济增长过程中形成的发动机功能就是外生型的经济增长功能。贸易在进口中间投入物、促进生产的技术手段和原材料的多样化以及提高生产者使用的这些产品的质量方面起着重要作用，从而促进了内生型经济增长。随着当代技术的发展，技术的区际流动和国际扩散在当代经济增长中发挥着日益重要的作用。贸易不仅推动着特定经济结构的产品交换，而且还通过自身的活动促进了技术的交流和扩散。因此，在当代经济增长进程中，贸易发挥着推动内生型经济增长的功能。[1]

（二）贸易在经济增长中的作用

1. 调节产销的时空矛盾

随着社会进步和分工的发展，社会效率不断提高，但分工不断深化又加深了不同生产部门之间、生产和消费之间联系和协调的困难，如搜寻、谈判和购销等需要耗费大量的时间和人力、物力。分工导致的产销矛盾表现为生产和消费的时间不一致性和空间不一致性，此地生产，彼地消费，生产越来越集中，消费越来越分散。因而造成形式多样的耽搁和停顿，导致资源配置不合理和低效率。[2] 贸易通过储存和运输环节可以效率更高地缓解生产和消费之间的时空矛盾，打破生产和消费在时间、空间和集散方面的更大限制，在更长的时间、更远的地区、更集中或更分散的条件下进行商品交换。[3]

一方面，中间商的存在可以缓和供需之间在时间、空间和商品数量、种类等方面的矛盾；另一方面，中间商的存在能给生产者和消费者带来方便。对于消费者而言，中间商充当了他们的采购代理，中间商可以在合适的时间和地点提供所需要的产品、灵活的付款方式以及周到的售后服务；而对于生产者或贸易企业来说，中间商的存在使企业的销路有了保证，从而降低了流通成本。[4]

2. 减少交易费用、提高交易效率

贸易涉及商品所有权或使用权的有偿让渡和转移，推动产品从生产领域进入消费领域，实现产品价值。在贸易过程中会产生一定的费用，交易成本理论称之为交易费用，包括产品搜寻成本、讨价还价成本、签订合同成本、监督合同执行

① 周肇先. 贸易经济学 [M]. 北京：中国财政经济出版社，1999：69.
② 柳思维. 贸易经济学 [M]. 北京：高等教育出版社，2021：65.
③ 陈淑祥. 贸易经济学 [M]. 成都：西南财经大学出版社，2019：15.
④ 徐从才. 贸易经济学 [M]. 北京：中国人民大学出版社，2015：41.

的成本、产品运输成本等。如果没有专门商人从事贸易活动，生产者和消费者直接进行交易，交易费用很高，并且交易不成功的概率很大。专门商人出现后，其充当生产者和消费者的交易中介，根据分工理论，可以极大地减少交易费用。正如马克思所言："由于分工，专门用于买卖的资本小于产业资本家在必须亲自从事他的企业的全部商业活动时所需要的这种资本。"①

3. 沟通生产和消费者信息

在社会再生产过程中，生产是起点，消费是终点，正如亚当·斯密所言，消费是生产的唯一归宿。消费者必须消费生产者生产的产品，但是如果产品不合消费者意愿，消费者不会购买。生产者只有根据消费者的意愿生产产品，才能将产品销售出去，实现产品价值。在这个意义上，消费决定生产。因而生产者和消费者之间需要信息对称，以解决产销矛盾。贸易活动作为生产者和消费者的中介，在二者之间起着信息沟通的作用。一方面，反馈商品信息，研究市场变化趋势，引导生产适销对路的产品，满足消费者需求。另一方面，反馈生产变化，传递商品信息，引导消费，促进消费水平和消费效用提高。②

从现实的经济活动中发现，市场供求失衡的一个重要原因是生产者与消费者之间的连接发生障碍，致使生产者与消费者无法在价格上达成一致。出现这个障碍常常是因为缺乏能有效缓冲和协调交易者的市场主体。在市场经济条件下，这个主体就是独立承担流通风险、降低交易成本的商业组织。它们是对最终交易价格最有发言权的市场力量，可以起到使供求价格趋于协调的衔接作用。同时，市场经济要求经济资源的市场配置占主要地位，各种利益主体必须通过市场交换出售产品和获得资源。生产的发展要看市场，以需定产，市场需求是第一位的。在商品流通过程中，谁最接近消费者，谁就最能捕捉到准确的需求信息。因此，商业对生产、消费起到能动的调节作用。从消费者角度来看，商业的发展推动物流配送业的发展，同时新零售业态的出现节约了消费者的时间、货币成本，相应地增加了消费者的闲暇，更大程度地满足了消费者需求，对生产者和消费者起到衔接和协调作用。③

4. 分担风险

从生产领域向消费领域转移的过程中，商品实体和所有权将经历多次交易、转手。流通链条越长，交易的不确定性越大，因信息不对称而产生的逆向选择和道德风险问题发生的概率就越高。而流通平台作为市场供给方和需求方进行交易

① 中央编译局. 马克思恩格斯文集（第7卷）[M]. 北京：人民出版社，2009：307.
② 陈淑祥. 贸易经济学 [M]. 成都：西南财经大学出版社，2019：15.
③ 徐从才. 贸易经济学 [M]. 北京：中国人民大学出版社，2015：53.

的唯一中间环节，使得传统市场转变成为"卖方—平台—买方"这样的以平台企业为中心的双边市场结构，极大地缓解了因传统流通渠道相对过长而导致的交易风险递增问题。不仅如此，作为流通平台企业，是通过为市场双边用户提供交易的场所和服务进而收取相应费用实现盈利的，天然具有分担双边用户交易风险的责任。以大型零售平台京东、苏宁为例，它们会对入驻的品牌供应商进行挑选，选择那些消费者信得过的品牌，从而降低消费者的选购风险。不仅如此，平台将集成产业上下游、供应链，以及生产、流通、服务各环节，形成流通便捷、服务高效、资源配置优化的生态圈，在"适者生存"的法则下，社会经济资源将得到进一步的整合。①

■ 本章小结

贸易在社会经济生活中具有十分重要的地位。贸易作为社会再生产的中介，是社会经济运行的中心环节，是社会经济联系的桥梁；作为一个产业部门，贸易业是国民经济的先导性产业和基础性产业。贸易最基本功能是媒介商品交换，随着商品经济和市场经济的发展，贸易的功能不断扩大，除了媒介商品交换外，还具有调节职能、融资职能、信息职能和风险职能。贸易的作用非常广泛，包括调节产销的时空矛盾、提高交易效率、降低交易成本、沟通生产者和消费者信息、分担生产领域和消费领域的风险等。

■ 关键术语

社会再生产；分工专业化；贸易交换；贸易产业；贸易职能

■ 本章思考题

1. 怎样理解贸易活动在社会经济运行中的地位？
2. 贸易具有哪些功能？
3. 贸易活动在经济发展中的作用有哪些？
4. 如何理解贸易产业是国民经济发展的基础产业。

---

① 柳思维. 贸易经济学［M］. 北京：高等教育出版社，2021：66.

第三章　贸易分类

第一节　贸易分类的方式

一、贸易分类的含义

贸易分类是指各种贸易活动种类。从贸易发展史的角度考察，贸易分类有一个发展过程。在封建社会，由于受封建割据和封建行会势力的影响，加之整个社会生产都比较落后，生产技术改进缓慢，交通不便等，物质产品的贸易限制在狭小的本地市场，商品生产者大多是小商品生产者，商品化程度较低，规模较大的手工作坊较少。当人类社会的发展进入资本主义社会初期，商品生产和商品流通有了很大发展，商品生产分工越来越细，形成了各种各样的商品生产者和社会分工体系中的各个专业化生产部门，但由于生产和经营中的封建行会残余势力的存在，又阻碍了商品贸易在部门之间展开。随着资本主义生产方式的进一步发展，贸易冲破了种种封建残余势力的束缚和阻碍，在各个经济领域得到充分发展。

二、影响贸易分类的因素

贸易分类是生产分类和消费分类在流通中的反映，是生产分类和消费分类交互作用的结果，是生产分类向消费分类转化在流通过程中的客观要求。生产分类和消费分类都对贸易分类有一定的影响。

生产分类是依据不同的分类标准对全部生产领域进行划分。首先，按照马克思的社会再生产理论，以产品的最终用途可将生产划分为生产资料生产部类和生活资料生产部类两大类，两大部类内部又可以进一步划分出许多生产部门或行业。其次，根据物质产品的用途可将生产划分为农业生产部门和工业生产部门。

农业生产部门可进一步划分为农、林、牧、副、渔各业。工业生产部门可分为轻工业生产部门和重工业生产部门，轻工业和重工业内部又可以分别进一步划分为不同的生产行业。最后，按照社会分工的自然关系，将生产划分为三大产业，即第一产业、第二产业、第三产业。

消费分类通常有以下三种情况：首先，依据消费的组织形式及消费需求的来源，把消费分为个人消费和社会集团消费。个人消费是个人购买力的支出，个人消费包括衣、食、住、行、文化、娱乐等。社会集团消费主要指社会企事业单位、政府机关的集体消费。其次，根据消费品的物质属性，把消费划分为物质产品消费和精神产品消费。最后，从消费品的来源划分，消费可分为自给性消费和商品性消费。除此之外，从满足消费层次上来看，消费可分为生存资料消费、享受资料消费和发展资料消费；从满足消费的性质上来看，消费可分为必需品消费和非必需品消费等。生产分类和消费分类在一定程度上影响着贸易分类，同时，贸易分类又可以协调生产分类和消费分类之间的关系。

三、贸易分类的具体标准

（1）根据历史上对生产和生活资料流通的习惯划分标准，我国曾把贸易划分为物资贸易和商业。在我国，物资贸易主要经营生产资料，商业主要经营生活资料。

（2）根据买卖转换的次数划分标准，可将贸易划分为直接贸易和间接贸易。直接贸易是指只经过一次买卖环节的贸易方式；间接贸易是指经过两次或两次以上买卖环节的贸易方式。

（3）根据贸易环节的功能标准，可将贸易划分为批发贸易和零售贸易。批发贸易是指从生产企业购买商品，然后转售给其他工商企业的贸易行为。批发有产地批发、中转批发、销地批发等。零售贸易是指直接把商品销售给消费者的贸易行为。

（4）根据贸易的空间范围标准，可将贸易划分为地方贸易、国内贸易和国际贸易。

（5）根据交易时间标准，可将贸易划分为现货贸易、期货贸易。

（6）根据产品序列标准，贸易可划分为初级产品贸易、中间产品贸易和最终产品贸易。

（7）根据贸易对象的属性标准，贸易可划分为商品贸易、生产要素贸易（包括资本贸易、劳务贸易、技术贸易、信息贸易、房地产贸易等）和服务贸易。①

---

① 柳思维，高觉民 . 贸易经济学［M］. 北京：高等教育出版社，2021：170-174.

第二节 商品贸易

一、商品贸易的基本类型

（一）按商品的来源划分

1. 农产品贸易

农产品包括农、林、牧、副、渔各业的产品，它既是人们的基本生活资料，又是工业生产的重要原料，还是出口创汇的重要物资。因此，农产品的贸易关系到生产、流通、消费、分配各环节的协调，关系到生产者、经营者、消费者的利益分配，也关系到农业作为国民经济基础作用的发挥。现阶段，我国农产品贸易主要有以下特点。

（1）农产品贸易具有季节性。我国农产品生产受自然条件的制约，具有明显的季节性，从而决定着农产品贸易随季节的变化有较大的差异性。不同季节的农产品贸易具有不同的规模和结构，旺季与淡季相差甚大。因此，农产品贸易应针对每一种农产品的季节性特点，把握住其生产规律和季节特点，做好各种准备工作，采取相应的经营策略，不失时机地组织好农产品贸易工作。

（2）农产品贸易具有层次性。农产品的品种繁多、质量不等、性能多样、作用大小不一，对国计民生的影响程度也不同，因此，应采取多种贸易形式，形成经营形式多样、多层次的农产品贸易体系。把握有计划和非计划的贸易、全国性的和地区性的贸易的不同特点，采取相应的购销政策和经营形式。

（3）农产品贸易具有分散性。农产品生产的特点是由我国生产力发展水平和生产形式决定的。目前，我国农产品生产点多面广，分散经营，这就决定了农产品贸易的分散性。其贸易方向是由分散到集中，由农村到城市。收购网点的设置、人员的配备、商品运输和接收以及贮存设施，都必须适应这个分散性的特点。

（4）农产品贸易具有不平衡性。各产地的自然条件不同，有灾年、丰年、平年，不可能像工业品那样能够在人工控制下均衡生产，因而农产品贸易在不同年份也会出现淡旺不等的非均衡特点。针对这种不平衡性和不稳定性，在农产品贸易中，必须贯彻统筹兼顾、全面安排、留有余地、以丰补歉的原则。①

---

① 柳思维，刘天祥. 贸易经济学 ［M］. 长沙：湖南师范大学出版社，1998：242-243.

2. 工业品贸易

工业品贸易主要指日用工业品贸易和生产资料工业品贸易。工业品贸易主要有以下四个特点：

（1）工业品贸易具有多向性。工业品生产具有较大的集中性，主要集中在大中城市；工业品消费则具有较大的分散性，遍布城乡各个角落。工业品生产与消费的特点就决定了工业品具有从集中到分散，从城市到乡村的多向性特征。

（2）工业品贸易具有相关性。消费者对工业品的需求具有多样性、多变性且很多商品的消费必须互相配套，形成合理结构，以满足消费者的需求。这就决定了工业品贸易应力求品种、规格、花色、档次齐全，且从收购、运输、销售、服务等各方面做到结构合理化、系列化、配套化。

（3）工业品贸易具有购销差异性。同农业生产相反，工业品生产受自然条件影响小，生产周期短，均衡、批量生产，具有相对稳定性，而消费则受各种因素的影响，受制约性较大，选择性强，弹性较大。因此，工业品贸易应注意产需衔接，调节供求，促进平衡。

（4）工业品贸易具有替代性。由于工业品品种繁多，新旧产品不断交替更迭，一物多用，不少商品具有同一或相近的使用价值，如洗衣粉与肥皂、布鞋与皮鞋等，既具有替代性，又具有互补性，既有同向发展的可能，也有逆向发展的因素。因此，应利用这些特点，安排和组织好替代工业品的贸易。[①]

（二）按商品的最终用途划分

1. 生产资料贸易

生产资料是人们在生产过程中所使用的劳动资料和劳动对象的总称。生产资料贸易基本上是在生产企业之间进行的，有其独特的特点。

（1）生产资料贸易具有生产性。生产资料是生产消费资料的劳动产品，其贸易对象主要是生产企业，因此，生产资料贸易是生产的继续，是社会再生产必不可少的环节，消费过程和生产过程同时发生，具有生产性。

（2）生产资料贸易具有相对稳定性。这是由生产资料本身具有技术性、配套性、专用性较强的特点而决定的。生产资料在选用上比较严格，选择性小，因此，生产资料在贸易方向、规模和结构等方面相对稳定，产销关系较为固定，具有相对稳定性。

（3）生产资料贸易具有批量性。由于生产资料的需求者一般是具有一定规模的企业，要进行相对稳定的批量生产，因此，生产资料贸易要求频率小，需求量大，成批交易，相对集中，具有批量性特点。

---

① 陈淑祥. 贸易经济学 ［M］. 成都：西南财经大学出版社，2019：42-43.

（4）生产资料贸易具有技术性。各种生产资料都有特定的用途，都有不同的技术要求，对于产品的品种、规格、质量都有严格的规定，结构复杂，性能不一。这就要求从事生产资料贸易的人员应具有一定的技术知识，且懂得使用、维护和维修，以提高市场竞争能力。

（5）生产资料贸易具有独立性。由于生产资料的生产、消费的特殊性，生产资料贸易与生活消费资料贸易具有明显不同的交易对象、价格、方式和规模。因此，形成了比较明显的独立贸易形态，不直接反映人们的生活消费水平。

2. 生活资料贸易

生活资料贸易是为满足广大城乡居民的各种消费需求而进行的贸易活动，它处于社会最终供给和最终需求的焦点，因而有着自己的特点。

（1）生活资料贸易的范围具有广泛性。生活资料贸易的范围遍及城乡各地，零售贸易涉及每个消费者和每个家庭，批发贸易则涉及所有消费品生产者和消费品经营者，因而其贸易范围具有广泛性。

（2）生活资料贸易具有差异性和多变性。生活资料的消费是从消费者自身的具体条件出发的，而消费者的购买力水平、消费水平、消费习惯等差异很大，这就要求生活资料的供应者应提供品种多、花色式样齐全的商品，以满足各层次消费的需求，同时，消费需求总量、需求结构、需求层次等都会不断发生变化，具有明显的多变性。因此，应不断更新品种，提供更周到的服务，同时多设销售网点，以适应各种变化。

（3）生活资料贸易具有直接性。生活资料贸易是连接生产与消费的重要纽带，生活资料成为消费者现实的消费对象，直接影响消费者的消费方式。因此，生活资料贸易应通过各种有效的商业宣传，正确地引导消费、指导消费，使消费者养成合理、健康的消费习惯和方式。

（三）按商品贸易区域划分

1. 农村贸易

农村贸易是指以农村供销社为主体，辅以广大农村商品生产者自销和农村集市贸易所形成的农村商品贸易网络。农村贸易的目的在于组织农业生产资料和工业产品的供应，组织农副产品收购、加工和其他方面的综合服务。满足城乡工农业生产和人民生活的需要。农村人口多，人均收入水平较低，消费水平虽有提高，但与城市相比仍有一定差距。因此，农村贸易一般比较分散。同时，农村贸易受季节影响，具有不均衡性和波动性的特点。

2. 城市贸易

城市贸易是指以国有工商业、物资供销社为主体，并辅以私营工商业和个体商业，在城城之间、城镇之间组织的商品购销，目的主要是满足城镇工业生产和人民生活消费需要。城市的人口集中，居民收入水平、消费层次较高，且城市是商品生产和销售的集散地，因此，城市贸易具有集中、受季节影响小、相对稳定等特点。[①]

二、商品贸易的特征

商品贸易的发展水平与市场经济发展程度成正比。随着科学技术的进步、社会分工的深化和市场经济的发展，商品贸易呈现出以下特征：

（一）商品贸易规模不断扩大

主要表现为商品贸易的范围不断扩大，贸易量保持较高的增长水平。首先，社会生产力的发展，提供给市场的商品数量和花色品种不断增加，使商品贸易的规模扩大。其次，科学技术的进步，人们开发和利用自然资源的范围不断扩展，使商品贸易的范围和规模得以扩大。随着社会分工的深化和生产专业化程度的提高，原自产自用的产品也被纳入商品贸易范围。最后，市场经济的发展，许多原本不是以交换方式进入消费领域的产品也逐步商品化、市场化，从而使商品贸易规模扩大。

（二）商品贸易呈现出买方市场特征

买方市场是指市场商品供应大于商品需求、竞争主要在卖方之间展开、商品交易条件主要由买方来支配的格局。商品贸易呈现买方市场特征是市场经济发展的常态。正因为商品供应大于商品需求，才会形成商品生产者和经营者之间的竞争，才会有市场经济正常运行的条件。

（三）商品贸易流向呈多向性

商品贸易流向是由商品生产和消费的自然特点所决定的。有形商品品种繁多、规格多样、档次不一，不同类别的商品生产布局和消费特点不同，其贸易流向就有不同。比如，农副产品贸易流向主要是从农村到城市，从分散到集中；工业品贸易流向是从集中到分散。此外，商品生产的社会经济特点引起了商品贸易地区流向的改变，如中西部地区与东部沿海地区之间的商品贸易出现了工业制成品双向流动、初级产品与生产要素双向流动的新格局。

（四）商品贸易结构不断优化

随着科学技术的进步和产业结构的调整与优化，商品贸易结构不断高级化。在生活资料贸易方面，技术含量低的产品比重下降，节约时间、减少劳动、功能齐全的高科技类产品不断涌现；基本生活必需品的比重下降，人们在休闲、度假、旅游时需用的服饰、食品、健身保健之类的休闲类产品比重增加。传统消费

---

① 柳思维，刘天祥. 贸易经济学 [M]. 长沙：湖南师范大学出版社，1998：245.

品比重下降，住宅以及与此相联系的室内装饰类产品、通信类产品和小汽车之类的耐用消费品的比重增加。在生产资料贸易方面，传统原材料产品比重下降，制成品和中间产品比重上升。在工业制成品中，精加工、高附加值产品比重上升等。

（五）商品贸易呈现出商流、物流、信息流分离态势

这主要是指商流、物流、信息流功能分开和机构独立化。商品贸易的商流、物流、信息流分离，是市场经济发展的必然结果。在物物交换条件下，商流、物流、信息流通常是合为一体的，由生产者来承担。随着商品经济的发展，商品贸易规模扩大，社会化、专业化程度提高，商流、物流、信息流的分离成为必然，相应地细分出一系列新的贸易行业。

第三节　要素贸易

生产要素是指物质资料生产所必须具备的因素，即一切生产投入品，如劳动力、资金、技术、信息、房地产等。现代生产要素贸易已发展成为庞大的贸易体系，不同于一般实物商品贸易。

一、要素的种类

生产要素是经济学中的一个基本范畴。常见的生产要素有资本、劳动力、土地（房地产），随着科技的发展和知识产权制度的建立，技术、信息也作为相对独立的要素投入生产。

（一）资本

在经济学意义上，资本是指用于生产的基本生产要素，即资金、厂房建筑物、机器设备、原材料等物质资源。在金融学和会计领域，资本通常用来代表金融财富或金融资产，即借款、股票、债券、外汇等。根据主流宏观经济学的观点，资本可以划分为物质资本、人力资本、自然资源、技术知识。从投资活动的角度，资本可以划分为有形资本、无形资本、金融资本和人力资本。按资本所处的领域不同，资本又可划分为产业资本、商业资本、借贷资本和银行资本等。

（二）劳动力

在经济学意义上，劳动力是指人的劳动能力，即蕴藏在人体中用来生产物质资料的体力和脑力的总和。劳动力的价值是由劳动力再生产费用构成的，包括衣、食、住、用、行以及学习、娱乐等费用。劳动力的使用价值的最大特点是能

够创造出超出自身价值更大的价值，它是剩余价值的源泉。

劳动力是最重要的经济资源和生产要素。劳动力和生产资料如果处于分离的状态，则只在可能性上是生产要素，要成为现实的生产要素，就必须将它们结合起来，没有它们的结合就没有社会生产劳动，因为只有劳动力作用于生产资料之上才能够形成生产，也只有劳动力可以创造价值和财富。

（三）土地

土地，作为生产要素范畴，是未经人类劳动改造过的各种自然资源的统称，既包括一般的可耕地和建筑用地，也包括森林、矿藏、水面、天空等。土地具有有用性、稀缺性等特点。随着人口的增多和经济活动规模的扩大，土地的稀缺性具有明显加强的客观趋势。如何保护和利用好现有的各种土地资源、开发新的土地资源，始终是经济领域的重要问题。对于人口众多、人均可用土地资源严重不足的我国来说，土地资源的保护、利用和开发更为重要，而土地资源配置市场化，是提高土地资源配置和利用效率的重要途径。

房地产是指土地、建筑物及固着在土地、建筑物上不可分离的部分及其附带的各种权益。房地产由于位置的固定性和不可移动性的特点，在经济学上又被称为不动产。房地产业是国民经济的支柱产业之一，是创造财富、增加国民收入的重要产业部门。

（四）技术与信息

技术是指为社会生产和人类物质文化生活需要服务的、供人类利用和改造自然的物质手段、精神手段和信息手段。具体可包括物体形态、智能形态和社会形态三个方面。信息是客观世界各种事物的运动状态和特征的反映，是客观事物之间联系的表征，是客观事物经过传递后的再现。技术和信息是个人或企事业单位投资一定的人力、物力、财力，耗费一定的物化劳动和活劳动创造出来的实用知识产品。随着科技的发展和知识产权制度的建立，技术、信息也作为相对独立的要素投入生产，成为整个生产要素体系的重要组成部分。[1]

二、资本贸易

资本贸易是指货币在流通中买卖、存放或借贷贵重金属、货币、外汇、有价证券所形成的贸易。现代市场经济是货币信用经济，资源的配置主要依赖货币信用手段进行，资金是资源中的资源，有了资金便可以调动其他任何资源，因而资本贸易是生产要素贸易之首，它是最国际化、最现代化的起主导作用的贸易方式。参与资本贸易的主体有企业、金融机构、居民个人，其中专门从事资本贸易

---

[1] 徐从才. 贸易经济学 [M]. 北京：中国人民大学出版社，2015：87.

的市场主体有商业银行、保险公司、券商、证券与期货交易所、期货经纪公司、基金管理公司、信托公司、非银行金融机构等。[①]

（一）资本贸易的功能

资本贸易能有效组织资金的横向流动，调节资金的供求，实现资金的融通，提高资金的使用效率。其功能主要有：

（1）融资功能。资本贸易可通过多种渠道、多种形式筹集资金和融资，通过各种金融工具的买卖，为资金供需双方提供各种各样的投融资和筹资选择，适应不同的需要。因此，资本贸易通过其特有的融资方式，解决资金供求的矛盾，实现资金融通。

（2）优化资源配置功能。资本贸易通过价格机制和利率机制的影响，使资金流向经营好、收益高的企业或部门，从而优化了资源配置，减少了资源浪费，促进了经济的发展。

（3）竞争功能。资本贸易的各方都有各自独立的经济利益，为实现自身利益的最大化，他们必须注意市场动向，关注市场的行情，做出正确的融资决策，在竞争中求得自身的生存和发展。

（4）分散风险功能。资本贸易可以通过多种证券组合的方式，为投资者分散风险，提高投资的安全性和盈利性。同时，资本贸易还可以通过期货交易和期权交易等各种交易手段为投资者提供方便，规避风险。此外，资本贸易依靠其完善的制度和法规，还可以规范各投资者的交易行为，防止各类不良行为的发生。

（二）资本贸易的内容

1. 资金的借贷

资金的借贷是货币持有者将约定数额的资金按约定的利率暂时借出，借款者在约定期限内，按约定的条件还本付息的信用活动。现代的资金借贷主要发生在投资者与银行、居民储蓄者之间。银行起着中介人的作用，以较低利率把居民的闲散货币集中起来，然后以较高利率贷给工商业者。投资者通过借贷取得的货币支配权可投资工商业务，在一定期限里还本付息。银行则通过经营货币获取利差。居民则通过储蓄取得利息收入。利率则是货币这种特殊商品借贷的价格或费用，它体现为一定期限内利息和投资货币额的比率。居民手持的用于流通的货币只是过去劳动的一般体现，仅仅是货币而不是资本。只有当投资者通过资金借贷业务取得这些货币并用于投资时，货币资本化了，它才能够完成资本的职能，取得一定的利润。在商品经济发展过程中，资本处于不断流动的状态，流动的目的是尽量使资本增值，哪里的条件使资本增值，哪里利润高，资本就会向哪里

[①]　柳思维. 贸易经济学［M］. 北京：高等教育出版社，2007：118.

流动。

2. 证券的买卖

证券是以证明或设立权利为目的而发行的凭证，包括各种商品所有权的证券（如提单），财产所有权证券、收益请求权证券、股票、债权证券（如银行债券、公司债券、国家债券等）。证券资本的买卖是指已发行的证券在投资者之间通过证券交易所或证券经营机构进行买卖证券的活动。证券买卖的方式多种多样。按交易有无固定场所，可分为公开交易和议价交易；按交割时间，可分为现货交易和期货交易；按有无交易媒介，可分为委托交易和自营交易。证券资本买卖的类型主要包括：股票买卖、债券买卖和其他有价证券的买卖。

三、劳动力贸易

劳动力贸易是指劳动力市场上劳动力的有偿转让和流动。劳动力贸易的对象是劳动者的劳动能力，包括体力和智力两个方面。劳动力商品与其他商品一样，具有价值和使用价值两重性，劳动力的价值是由劳动力再生产费用构成的，它包括衣、食、住、用、行以及学习、娱乐等费用，劳动力的使用价值的最大特点是能够创造出超出自身价值更大的价值，它是剩余价值的源泉。

劳动力贸易包括简单劳动力贸易和复杂劳动力贸易。劳动力作为商品让渡，只是让渡其使用权而不是所有权。劳动者作为经济人在劳动力贸易中受价格信号指向；但作为社会人还需要接受职业兴趣、工作环境、自我价值实现、人际关系等非经济信号的指向，这些特点使劳动力贸易的运行状况很不明晰，运行轨迹往往非规则化，流动的频率很慢。

在市场经济中，劳动力的供求是由市场机制决定的。从劳动力的供给来看，由于各国劳动力资源的情况有很大差别，劳动力供给最终要受其资源的限制。从劳动力的需求来看，企业使用的劳动力数量取决于每增加一个劳动力可能给企业带来的收益，即边际收益的大小，只有当边际收益大于或等于边际成本时，企业才会增雇劳动力。当然，在实际劳动力需求方面，也会出现一些特例，使企业难以按照以上原则增加或减少雇佣劳动者人数。劳动力的需求取决于经济发展周期不同阶段的就业率状况，就业率高则需求大，反之则小。

（一）劳动力贸易的特点

劳动力贸易的特点包括：①劳动力市场交换对象的抽象性。劳动力存在于劳动者身体里，是看不见摸不到的，质量的好坏只能通过对劳动者素质的考察进行大致了解，而量的体现也要从劳动力使用后去测定。②在劳动力市场交换出去的仅仅是它的使用权，而不是所有权。所有权属于劳动者本人，而且劳动力的让渡具有暂时性。在让渡方式上是分次进行的，不是一次性完成的。③劳动力的流动速度因劳动者的本身差异而不同。劳动力的流动速度还受到职业特点和部门特点的影响。①

（二）劳动力贸易的组织方式

1. 劳动力市场

全国各地大中小城市都普遍建立了劳动力交易市场，包括各类人才交流中心、企业劳动者招聘中心、人才交流会、人才供求洽谈会等。各级劳动部门所属的职业介绍所构成了就业市场上的经营主体。各种类型的就业培训中心、职业学校也遍及城镇，为活跃就业市场和提高劳动者素质创造了条件。

2. 劳动力市场中介服务组织

以各类劳动服务公司为代表的劳务贸易的组织机构已分布在全国城镇，并逐步向乡村延伸，形成了一个组织和管理社会劳动力的网络，各种劳动力的中介服务机构不断出现，如技术咨询公司、信息交流中心、猎头公司等。

3. 劳动力跨区域流动

由于区域经济发展水平的差异和劳动力供求的空间差异，我国农村劳动力跨区域流动就业的规模不断扩大，农村劳动力跨区域流动包括跨省、跨市、跨县、跨乡流动，年流动规模已达 1.2 亿人以上，此外各类各层次的专业技术人员的跨区域流动也有一定规模。

4. 地区间劳动力合作贸易

各地区之间各种形式的劳务合作已十分普遍，同时校企联合、定向培养、供求结合、按订单接受职业技术人才的劳动力输出方式也十分通行，总之，多层次、多渠道的劳务合作形式和劳动力市场的多渠道流动格局已经形成。②

四、技术贸易

技术贸易是一种有偿的技术转让，即拥有技术的一方，把技术使用权让渡给另一方。技术和信息是个人或企事业单位投资人力、物力、财力，耗费物化劳动和活劳动所创造出来的实用知识产品，技术贸易和信息贸易是整个社会贸易体系的重要组成部分。

（一）技术贸易的作用

（1）技术贸易可以促进生产与科研的紧密结合。如果没有发达的技术贸易，科研成果就不能及时被生产部门所了解，就很难转化为生产力。我国科研成果转化为生产力的比例低，同我国长期没有技术市场有直接关系。

---

① 陈淑祥. 贸易经济学［M］. 成都：西南财经大学出版社，2019：192.

② 柳思维. 贸易经济学［M］. 北京，高等教育出版社，2007：121.

（2）技术贸易可以增强科研单位的发展能力。如果不把科研成果当成商品，不实行有偿转让，科研投入就不能收回，科研人员的劳动就得不到承认，不仅会造成科研经费不足，也会影响科研人员的积极性、创造性。

（3）技术贸易可以推动科技成果的转移。通过技术贸易，可以使企业及时找到所需的技术，促进企业生产的发展，提高企业技术素质和经济效益，提高产品的科技含量，从而提高产品的市场竞争力。

（4）技术贸易可以促进技术推广和应用。在社会主义市场经济条件下，技术成果、发明创造，凝结着劳动并具有商品属性。通过技术市场，可以使技术转化为现实生产力，促进技术的应用和推广，这不仅是技术革命的需要，也是完善市场体系的一个重要方面。

（二）技术贸易的特点

技术贸易与一般货物贸易同为商品贸易，但两者相比，技术贸易更具有自身的特点。

1. 技术贸易的标的是技术

作为商品的技术是一种非常特殊的商品，它没有固定的形状，无法"称量"，不能在贸易之前对它进行周密的"质量"检验；它可以多次进入贸易，不需要多次"再生产"。在实际业务中，所交易的主要是技术知识，有时也包括实施技术的手段——机器设备、检测仪器等。前者即所谓"软件技术"，后者为"硬件技术"，二者可结合一起买卖。但是技术贸易必须含有无形的技术知识的成分，单纯机器设备的买卖，是一般货物买卖，不属于技术贸易。

2. 技术贸易所转让的只是技术的使用权

在技术贸易中，供方转让某项技术后，技术受让方并没有取得该技术的所有权，只是取得了在一定期限内该技术的使用权，通常不发生技术所有权的转让。

3. 技术贸易双方既是合作者，往往又是竞争对手

技术贸易通常不是简单的一次性买卖，贸易双方要在相当长一段时间里进行合作，这是因为，一项技术贸易合同的签订与执行，其周期少则3~5年，多则10余年，在此期间，技术受让方希望从供方那里获得先进的技术，以提高自己的生产能力和水平来满足需要；而技术供方则想通过转让技术获取更多的利益，并设法阻止受让方增强竞争力，以免受让方抢夺自己的生意。所以，这样就构成了技术贸易双方的竞争关系。

4. 技术贸易的作价方法特殊

一般商品的作价大多是以成本为基础加适当的利润。但技术贸易的作价却比较困难，因为技术贸易的作价不能与其他资产相比较，也不能找出有意义的相关

物价指数，来计算出它的现行市场价值。而单纯地按成本计价，则往往会低估其真实价值。在实践中，一般对技术商品采取不同方法来重估其价值，并考虑各种相关因素来确定其价格。对企业外购的技术商品，按购入成本和该项技术商品的获利能力来估计其价值；企业自创或自身拥有的技术商品，按自创所耗费的实际成本及其具有的获利能力来估计其价值；企业自创或自身拥有但未单独计算成本的技术商品，按该商品的获利能力来估计其价值。①

5. 技术贸易涉及的问题多而且复杂

技术贸易涉及技术风险、产权保护、报酬的确定、支付方式、贸易双方的权利、义务与责任、限制与反限制，涉及投资、劳动管理、土地使用、工程建设等问题，还涉及多种法律（如专利法、商标法、著作权法）等，而且技术贸易既关系着企业的利益，又与国家的战略部署和国民经济的发展有着密切的关系，因而政府会严格管理。由于多种问题的困扰，技术贸易往往是一个复杂的过程。

在技术贸易中，可采用的方式有多种，但主要是通过许可证贸易方式。此外，还有技术咨询、技术服务与协作、工程承包以及含有技术转让内容的几种经济合作方式，如补偿贸易方式、合营方式，合作生产与合作开发方式等。

（三）技术贸易的组织方式

包括服务、工程承包以及技术转让等方式，如补偿贸易、合营等。可采用的方式有多种，但主要采取的是许可证贸易方式。

1. 许可证贸易

许可证贸易指技术许可方将其交易标的的使用权通过许可证协议或合同转让给技术接受方的一种交易行为，又称"许可贸易"。许可证贸易的标的通常是"软技术"，可以是专利、设计、工业模型、商标及版权，也可以是专有技术。

2. 技术咨询

技术咨询指咨询方根据委托方对某一技术课题的要求，利用自身的信息优势，为委托方提供技术选用的建议和解决方案。技术咨询是对特定技术项目提供可行性论证、经济技术预测、专题调查、分析评价等咨询报告，它是技术市场的主要经营方式。技术咨询的内容主要包括政策咨询、管理决策咨询、工程咨询、专业咨询和信息咨询五种类型。

3. 技术服务

技术服务指拥有技术的一方为另一方解决某一特定技术问题所提供的各种服务。如进行非常规性的计算、设计、测量、分析、安装、调试，以及提供技术信息、改进工艺流程、进行技术诊断等服务。

---

① 柳思维. 贸易经济学［M］. 北京：高等教育出版社，2007：122.

4. 工程承包

工程承包指具有施工资质的承包者通过与工程项目的项目法人（业主）签订承包合同，负责承建工程项目的过程。目前，中国工程设计企业已涉足工程项目规划、勘察、设计、管理等产业链的上游业务，成功进入国际工程设计咨询领域，通过高端业务带动了中国企业在工程承包全产业链中分工地位的变化和工程承包模式的重大变化。

5. 补偿贸易

补偿贸易又称产品返销，指交易的一方在对方提供信用的基础上，进口设备技术，然后以该设备技术所生产的产品分期抵付进口设备技术的价款及利息。这种形式既利用了外资，也扩大了商品的销售渠道。补偿贸易常与加工贸易相结合，通常称为"三来一补"（来料加工、来样加工、来件装配和补偿贸易）。

6. 合营

合营指按合同约定对某项经济活动所共有的控制，是指由两个或多个企业或个人共同投资建立的企业，该被投资企业的财务和经营政策必须由投资双方或若干方共同决定。①

五、信息贸易

信息是客观世界各种事物运动状态和特征的反映，是客观事物之间联系的表征，是客观事物经过传递后的再现。信息产品作为一种劳动成果，与其他商品一样具有价值和使用价值，但信息的使用价值是抽象的，它不能像其他商品那样以被感知的形式转化成最终产品，信息的使用价值最终表现为通过信息的使用，可以提高企业的经济效益，而且所提高的经济效益要大于信息本身的价值。信息的价值则表现为，信息工作者根据贸易经营管理的要求，进行有目的的收集、加工、处理、传递、贮存等一系列劳动所获得的创造性成果，凝结着人类一般劳动。

（一）信息商品贸易的特点

（1）信息贸易的产品是一种特殊产品——知识型产品。它不同于一般商品，购买后即可发挥效用，它需要接受信息商品的人将它"物化"后才能发挥效用，而且效用的发挥，不仅取决于信息商品本身，更重要的是取决于使用者所具有的主客观条件。

（2）一般商品的寿命有两种消耗形式，即有形磨损和无形磨损，而信息寿命完全是一种无形的磨损，它受时间的影响极强。因为任何商品，始终都处于不

---

① 徐从才. 贸易经济学［M］. 北京：中国人民大学出版社，2013：94.

断发展变化之中，呈现出错综复杂的运动状态，表现出各种各样的特征，时时刻刻形成新的信息。随着市场经济的发展，科技水平及生产力水平的提高，使产品寿命不断缩短，加之人们消费结构变化的加快，因而使信息的形成更快、数量更大，信息贸易的贸易量加大，贸易速度加快。

（3）同一种信息产品可以多次出售，可以卖给不同的使用者，具有售出不缺少，存留不重叠的特点，但信息商品出售次数的多少，将直接影响信息贸易价格的高低，即信息的出售次数越多，其价格中所含的成本越低，从而价格也将越低，相反，价格信息的出售次数越少，其价格中所含的成本则越高，相应价格也将越高。

（4）一般商品的生产是重复的，可以千家万户同时制造同一种商品，而信息成果在一定范围和区域内是独一无二的。由于信息生产的不重复性，贸易中不会出现完全相同的信息，因而不可能形成信息统一的社会必要劳动时间，信息价格只能由生产它所花费的个别劳动时间确定。[①]

信息贸易的交易方式主要有：信息服务、信息咨询、信息周转、信息资料有偿转让、信息软件开发、计算机语言程序设计等。当今人类已进入信息时代，社会各项活动越来越离不开信息，能否获得准确、及时、全面的信息关系到商品生产者、经营者的生存和发展，因为市场经济的充分发展需要有发达的横向联系，这就需要更多更充足的信息在各地区、各部门、各企业之间及时交换传递，使信息的生产、储存、分配和交换日益成为一个专门的部门和行业。信息贸易的发展既可使从事信息业的劳动能得到补偿，鼓励信息业的发展，又可促使信息使用者对信息的有效利用，因此，信息贸易的发展可大大加快信息社会化程度，使其发挥更大作用，加快信息向社会生产力的转化。

（二）信息贸易的组织方式

1. 信息服务

信息服务指通过研究用户、组织用户、组织服务，将有价值的信息传递给用户，最终帮助用户解决问题。从这个意义上看，信息服务实际上是传播信息、交流信息，实现信息增值的一项活动。信息服务的主要方式是：①信息检索服务；②信息报道与发布服务；③信息咨询服务；④网络信息服务。

2. 信息咨询

信息咨询是一种基于各种信息的收集、加工、传递以及有效利用和反馈的业务活动。它的服务领域几乎涉及社会、经济的各个方面，包括所有可能的学科范围，从政策研究到高度专业性的工程服务和技术开发的调研。通过咨询途径可以

---

① 陈淑祥. 贸易经济学［M］. 成都，西南财经大学出版社，2019：219.

获取新技术，最大限度地降低经营成本；寻找最合适的合作伙伴，进行有力的广告宣传，提高企业的竞争力，减少风险。

3. 信息资料有偿转让

信息资料有偿转让指将信息资料作为商品打入流通领域，以有偿的方式变更其所有权，并收取相应的收益。信息资料作为能够给所有者带来预期收益的特殊财产，只有通过市场，按照价值规律和交换的原则实行有偿转让，才能实现其合理的价值补偿。

4. 信息软件开发

信息软件开发指根据用户要求建造出信息软件系统或者系统中软件部分的过程。信息软件开发是一项包括需求捕捉、需求分析、设计、实现和测试等环节的系统工程。信息软件开发分为信息系统软件开发和信息应用软件开发，主要包括计划、分析、设计、编码、测试和维护等阶段。[①]

六、房地产贸易

（一）房地产贸易的含义

房地产贸易包括房产贸易和土地贸易，房产贸易和土地贸易分别具有相对独立的内容，同时又密不可分。我国的房地产贸易是指房产的买卖、租赁、拍卖、抵押以及土地使用权的转让、租赁等贸易活动及其贸易关系的总和。

房产贸易的交易对象是房屋，无论是作为消费资料还是作为生产资料，房屋都是商品。按用途不同，房屋可分为住宅、生产经营用房和非生产经营用房。房产贸易的基本前提是房产产权明确、房产的商品化。土地贸易的交易对象可以是土地的所有权，也可以是其使用权。在我国，城市土地所有权都属国家，进入市场贸易的主要是国有土地的使用权。就整个社会而言，由于土地的供给数量固定不变，因此，土地的租金和地价主要取决于土地的需求。需求越强烈，地租越高，地价也随之上涨。但就单个土地的使用者而言，都可以在既定地租的条件下租用任何数量的土地，土地肥力不同以及交通便利程度的差异，形成了两种形态的级差地租。房产贸易和土地贸易是紧密相联的，交易对象可以是房产的所有权，也可以是其使用权。房产贸易和土地贸易一起构成了完整的房地产贸易。

（二）房地产贸易的特点

1. 贸易对象具有不可移动性

土地是固定的，不能移动，这些决定了任何一块土地只能因地制宜地利用或

---

① 徐从才. 贸易经济学 [M]. 北京：中国人民大学出版社，2013：96.

开发，而不能移到较为有利的市场去利用。因而，每块土地都受制于所在地的社会经济条件，土地的贸易通过土地所有权或使用权的转换来实现。房屋具有固定性，它必须建造在土地上，不能进行运输、易位。因此，房屋的贸易通过买卖房屋所有权或使用权来实现。所以说，房地产商品的交换只有商流，没有物流，商流可以多次进行，而物流为零。

2. 房地产贸易形式具有多样性

房地产的使用期限长、价值大、价格高，并含各种税费，实物形态大、位置固定，以及人们对房地产多种多样的需求等特点，决定了房地产贸易形式的多样性。房地产贸易的主要形式有：土地买卖，土地使用出让、转让及出租，房屋的买卖、租赁和调换。此外，还有房地产抵押、典当、信托等贸易形式。

（三）房地产贸易的组织形式

（1）土地的一级市场。土地的一级市场是由国家采取公开拍卖、招标、协议等方式将土地的使用权出售或划拨给开发者及使用者。

（2）房地产开发贸易。指房地产经营者为了获得可交换的房地产商品所从事的各种开发活动的总和，主要包括资金筹措和建筑施工两大环节的活动。

（3）房地产交易。它可以容纳所有与房地产经营有关的活动，包括集资建房，房屋互换、房地产信托代办、新房出售和预售、旧房买卖和租赁、房地产法律咨询、装饰修缮、各种维修服务等。

（4）商品房销售贸易。商品房销售有两种形式，一种是房屋产权买卖，另一种是房屋使用权出让，前者是通过产权证书的产权人更替来实现商品房的销售，后者是通过将房屋使用权让渡给承租者，获得相应租金的一种销售方法。

（5）房地产金融贸易。从事房地产贸易需要大量资金融通，金融对房地产的渗透是房地产贸易得以发展的重要条件。租赁、抵押、典当等融资性交易活动，使房地产贸易变得灵活方便。一些有条件的房地产公司还在积极寻求上市募集资金。

（6）涉外房地产贸易。主要包括三种形式：一是由我方出资开发房地产，然后把开发好的工业厂房和民用设施租给或卖给外商使用。二是与外商商定投资建设的项目，以项目带动房地产开发。三是将土地批租给外商，外商开发土地并在土地上按合同要求进行建设和经营。①

---

① 徐从才. 贸易经济学 [M]. 北京：中国人民大学出版社，2013：93.

第四节　服务贸易

一、服务贸易的含义

服务贸易有广义与狭义之分。狭义服务贸易是指一国以提供直接服务活动的形式满足另一国某种需要以取得报酬的活动。服务贸易是国际贸易中的用语，是指国与国之间互相提供服务的经济交换活动。广义服务贸易是指一个国家或者一个地区以提供直接服务活动的形式满足另一国或者地区某种需要以取得报酬的活动。既包括有形的活劳动，也包括服务提供者与使用者在没有直接接触下交易的无形活动。广义服务贸易作为一种无形商品贸易存在于以货币为媒介的所有服务交换活动中，服务与商品虽然都是使用价值与价值的矛盾对立统一体，但服务是一种特殊商品。服务贸易不同于商品贸易的地方主要在于，其生产、交易、消费三位一体，具有直接的同一性，同时进行，不用储存。商品贸易的监管手段主要是关税、许可证、配额等，而服务贸易的监管手段则主要是国家的法规条例等。

二、服务贸易的特征

服务贸易提供的是活劳动，与货物贸易相比，其特点有以下几个：

1. 产品具有无形的特性

服务贸易虽然有时也包括一些有形行为，但多数时候是无形的，所提供的是劳动过程，所交易的是活劳动，没有物流。由于贸易对象是活劳动，生产与消费同时进行，因此也无法进行质量检验。

2. 对生产者个人技能要求高

由于各种服务商品具有特殊的提供方式和技术要求，其特性具有无形性和质量难以控制性以及消费者对服务商品质量有较高的要求，使得服务商品的提供者必须具有极高的技术水平。服务贸易的生产与消费同时进行，消费者同时也是服务商品生产的参与者，与生产者具有广泛的联系，是服务贸易的中心。

3. 需求弹性大

商品需求弹性随消费者需求层次的递增而增加，人类对于服务商品的需求属于较高层次的需求，需求弹性一般较大。加上消费者的服务需求容易受多种外界因素的影响，使得现实中的弹性系数很难把握。服务商品的供求一般具有分散的特点，很少集中经营，使服务商品供求矛盾很难调节，这就要求服务网点多而分散，尽可能多地接受消费者。

4. 销售对象复杂

由于服务商品涉及太多的行业，在服务贸易市场上，购买者是多元且多变的。因此，服务贸易所面对的销售对象比起一般商品贸易来要复杂得多，而服务商品的生产和消费在时间和空间上的同时性，决定了它们通常只能采取直接销售的单一方式，这就在一定程度上限制了服务贸易市场的规模和范围，为服务商品的推销带来了一定的困难。

5. 时间性较强

许多服务在生产的同时被消费，生产时间由需求决定，服务贸易的时限性、敏感性和灵活性是影响服务贸易的重要因素。在服务贸易中，虽然部分服务可以通过中间媒介进行长距离传输，但绝大部分服务贸易要求提供者与接受者在空间上接近。因此，服务贸易的可贸易性较差。

6. 劳动密集程度较高

服务贸易行业是吸纳劳动力就业的重要行业，人工成本占的比重高，对资金的需求数量相对于物质生产部门要少。因此，服务贸易行业多为劳动密集型行业。[①]

三、服务贸易的类型

与货物贸易相比，服务贸易涉及的服务产品范围比较广，其存在方式和组织形式相对复杂，无论是理论界还是国际组织对服务贸易的分类都尚未形成统一标准。有代表性的分类方法主要有以下几种：

（一）世贸组织的产业分类方法

在以商品为中心的服务贸易分类的基础上，结合服务贸易统计和服务贸易部门开放的要求，在征求各谈判方的提案和意见的基础上，提出了服务贸易的产业分类方法，将服务贸易分为 11 大类，包括：商业性服务、通信服务、建筑服务、销售服务、教育服务、环境服务、金融服务、健康及社会服务、旅游及相关服务、交通运输服务、其他服务。

（二）按服务提供方式分类

国际服务贸易有以下四种提供方式：

1. 跨境交付

跨境交付指服务的提供者在一成员方的领土内，向另一成员方领土内的消费者提供服务的方式，如在中国境内通过电信、邮政、计算机网络等手段实现对境

---

① 蒋和胜. 贸易经济学 [M]. 成都：电子科技大学出版社，2005：56-57.

外的外国消费者的服务。

2. 境外消费

境外消费指服务提供者在一成员方的领土内，向来自另一成员方的消费者提供服务的方式，如中国公民在其他国家短期居留期间，享受国外的医疗服务。

3. 商业存在

商业存在指一成员方的服务提供者在另一成员方领土内设立商业机构，在后者领土内为消费者提供服务的方式，如外国服务类企业在中国设立公司为中国企业或个人提供服务。

4. 自然人流动

自然人流动指一成员方的服务提供者以自然人的身份进入另一成员方的领土内提供服务的方式，如某外国律师作为外国律师事务所的驻华代表到中国境内为消费者提供服务。

（三）按服务提供的对象和社会再生产中的作用分类

美国经济学家布朗宁和辛格曼在《服务社会的兴起：美国劳动力的部门转换的人口与社会特征》（1975）中提出，在联合国标准产业分类（SIC）的基础上，按照服务对象的不同，把服务业分为四大类，即生产者服务（商务和专业服务业、金融服务业等）、消费者服务（又称个人服务，包括旅馆、餐饮业等）、流通服务（又称分销或分配服务，包括零售业、批发、交通运输业、通信业等）和社会服务（政府部门、医疗、健康、教育、国防）。

其中，生产者服务业和消费者服务业因其在再生产中的作用不同成为一组相对的概念。生产者服务业也称生产性服务业，是主要为生产活动提供中间投入的服务业（即中间需求性服务业，与最终需求相对应），它们进入经济各个部门的企业和其他经济组织的生产过程（与家庭和个人相对应），并且一般具有相当的知识含量，主要包括金融、保险法律、会计、管理咨询、研究开发、市场营销、工程设计、产品维修、运输、仓储和通信服务等。生产性服务业作为经济发展的"黏合剂"和"引擎"，已成为现代服务业经济体系中最有活力和增长最快的部门。

消费者服务业也称生活性服务业或民生服务业，是与生产性服务业相对应的一个概念，主要指为消费者提供服务产品的服务业（最终需求性服务业）。它涵盖的范围很广，涉及居民日常生活的方方面面，包括住宿服务、餐饮服务、家政服务、洗染服务、理发及美容保健服务、洗浴服务、婚介服务、摄影扩印服务、修理和维护、清洁服务等。生活性服务业一般是劳动力密集型行业，在促进消费、吸纳就业、构建和谐社会等方面发挥着重要作用。

四、服务贸易在市场经济中的地位与作用

对于服务贸易的发展规律，早在 17 世纪，威廉·配第就有所觉察。他根据当时英国、法国、荷兰的经济情况，通过对当时各种不同产业从业人员情况及其比例的分析，得出了"工业的收益比农业多得多，而商业的收益又比工业多得多"的结论，这个结论被后来的经济学家称作"配第法则"。1940 年，克拉克在配第法则的启示下，对国民收入的增长和各产业部门之间所占的比重关系，以及一个国家经济发展对就业人口结构所产生的影响作了深刻的分析、揭示，被称为"配第—克拉克定律"的法则，即随着经济的发展，劳动力就业将从农业转向工业，进而再从工业转向服务业，当代世界各国经济结构的重心日益向服务业倾斜的事实证实了该定律的科学性。随着服务业在国民经济中逐渐取代其他经济部门而居于主导地位，服务交换也随之扩大，服务贸易从而发展起来。服务贸易的发展反过来又推动了国民经济和服务业的进一步发展，尤其是在第三次科技革命的作用下，服务的可贸易性不断提高，各种服务业的市场不断形成，服务贸易已成为信息、技术、资本流动和再分配的渠道，是进行商品生产和销售，实现商品价值，进行扩大再生产不可缺少的环节，是市场体系存在和发展的枢纽。

服务贸易是国民经济发展的推进器。各国经济发展的现状表明，现代经济发展的主要动力日益来自服务贸易，服务业和服务贸易在一国经济贸易活动中的地位日益重要。此后随着世界经济结构的调整、科学技术的进步和国际分工的深化，世界各国的服务业和服务贸易迅猛发展，成为经济发展中的重要支柱和增长点。服务是各国扩大社会再生产、实现商品价值不可缺少的经济要素。服务业提供的一系列基础性和先导性的服务，如人力资源、技术创新、商品流通、信息传递、决策咨询和资金融通等是推动经济发展的重要因素，服务业各部门的平衡发展是社会经济顺畅运行、效率和效益提高的基础。不仅如此，服务业还包括了一个国家基础结构的许多部门，如运输、通信、金融、保险、教育等部门，它们是整个经济稳定的保障和前提。服务业对一国经济的发展和稳定具有举足轻重的作用。服务业在就业人数和国内生产总值中所占的比重不断上升，成为国民收入和创造就业机会的重要来源，对经济的发展起着巨大的推动作用，发达国家服务业就业人数占总就业人数的比重已达 55%~75%，由此可见，发展服务贸易已成为各国改善经济结构、降低资源和能源消耗、减少污染、带动本国经济发展的重要手段。另外，服务贸易的发展还能促进货物贸易的发展，如降低货物贸易成本，促进商品生产和销售国际化的进程等，从而对国内经济增长起到间接推动作用。服务贸易不仅已成为越来越重要的贸易领域，而且也成为一项衡量国际竞争力强弱的重要标准。未来一国在国际经贸中的地位如何，很大程度上要看其服务贸易

的发展状况。服务贸易是世界各国获取外汇收入、扩大就业、巩固本国在国际经济贸易交往中的地位、提高经济效率和效益的重要途径；在技术水平不断提高、竞争日益激烈的情况下，服务贸易可以改善和创造要素配置，为本国产业和企业提供低廉的有效服务，降低生产成本，提高产品在国内外市场上的竞争力。[①]

本章小结

贸易行业的形成是社会分工在贸易流通产业内部深化的结果，贸易行业结构就是指经营定型化的各类贸易主体群体之间的数量比例、相互关系和结合方式，它的形成与变化受到各种因素的影响，主要受贸易内部分工、企业的组织形式、生产的专业化和消费的细分化等因素的影响。

分类贸易是指由贸易分类所形成的各种贸易活动种类。贸易分类是生产分类和消费分类在流通中的反映，是生产分类和消费分类交互作用的结果，是生产分类向消费分类转换在流通过程中的客观要求。

分类贸易可从不同角度或按不同标准进行划分，根据贸易对象的属性，贸易可划分为商品贸易和生产要素贸易，商品贸易是整个贸易活动的基础，商品贸易内部又可进行多种分类，按大类使用价值划分为消费品贸易与生产资料贸易，按商品主要来源分为农产品贸易与工业品贸易，还可按商品的重要性程度、销售状况、品牌属性等进行分类。

生产要素贸易是从生产投入品角度来看的，主要有资本贸易、劳动力贸易、技术贸易、信息贸易、房地产贸易等。资本贸易能有效组织资金的横向流动，调节资金的供求，实现资金的融通，提高资金的使用效率，具有不可替代的多种经济功能；劳动力贸易则是一种特殊的生产要素贸易，在供求主体及供求的结合形式上具有与其他各类贸易不同的显著特点；技术贸易与信息贸易、房地产贸易和饮食贸易也都具有自身属性所决定的特点。

关键术语

贸易行业；分类贸易；商品贸易；要素贸易；服务贸易

本章思考题

1. 贸易活动的分类方式主要有哪些？
2. 商品的分类方式主要有哪些？
3. 贸易行业的定义是什么？

[①] 周肇先. 贸易经济学 [M]. 北京：中国财政经济出版社，1999：293-295.

4. 影响贸易行业结构的因素有哪些?

5. 贸易活动的分类方式主要有哪些?

6. 农产品贸易有哪些特点?

7. 工业品贸易有哪些特点?

8. 资本贸易有哪些功能? 其内容是什么?

第四章　贸易空间结构

第一节　城乡贸易

一、农村市场的含义及特点

农村市场是国内市场的重要组成部分和潜在购买力最大的市场。国内市场由城市市场和农村市场组成。在国内市场中，农村市场居于重要地位。这是因为农村市场既是农产品的产地市场，又是农用生产资料的销地市场和日用工业品的重要销售市场。就农产品的出售而言，除了一部分由生产者直接运到销地市场出售以外，大部分是在农村直接出售给商业部门或直接出售给收购原材料的工业企业。就农用生产资料的销售来说，包括农业机械、农产品加工机械、化学肥料、农药和药械、农用电力设备、农用燃料、农用交通工具、农村建筑材料等，都要在农村找到销路。日用工业品虽然城乡都需要，但它还是以农村为主要市场。这主要是因为农村经济在整个国民经济中居于举足轻重的地位，而且乡村人口在全国人口中占大多数。对于一些日用的工业必需品来说，在购买力既定的情况下，投在这方面的购买力的大小取决于人口的多少。消费人口越多，市场的规模就越大。

马克思说："一切发达的，以商品交换为媒介的分工的基础，都是城乡的分离。可以说，社会的全部经济史，都概括为这种对立的运动。"[1] 城乡贸易规模的扩大，不可能只靠城市经济和城市市场的发展，而必须同时依靠农村经济的发展，特别是农村商品经济的发展和农村市场的发展。历史上城乡贸易到封建社会

---

① 中央编译局. 马克思恩格斯全集（第23卷）[M]. 北京：人民出版社，1972：390.

中期以后才开始明显发展，而在向资本主义社会过渡的过程中，由于乡村商品经济以及乡村资本主义的发展，农村市场空前蓬勃地发展，乡村不仅成为向城市人口以及城市工业提供大量农产品的产地市场，而且成为能够容纳大量工业消费品和生产资料的市场，因而在一国内成为重要的市场，在国民经济的发展中居于重要的地位。因为在城乡之间存在着社会分工，存在着广泛的商品经济，因而城乡之间互相提供商品，互相提出商品需求，彼此互为市场，这就决定农村市场会大规模存在，并且与城市市场并重。

国内市场为工业化提供积累，主要靠人口占大多数的农村市场，要靠它来实现工业品的价值。在资本主义以前，城市剥削农村大多是通过市场来进行的。马克思说：那时"无论什么地方都没有例外地是城市通过它的垄断价格，它的赋税制度、行会、直接的商业诈骗和高利贷在经济上剥削农村"。[1] 到了资本主义社会，城乡关系也是对立的，城市剥削和掠夺农村，资本剥削和掠夺农民。这时的剥削和掠夺更是以市场为主要渠道。然而在社会主义社会，城乡对立的经济基础已经消失。城乡之间、工农业之间的关系，已是互相结合的关系，是互助合作、互相支持的关系。因而，在农村市场上决不可以容忍人为地扩大"剪刀差"，而应通过城市带动农村、工业支援农业的方法来扩大农村市场。反过来，使农村市场成为工业建设主要的原料市场和销售市场，成为充分发挥农业基础作用的市场。毛泽东同志在分析中国人民民主革命胜利后的工业化建设问题时曾肯定地指出："农民一直是中国工业市场的主体。只有他们能够供给最丰富的粮食和原料，并吸收最大量的工业品。"[2]

当然，这并不等于城乡差别、工农差别在社会主义条件下会自然消失。不仅工农业产品"剪刀差"，而且城市市场和乡村市场发展水平之间的差别，作为历史上遗留下来的差别仍然在不同程度上存在着，它们的缩小是有条件的。正是如此，在社会主义社会特定的历史阶段内，农村市场虽然不再体现阶级对立的交换关系，但仍然存在着由城乡差别、工农差别所引起的不合理的国民收入再分配问题，而这种不合理的再分配只能逐步消失。也就是说，农村市场起着两重作用：一方面为工业提供生产条件和实现工业品价值乃至实现积累中起着重大作用。另一方面仍然存在着由还没有消失的"剪刀差"而引起的不利于农民一方的利益再分配问题。当然，解决问题的关键在于创造条件逐步缩小"剪刀差"，特别是加速乡村经济的发展。那样，前一方面的作用将越来越大，后一方面的作用将越来越小，进而使两重作用得以转化为单一的作用。

---

① 中央编译局. 马克思恩格斯全集（第 25 卷）［M］. 北京：人民出版社，1974：902.

② 中央编译局. 毛泽东选集（第 3 卷）［M］. 北京：人民出版社，1991：1026.

在城乡差别存在的条件下，与城市市场相比乡村市场有如下特点：①作为产地市场，它提供的产品不仅有农产品，还有工业产品，但主要是农产品。②作为生产资料的销地市场，它销售的既有农用生产资料，也有工业用的生产资料，但主要是农用生产资料。③作为生活资料的销地市场，它销售的主要是工业品而不是农产品，而在工业品的销售中又以轻纺工业品为主，食品较少。④就商品流通的发展规模而言，作为市场网络中的基点，农村市场比城市市场要小得多。⑤就商品流通的结构来看，农村市场比城市市场的品种要简单得多。⑥就购买力水平和商品供应水平来看，农村市场的档次比城市市场要低得多。⑦就市场上商品流通的物质技术构成、劳动力素质和服务条件来看，农村市场比城市市场要低得多。

我国农村市场是一个潜力大、发展前景好的市场。这主要是因为农村市场广阔，人口众多，能够提供丰富的商品，能够极大地增加经济收入，提高生产资料和生活资料的购买力，不断地扩大市场。2023年1月31日，习近平总书记在主持中共中央政治局第二次集体学习时强调，要充分发挥乡村作为消费市场和要素市场的重要作用，全面推进乡村振兴，推进以县城为重要载体的城镇化建设，推动城乡融合发展，增强城乡经济联系，畅通城乡经济循环。

国内市场的运行必须以城市市场为中心，按经济区域来组织商品流通。以城市市场为中心，并不等于可以忽视农村市场。因为城市的经济发展水平比农村高，不仅工业发达，交通方便，信息灵通，科技文化水平高，而且和广大农村有着密切的商品联系，是农产品主要的销地市场和工业品主要的产地市场，因此能够带动农村，成为周围农村的流通中心。但它要想成为对周围农村经济起着强大的辐射作用和吸引作用的流通中心，无论如何必须建立在周围农村经济的发展和繁荣这一基础之上。也就是说，城市要加强流通中心乃至经济中心的作用，必须充分发挥农业作为工业基础的作用，以及农村作为城市基础的作用。这种基础作用的发挥，主要是通过农村市场反映出来的。按经济区域来组织商品流通，全国城乡之间、地区之间的商品流通要打破行政区域的限制，按经济发展自然形成的合理的供销关系来组织，农村市场所需的外地工业品主要通过中心城市输送进来，而外地市场所需的本地产品则主要由农村市场集中到中心城市而后输送出去。因此，农村市场网络应与城市市场网络连在一起，构成完整的市场网络。在农村市场中，集镇市场是中心。在城乡市场关系方面，城市市场是周围农村市场的中心，农村市场是整个市场网络的基点。要充分发挥市场在资源配置中的基础性作用，就一定要发展农村市场，建立和健全农村市场网络。① 农村市场具有特

---

① 林文益．贸易经济学［M］．北京：中国财政经济出版社，1994：335—339.

殊性，农村现代流通网络的建设是一个系统工程，只有各地融合对接，按经济区域布局，才能充分发挥规模效应和集聚效应，提升流通效率。

改革开放以来，我国农村市场从消费总量、经营主体结构、流通业态到网点结构都呈现出了较好的发展态势：①乡村社会消费品总额增长较快，农村市场的扩大对促进国民经济快速增长发挥了积极作用。②农村市场多元化市场主体已经形成，传统的供销合作社正在恢复发展，新型市场主体快速成长，农产品经纪人、贩销大户和农民专业合作社、农产品加工企业、批发商、第三方物流企业以及终端大型零售商等发展迅速。③新业态和现代流通方式蓬勃发展，以连锁经营、网络零售和物流配送为主要内容的现代流通方式的发展进程明显加快，成为改变农村市场格局的决定力量。④农村商品流通网络体系初步建立，私营企业、个体工商户、农产品经纪人数量庞大，供销合作社优势明显，大中型流通企业开始向乡镇延伸，少数外资企业通过投资、参股等方式开始进入农村流通市场，从网点数量、零售额、市场占有率来看，农村流通市场基本上形成多种流通渠道相互竞争、共同发展的局面。

作为市场经济重要组成部分的农村市场体系，从无到有、逐步完善。从消费方面来看，随着居民收入水平的提高、农村物流体系和商业设施的不断完善，城乡消费市场的联系不断增强，乡村消费潜力持续释放。2022年，我国乡村消费品零售额达到59285亿元，农村居民人均消费支出达到16632元，增速连续多年超过城镇居民。从要素方面来看，随着农村产权制度和要素配置市场化改革的不断深入，城乡要素结构性错配的局面已经大为改观，进而带来了农业生产效率的提升和农民收入的增长。

从客观上来看，相较于农产品市场体系的建设，农村消费市场和要素市场的建设明显滞后，乡村作为消费市场和要素市场的作用尚未充分发挥出来。消费市场的建设方面，通过实施"万村千乡市场工程""双百市场工程"等一系列举措，我国乡村消费市场的培育取得了一定的成效，但市场的整体水平依然不高，还有很大的提升空间。不论是全面推进乡村振兴，还是加快建设农业强国，农村市场化建设都是不可逾越的过程。充分发挥乡村作为消费市场和要素市场的重要作用，必须加快乡村市场化建设进程，健全乡村市场体系，促进城乡市场一体化发展。①

二、城乡贸易的作用

城际贸易是以城市间的工业产品交换为特征的。城市既是工业产品的集中生

---

① 涂圣伟．激活乡村消费市场和要素市场潜能［N］．学习时报，2023-03-01.

产地，又是工业产品（特别是高档消费品）的集中消费地。许多工业产品都是在一些城市生产，并在各个城市销售的。城市之间的这种相互产销关系和贸易联系建立在城市间发达的交通运输网络的基础之上。通过这一网络，可以把不同地区的各个城市连接成一个整体。

乡村间贸易最初主要是农副产品的交换，城乡贸易则以城市工业品与乡村农产品相互交换为特征。乡村向城市提供农副产品，以满足城市居民生活和轻纺工业的需要。城市则向乡村提供大量的工业品，如日用工业品、农业机械和生产资料等。近年来，随着乡村工业的迅猛发展，乡村之间以及城乡之间的贸易格局发生了较大的变化。一些乡村工业产品不仅占据着农村低档市场，而且开始销售到乡村以外的城市地区，占据着城市低档市场甚至中高档市场。乡村之间以及城乡之间的商品交换主要是通过集市贸易这种形式实现的。①

第二次社会大分工，手工业从农业中分离出来以后，形成了两大独立生产部门，原始社会开始瓦解，代之以生产资料私有制。与此相应，就出现了直接以交换为目的的商品生产，"单个生产者之间的交换变成了社会的迫切需要"，② 私有者个人之间的商品交换，就成了当时交换的唯一形式。这时出现了城市，出现了城乡之间的商品交换，并且日益成为社会商品交换的主流。在城市，有了手工业集中交易的场所。从理论上讲，随着商品交换的经常化和规模范围的扩大，客观上要求固定时间，集中在一定地点进行以直接交换为主的市场交易，这就逐步形成了集市贸易这样一种组织形式。

城乡集市贸易的存在和发展是改善城乡人民生活，发展商品生产，提高城乡人民劳动积极性，活跃国民经济的需要。由于商品的种类繁多，规格不一，生产的条件与情况参差不齐，而城乡人民的商品需要又是多种多样，千变万化。特别是不少商品零星细小，复杂多变。鲜活商品又易腐变质，不易保管、运输等。这些都要求商品流通过程中的中间环节越少越好。根据这些要求，集市贸易则正是恰当的流通形式。有了这种流通形式，就可以与商业和生产部门的推销系统配套，在更大程度上满足人们生产与生活多种多样的需要。

在我国现实的经济生活中，城乡集市贸易所起的作用日益重要。城乡集市贸易是农村内部调剂粮食余缺的重要市场，是农村居民农副产品互通有无的主要交换场所。集市贸易是农村商品生产所需的种子、幼禽和牲口以及饲料、原料等的重要供应基地，是城乡居民所需的蔬菜、杂粮和其他农副产品的重要供应渠道。城乡集市贸易是地区间商品交流不可缺少的渠道，是城市手工业者和某些居民副

① 徐从才. 贸易经济学 [M]. 北京：中国人民大学出版社，2015：61.
② 中央编译局. 马克思恩格斯全集（第21卷）[M]. 北京：人民出版社，2003：189.

业产品重要的销售场所。

集市贸易在一个相当长的历史时期内存在和发展，这是我国城乡经济发展过程的客观要求。它适应我国现阶段的社会生产力水平和经济结构，是农村内部商品交换和城市副食商品供应重要的市场形式，所以它的存在和发展，在城乡经济生活中起着重要的作用。这主要表现在：第一，有利于组织农村内部的商品交换，在农村内部起互通有无、长短相补的作用，即调剂农民产品的余缺，对他们生活的安排和改善、生产的正常周转和发展起重要的补充作用。第二，促进农村生产由自给经济向商品经济转化，促进农村小商品经济的发展。第三，有利于充分利用农村劳动力和自然资源，发展农业和副业生产，为社会增加产品，为市场提供更多的商品货源，更好地满足城乡人民的生活乃至生产上的各种需要。第四，能够为城市居民提供品种繁多的副食品和其他农副产品，丰富和活跃城市居民的经济生活。第五，有利于增加农民的收入。第六，有利于开拓城乡居民的就业渠道。第七，有利于推动市场竞争的开展，促进各类商业经营管理的改善。

在经济体制改革中，城乡的经济生活发生了剧烈而深刻的变化，集市贸易的商品交换形式正由以产销直接联系为主转变为与商业媒介并重的市场。不少集市正由零售和综合性的市场发展成大型批零并存的市场和专业市场。参加集市贸易的交换者愈来愈广泛，已不仅限于当地农民、小商贩和城镇居民的狭窄范围，现在各地的城乡集市上，国营、集体工商企业和个体手工业者都可参加，有的地方还有外国商贩参加。集市发展成为最贴近农民生活的农村交换中心，而城市的集市贸易不仅稳定和丰富了城市居民的生活，而且推动着新城镇的建设和发展。

城市集市贸易是农村集市贸易的延伸和发展。城市集市贸易具有零售市场和批发市场两种职能，一方面，城乡集市贸易是城市居民购买农副产品等生活资料的场所；另一方面，城乡集市贸易也是农副产品的批发商向零售商及其他生产者进行批发供应的场所。随着我国城乡商品经济的迅速发展，未来农村经济将向着专业化、商品化、社会化和现代化转变，这就迫切要求进一步疏通城乡流通渠道，为日益增多的农副产品开拓市场，依据农副产品的产销特点，按照多渠道、少环节、开放式和批量大、辐射远、流转快的要求进行流通，以便于广泛吸收国营、集体、个体生产者和经营者都能从事交易。城乡集市上的农产品批发市场正是适应了这些特点和要求而发展起来的。从集市贸易的零售市场到纯批发市场，再到专业批发市场，规模较大时就开始与零售在场所上分开，单独开辟批发贸易的场所，甚至区分不同行业建立专门的批发贸易市场。它标志着商品经济发展的不同阶段，也标志着集市贸易发展的不同阶段。城乡集市贸易中的批发市场和零售市场有着两种不同的流通功能。批发市场好比是商品流通渠道中的干渠，而农贸零售市场是支渠。许多商品是由前者批出，到后者零售。两者不能互相取代，而要互相配合，互相促进。①

三、城乡贸易的实现方式

城乡贸易的实现需要通过一定的市场交易组织和流通方式来实现，大体可分为集中化方式与非集中化方式两类，其中集中化方式是指通过在某些场所将众多客商吸引或组织到一起，以集中进行城乡商品交换的贸易方式。非集中化方式是指由贸易当事人在时空上各自独立、分散进行城乡贸易活动的实现方式，包括由各类专业产销组织、中介机构、商业公司以及独立商贩等分散进行的城乡商品交换活动。具体有以下几种：

1. 集市贸易

集市贸易是最古老的城乡贸易方式。集市的形成一般带有自发的性质，是一定空间区域内商品交换逐步经常化、集中化的结果。依集市地点不同，有城乡集市之分。乡村集市是一定空间范围的农民和手工业者各取所需、调剂余缺的交易场所，一般以间隔方式定期举行。在人口稠密和商品经济相对发达的某些农村集镇，也有常年开市的，但通常每日交易额较小。城市的集市一般为常市，每天都开市经营，主要满足城市居民购买消费品的需要。参与城市集市交换的不仅有销售产品的农民和手工业者，还有购买产品的居民和机构，也有职业商贩。在漫长的传统社会中，集市是城乡贸易的主要实现载体，是城乡居民贸易交往的基本途径。城市居民消费所需的蔬菜、水果、肉禽蛋、水产品乃至粮食、植物油等农产品，有相当一部分直接购自集贸市场。随着地区经济发达程度逐渐提高，集市在城乡贸易格局中的地位和作用是趋于下降的。

2. 批发市场

批发市场是集中进行批发交易的专门场所。批发市场是商品流通规模化、专业化和远程化发展的结果。批发市场一般以现货交易为主，兼有部分远期合同交易。城乡批发市场有多种类型，按流通环节可以分为产地批发市场、中转地批发市场和销地批发市场；按批发商品的种类可以分为综合性批发市场和专业性批发市场；按市场的空间可以分为城市批发市场和农村批发市场。农村专业市场是改革开放以后在农村迅速发展起来的市场形式，在促进城乡贸易上发挥了独特的作用，为我国农村经济的发展做出了很大的贡献。批发市场客商主要以生产商、加工用户、代理商和零售商为主，他们通常具有一定的经营规模。

3. 商品交易会

商品交易会又称为贸易博览会，一般设在经济中心或交通中心城市，由行业

---

① 林文益. 贸易经济学［M］. 北京：中国财政经济出版社，1994：347-354.

性组织定期召集举办，通常每次都有一定的会期持续时间。商品交易会一般只从事批发交易，但也有部分交易会兼具批发交易和零售交易双重功能，但以批发交易为主。从整体意义上来看，商品交易会是对批发市场功能的放大，是交易规模更大与辐射空间更广的批发市场。与一般批发市场比较，商品交易会有几点显著不同：第一，交易会通常间隔时间举行，且间隔时间较长，往往一年或半年举行一次，如中国糖酒交易会、钢材交易会等，国际上的某些交易会甚至几年才举行一届；而批发市场则往往常年开市。第二，交易会举办地一般并不固定，经常是若干中心城市轮换举行，有比较规范的申请和审批程序。但也有某些交易会固定在某个城市，如中国山东寿光蔬菜博览会等。而批发市场设置地点一旦确定，往往就不再变换。第三，交易会一般以远期契约交易为主，现货交易比重较小；而批发市场通常以即期现货为主，远期交易比重不高。第四，商品交易会规模更大，客商来源更广泛，商品组合深度更深、品种更全，但服务功能较少，往往只提供较单一的商品展示和签约服务。批发市场由于常年举行，客商来源相对较固定，虽平均每日交易规模较小，但全年累计成交额仍较大。批发市场大都有较完善的条件和设施，能为商品交易提供配套的鉴证、代理、融资、物流等专业服务。[①]

第二节　区际贸易

一、区际贸易的内涵

区际贸易是国内各个地区之间发生的各种贸易活动的统称，既包括商品贸易，也包括生产要素的贸易。区际贸易具有两重含义：一是指跨越不同行政区域的贸易，二是指跨越不同经济区域的贸易。[②]

二、区际贸易发展的内在成因

区际贸易形成与发展的前提和基础是区域生产分工的差异，区域之间的产业分工及产业分工在区域间的延伸和细化，推动区际贸易不断发展，同时还有诸多其他内在的客观原因。

---

① 陈淑祥. 贸易经济学 [M]. 成都：西南财经大学出版社，2015：113-114.
② 陈淑祥. 贸易经济学 [M]. 成都：西南财经大学出版社，2015：114-115.

（一）不同区域互通有无、繁荣市场的需要

由于各个地区的地理及生态环境不同，其资源物产也必然存在一定的差异。为了解决不同区域消费者在消费多样性与资源物产差异性的矛盾，区际贸易应运而生。区际贸易是不同区域间互通有无、繁荣市场、满足民生的需要，如农区和牧区之间的产品交换、寒带地区与热带地区的产品贸易，其能丰富各自的市场供应。

（二）形成和发挥各地比较优势的必然

各地生产要素的禀赋是有差异的，而这种差异将影响产品竞争力的差异，因此，在竞争中各地自然会倾向于密集利用其要素相对丰裕的产品生产，以形成具有比较优势的产品和产业。发展区际贸易可更好地促进区域间的产业分工，在竞争中发掘各地的比较优势，并从整体上提高社会资源的利用效率。对一个地方而言，形成和壮大优势产业是地方经济具有市场竞争力和可持续发展的关键所在。

（三）资本本性的市场扩张要求

盈利是商品资本的根本性要求，而盈利又往往与其产出规模相关，一般产销规模越大，经济效益就越显著。从商业资本经营循环的全过程来看，当地方市场被满足后，就必然会提出进入相邻地方市场乃至更远市场的要求，这就需要发展跨区域的区际贸易。从本质上看，国际贸易是区际贸易的延伸，是区际贸易跨越国别界限的体现。

（四）地区之间经济协调发展的条件

由于种种原因，一国内部各地区之间经济发展是不平衡的，这种不平衡可以通过各地间的贸易交往加以改善。通过区际贸易，不仅可以相互利用资源与产品，而且可以相互交流先进的技术与经验，改变落后地区的生产函数，提高生产的整体效率。贸易的过程就是相互学习、共同提高的过程，并可于此过程中逐步实现各地经济的协调发展。①

三、区际贸易产生的条件

（一）生产要素禀赋的区际差异

不同区域的生产要素供给不同。一个区域可能有很多煤矿和铁矿但却没有土地种植小麦，而另一个地方则有可能有许多种植小麦的土地但却矿源稀少，很明显，前者更适合生产铁而非小麦。一个地区不同生产要素的禀赋份额是特定产业能否出现的重要因素。

区际生产要素的比例不同会导致同类产品在不同地区的要素投入比例出现差

---

① 柳思维. 贸易经济学［M］. 北京：高等教育出版社，2015：136-137.

异。简而言之，每个地区最好生产那些需密集使用其相对富裕要素的产品，而不要去生产那些需大量使用其相对稀缺要素的产品。显然，生产要素差异是地区劳动分工和贸易的一个重要原因。

（二）贸易条件下相关商品和要素的价格差别

最先应该指出的是，一个地区不可能在所有商品的生产上都比其他地区有优势，也就是说，它不可能以较低的成本生产出所有的商品。在何种条件下商品的相对价格在两个区间都会存在差异。此时，定价还需要考虑如下因素：①消费者的需求及渴望；②影响个人收入乃至需求的生产要素所有权。另外，商品供给最终由如下因素决定：①生产要素的供给；②生产条件。

上述四种基本因素决定着每个地区的价格机制，同时也决定了商品与厂商的价格。当上述四种因素存在差异时，商品的相对价格就会有所不同，此时就可能会出现区际贸易。需要指出的是，假如要素的相对价格一样，那么，两个地区间的这些要素都会在各种产业中以同样的方式组合，此时，两个地区间的商品的生产成本也会相同，即商品的相对价格相同。因此，与其说两个地区商品价格的相对不相等是贸易产生的原因，还不如直接关注生产，即生产要素相对价格差异是贸易发生的必要而非充分条件。

区域 A 和区域 B 的生产要素相对价格的一致性必然假定区域间的供需关系也相同，此时，两地厂商的生产能力完全相同就是既非必要也非充分的条件了，因为需求不同会引致厂商的相对稀缺出现差异。因此，如果地区间的供给不同是由需求差别引起的，那么所有要素的相对稀缺性和商品的相对价格最终就都会是相同的。

在不同区域，生产条件或多或少地会存在一定的相似性。因此，人口稀少的地区会特别转向那些需要较多土地和少量劳动的商品（如小麦），并且由此避免土地租金相对于工资而下降。生产要素配置差别是贸易产生的原因，需求状况差异也可能是一个影响因素。因为如同所有价格现象一样，区域贸易的最终决定因素是要素供给和需求之间的关系。区域贸易意味着外部需求与本区域的要素和商品有关，影响需求的要素都应该会影响区域贸易。所有区域的产品和要素的价格都影响了这种互动需求，区域贸易的影响因素主要受单一区域的主要相关因素左右，各个区域的商品和要素的相对位置影响着各自的价格体系和贸易。

贸易的首要条件是商品在一个地区的生产价格要比在其他地区生产（价格）更便宜，这种商品包含了许多比其他地区更便宜的要素，进而将这些低价商品出口以便换回其他地区生产的相对低价的商品。因此，每个地区会大量出口使用低价要素的产品，而出口生产成本较低的产品。[1]

---

[1] 俄林. 区际贸易与国际贸易 [M]. 逯宇铎，等译. 北京：华夏出版社，2013：4-9+18.

四、区际贸易的影响

（一）要素价格均衡趋势

大多数贸易（假设存在）对地区的直接影响是使各地商品价格相等。只要没有运输成本和其他贸易障碍，则所有商品在不同地区的价格都必须相同。贸易对价格和要素有着深远的影响，简单地说，它会影响整个价格体系。

（二）不完全均衡

不但是商品价格，而且生产要素的价格也会达到均衡，这种趋势是贸易引致产业适应生产要素分布的必然结果，需要大量使用某种要素的工业会转移到大量拥有这些要素的地区，在这些地区这些要素的价格十分低廉。对生产要素的需求而不是对产品的需求促使厂商寻找最廉价的市场。简而言之，要素不均衡分布引起了各地要素价格的差异，除非这种分布不均衡被各地对这种要素需求的不平衡所抵消了，否则就产生不了劳动分工和贸易。

（三）对以商品表示的要素价格的影响

贸易和地区间的劳动分工意味着生产更有效率且能生产出更多的商品，由此以商品表示的要素价格显著上升。假设各地商品价格水平保持不变，那么以货币表示的要素价格就会上升。贸易引起的生产变化意味着该地要素的相对稀缺状况必然发生了变化，A 地出口品中大量含有的该要素的价格相对于其他要素而言就会提高。因此，如果 A 地出口农业产品而进口工业产品，那么这两类商品的交换就必然会比 A 地区处于孤立状态时种植的农产品更为有利。如果价格水平保持不变，则该类商品的价格就会升高，与此相对应的是工业产品的价格会下降，这有利于集中优势生产农产品。通过以农产品换取工业品，就会得到比自己生产的更多的工业品。贸易能改变要素的稀缺状况，如果没有出口商品价格改变的刺激，则 A 地区所使用的要素不可能改变，且区际贸易在无生产改变时也不会发生。贸易引起了以商品表示的生产要素总价值的增长。

五、影响区际贸易发展的因素

地区间贸易往来的增长和扩大，受一系列主客观条件的制约。最根本的原因当然是地区间社会分工的深入和各地商品经济的发展，此外，重要的制约因素还有：

（一）资金

商品流通决定货币流通，但货币流通反过来是商品流通赖以正常进行的前提。一个地区购买力越高，当地地区内部贸易（从零售到批发）越旺盛，越有雄厚的资金可以到外地，到远方乃至更远的地方去采购和进货。

（二）批发商业发达程度

地区间的贸易往来一般不是零售贸易而是批发贸易。这种批发贸易主要是经营规模较大的生产者和批发商人来组织，其中尤以大批发商为主。马克思说："大规模生产的发展和供应远地的生产，会把全部产品投入商业手中。"① 之所以主要靠大批发商，是因为在地区商品流通中需要支付出一定量的资金，除非资本强大的生产者，其他生产者是难以在生产投资以外再在这方面垫支出一大笔资金的。马克思说："商人除了为购买商品而预付的货币资本以外，总是还要预付一个追加的资本用来购买和支付这种流通手段。"②

（三）交通运输的发展

地区贸易往来，不仅是地区间商品买卖中价值形态的转化，而且有商品实体的物质运动过程。其中，最重要的是商品的空间位移。商品只有完成这种空间位移，才能达到地区商品流通的目的，才能使商品真正达到销地。不仅如此，商品要在远距离之间流通，使地区间供求关系所提出来的贸易往来的要求从可能变成现实，往往取决于有没有必要的交通运输。如果运输路程太远，交通困难，不能在商品损坏以前就运达销售地，贸易往来就不可能。这样，交通运输工具的改进乃至革新，就成为了贸易能否进行的关键，因为新的先进的使速度加快的交通工具能"用时间去消灭空间"。③ 如果商品的运输费用过高，也会阻碍地区商品流通，这就需要靠革新交通工具以寻求低廉的运费。马克思说："既然直接产品只有随着运输费用的减少才能在远方市场大规模实现，另一方面，既然交通工具和运输本身只有在使必要劳动得到补偿而有余的大规模交换的情况下，才能够成为价值增殖的领域，……那么生产廉价的交通运输工具就是以资本为基础的生产的条件。"所以，交通运输工具的发展，对于地区间贸易往来的发展有着重要的制约作用。这里需要强调的是：交通运输工具的发展会缩短一定量商品的流通时间，这种进步以及由于交通运输工具发展而提供的可能性，又引起了开拓越来越远的市场。④

（四）经济体制和政策

在统制经济的条件下，商品经济被压抑，地区贸易往来缺乏雄厚的基础，同时在地区之间的经济往来，包括贸易往来也被压抑，政府代替了市场主体的独立自主，行政分割代替了地区贸易自由，自然使得地区间的贸易往来受到严重的束缚。而在市场经济的条件下，商品经济蓬勃发展，必然要在发展地区内部贸易的

---

①② 中央编译局．马克思恩格斯全集（第25卷）［M］．北京：人民出版社，1982：535.

③ 中央编译局．马克思恩格斯全集（第46卷）［M］．北京：人民出版社，1982：16.

④ 中央编译局．马克思恩格斯全集（第24卷）［M］．北京：人民出版社，1982：279.

基础上大大地推动着地区间的贸易往来。并且，在以市场为中心、由市场机制的调节作用来引导社会经济发展的条件下，地区贸易往来的主体已是企业，政府只是适应市场经济发展的需要进行必要的服务和宏观调控，企业的积极性、主动性和创造性大增，地区间的贸易往来当然会空前地繁荣。

（五）价格

合理的价格能促进地区间贸易正常发展，而错误的价格则会起消极的障碍作用。地区贸易往来中价格正确与否主要表现在以下两个方面：①是否有合理的地区差价。如果产销地之间价格倒挂，则产地不愿输出，销地也不愿调入，结果则是产地大量积压而销地则商品匮乏乃至脱销。②工农业产品价格"剪刀差"是趋于缩小还是扩大。如果能逐步缩小，就会鼓励必要的输出。

（六）税费负担

如果税费合理就会鼓励地区贸易往来，相反，如果税负过重，就会束缚地区贸易往来。因为税费负担过重，经营地区贸易的主体在价格既定的前提下，取得的盈利就会过小，或者无利甚至亏本，就会失去经营的积极性，甚至改行。在税费负担中，费用负担过重比之税收要更严重。为此，一定要重视地区间流通税和各种附加费的征收，要禁止随意增设收取税费关卡和税费品种，要减轻税率和费额，确保地区间贸易往来中经营者得到必要的、合理的利润，防止地区间的价格差距因不合理的税负而盲目扩大，造成销地的消费者负担沉重，并由此阻碍了地区间的商品流通，缩小了产地产品的销路，影响了生产。

为了发展地区贸易往来，政府一定要遵照市场经济的要求，发挥上层建筑的力量，努力为经济基础服务。要为市场主体创造统一、开放、竞争、有序的市场，确保贸易自由、等价交换和公平竞争原则能够在地区贸易往来中正确和顺利地贯彻。①

第三节　国际贸易

一、国际贸易的含义

一个国家或地区同别的国家或地区进行商品和劳务的交换，从国际范围来看，这种交换活动被称为国际贸易；从一个国家或地区范围来看，这种交换活动

---

① 林文益. 贸易经济基础 ［M］. 北京：中国商业出版社，1996：226-228.

被称为对外贸易；从全球范围来看，这种交换活动则被称为世界贸易，即各国对外贸易的总和。因此，对外贸易是以一个国家或地区为主体，相对于国内贸易而言的。

国际贸易是一个历史范畴，是人类社会历史发展到一定阶段的产物。国际贸易的产生和发展都是以生产力的发展为基础的，并受到生产力的制约。同时，国际贸易的发展反过来又会促进社会生产力的发展，加速整个社会物质财富的增长。随着生产的发展、科学技术的进步和交换方式的改进，国际贸易的含义也在不断地扩大。传统的国际贸易仅指有形商品的交换。现代国际贸易，则是指商品与劳务的交换，也称广义的商品交换，包括有形商品贸易和无形商品贸易，简称有形贸易和无形贸易。无形贸易在国际贸易中的比重越来越大，其地位和作用备受世界各国所重视。

第二次世界大战后，由于科学技术的巨大进步、生产力水平的迅速提高、跨国公司在全球的迅猛发展，极大地促进了世界范围内社会化、国际化大生产的发展，加强了世界各国之间区域经济一体化与全球经济一体化的联系。国际贸易无论是在规模和范围方面，还是在内容和形式方面，都得到空前迅速的发展。生产领域要素与流通领域要素，经济要素和科学技术要素相互交织在一起。国际贸易、国际金融、国际生产相互影响、相互渗透、相互促进，进一步丰富和扩大了国际贸易活动的内容和范围。世界贸易组织的建立，又为规范国际贸易活动提供了组织保证，并建立了一套法规体系。①

对国际贸易的含义可以从以下五个主要方面来理解：

（1）国际贸易是不同国家之间的、跨越国界的商品交换。国际贸易的产生和发展是以国家的存在为前提的，没有国家就不会有国际贸易。因此，国际贸易是一个历史范畴，是人类社会发展到一定历史阶段的经济现象。

（2）国际贸易是商品所有权在不同国家之间进行的转让。只有不同国家商品所有者之间发生了商品买卖关系，商品所有权从一个国家的所有者手中转让到另一个国家的所有者手中，其交易活动才成为国际贸易。

（3）国际贸易涉及的交易标的范围。国际贸易所涉及的交易标的范围极其广泛，但由于受各种自然与人为障碍的限制，国际贸易涉及的交易标的范围与国内贸易不完全相同。

（4）国际贸易发生的制度环境。与国内贸易相比较，国际贸易不仅涉及不同货币的汇兑，而且受制于国际通行规则，而非一国的国内贸易规则。

（5）国际贸易的内涵是不断丰富扩展的。随着社会经济的发展和科学技术

---

① 逯宇铎. 国际贸易［M］. 北京：高等教育出版社，2005：3-4.

的进步，国际贸易的范围不断扩大，内容日益丰富，方式也日趋多样化。

综上所述，国际贸易是指世界各国之间货物和服务交换的活动，是各国之间分工的表现形式，反映了世界各国在经济上的相互依靠。国际贸易与国内贸易的主要差别在于使用不同的货币，受制于不同的法律制度和贸易规则。当今的国际贸易已不再是简单偶然、可有可无的货物交换，也不仅仅是调剂余缺、互通有无，而是各国参与国际分工、发挥比较优势、加速经济发展、实现强国富民的必由之路。①

二、当代国际贸易的基本特征

（一）全球贸易结构趋于高级化

21 世纪，总体上全球贸易增速快于经济增长增速，全球贸易增长更多是由于贸易的集约边际（即现有产品被用于贸易的多或少）发生了变化，贸易的拓展边际（即发展新产品贸易）也做出了重要贡献。据 WTO 统计，2005~2010 年国际贸易增长速度为 8%。2008 年经济危机爆发后，国际贸易增长速度放缓，随后各国都采取了一些经济刺激计划和措施，但开始出现贸易增长落后于经济增长的分化现象。在贸易规模不断扩张的同时，贸易结构趋于高级化，服务贸易、高技术产品贸易、知识产权贸易地位日趋重要。据 WTO 统计，2005~2017 年，全球服务贸易的增长速度超过了货物贸易，平均增长率为 5.4%；2018 年服务贸易在全球贸易中占比已经达 22.9%，美国、德国、英国、法国、日本、西班牙、意大利等国的服务贸易占各自全部贸易的比重都达到 20% 及以上；主要发达国家和高科技产品在制成品出口贸易中的比重约占 1/3 并逐步提高；发展中国家工业制成品、机电产品、高新技术产品出口比重都呈上升趋势。

（二）贸易创新活动更加活跃

跨国交易的双方凭借数字化技术和互联网平台，运用电子商务技术，突破常规交易的时空限制，极为迅速地完成磋商、签约、通关、银行结算等流程和手续，也可以实现国际间的金融服务、网上娱乐、咨询服务、软件设计、信息传递，互联网的发展也使得贸易便利化程度大大提高。跨境电子商务是国际贸易方式的创新，具有传统贸易无法比拟的便捷与成本优势。亚马逊全球开店公布的数据显示，2018 年以来，中国卖家每 0.02 秒就会在亚马逊上创建一个新产品，中国卖家销售额中有 60% 来自过去 12 个月内创建的新产品，亚马逊、阿里巴巴、速卖通、eBay 等跨境电商平台带来了交易、支付、消费、物流等一系列创新与变革。由于国际分工的深化发展，传统贸易理论、传统贸易统计方法受到挑战，

---

① 卜伟. 国际贸易 [M]. 北京：清华大学出版社，2005：1-2.

以附加值为主要计算手段的新贸易体系将可以精确地显示各国参与全球价值链的经济活动。

（三）跨国公司在全球贸易中的地位不断加强

以跨国公司为主导的公司内、产业内国际分工进程加快，促进了资本、商品、技术、人员及管理技能等生产要素的跨国界流动，形成了制造业的全球价值链，建立了全球设计、生产、经营、服务、人才、投资体系，国际贸易基础已由比较优势转变为跨国公司在全球范围内整合资源的竞争优势。跨国公司的地位呈不断强化之势，全球贸易由一些大型跨国公司主导。

（四）国际贸易区域一体化趋势加强

一方面，欧盟、美国、日本等发达国家占国际贸易的比重虽然有所下降，但在全球价值链的高端，服务贸易、知识产权贸易占据了绝对优势。发达国家通过开展区域贸易合作和控制多边贸易体制来主宰国际贸易秩序，并在国际交换中获得了大部分贸易利益。另一方面，新兴经济体国家成长迅速，尤其是"金砖五国"，即中国、俄罗斯、印度、巴西、南非的进出口贸易对国际贸易增长的贡献率上升，在国际贸易中逐步争取话语权。例如，2013 年中国已超美国成为世界第一货物贸易大国，在国际贸易中正发挥着积极的作用，在中国倡议下成立了金砖国家银行，中国还提出了共建"一带一路"倡议并牵头成立了亚洲基础设施投资银行。2016 年 10 月 1 日，IMF 将人民币加入 SDR（特别提款权），人民币在国际结算中的比重逐步上升。与此同时，以区域贸易安排为主要形式的区域经济一体化合作加速发展，并呈现新的趋势。

三、国际贸易的分类

（一）按照商品流向划分

1. 出口贸易

出口贸易又称输出贸易，是指将本国生产或加工的产品输往国外市场销售。不属外销的产品则不属于出口贸易，如运出国境供驻外使馆人员使用的货物、旅客个人使用带出国境的货物，均不列入出口贸易。从国外输入的商品，未在本国加工消费，又未经本国加工再次输出国外，称为复出口或再输出。

2. 进口贸易

进口贸易又称输入贸易，是指将外国商品输入本国市场进行销售。不属内销的货物不属于进口贸易，如外国使馆运进供自用的货物、旅客带入供自用的货物，均不列入进口贸易。输往国外的商品未经消费和加工又输入本国，称为复进口或再输入。

3. 过境贸易

过境贸易又称为通过贸易，某种商品从 A 国经 C 国输往 B 国销售，该商品对 C 国而言即为过境贸易。这种贸易对 C 国来说，既不是进口，也不是出口。过境贸易可分为直接与间接两种。凡外国商品运到国境后，不存放海关仓库，在海关监督下，通过国内交通线在另一处国境又输出国外，即为直接过境贸易。凡外国商品运到国境后，先存放海关仓库，未经加工又从仓库提出运往国外，即为间接过境贸易。

（二）按照统计标准不同划分

1. 总贸易体系

总贸易体系指以进出国境为标准划分进出口的贸易活动。凡离开本国国境的货物一律列为出口，称为总出口。凡进入本国国境的货物一律列为进口，称为总进口。总出口额与总进口额之和为一国的总贸易额。英国、加拿大、日本、美国、中国等 90 多个国家和地区采用了这一统计标准。

2. 专门贸易体系

专门贸易体系是指以进出关境为标准划分进出口的贸易活动。凡离开本国关境的货物一律列为出口，称为专门出口，如外国商品虽进入了国境，但仍暂时存放在海关的保税仓库，或只是在免税的自由贸易区流通，则不被统计为进口。另外，凡进入本国关境的货物一律列为进口，称为专门进口。但关境外、国境内输往他国的商品，则不被统计为出口。专门出口额与专门进口额之和为一国的专门贸易额。德国、意大利、瑞士等 80 多个国家和地区采用了这种划分方法。总贸易额和专门贸易额都是一国在一定时期内（如一年）对外贸易的总数额，但两者在数额上不可能相等。因为国境与关境可能存在不一致，如一国保税区和自由贸易区的存在使国境要大于关境；而几个国家缔结成关税同盟，对外统一征收关税，内部贸易则互免关税，此时关境大于国境。因此，联合国在公布各国的贸易额时，一般都注明该国的统计标准。

（三）按照商品形态不同划分

1. 有形贸易

有形贸易又称货物贸易，是指看得见的、摸得着的实际商品的进出口。国际贸易中的有形商品品种多，为了便于统计，联合国秘书处在 1950 年出版了《联合国国际贸易标准分类》，并分别在 1960 年和 1974 年进行了修订。

在 1974 年的修订本里，把国际货物贸易共分为 10 大类、63 章、233 组、786 个分组和 1924 个基本项目。这 10 类商品分别为：食品及主要供食用的活动物（0）；饮料及烟类（1）；燃料以外的非食用粗原料（2）；矿物燃料、润滑油及有关原料（3）；动植物油及油脂（4）；未列名化学品及有关产品（5）；主要按原料分类的制成品（6）；机械及运输设备（7）；杂项产品（8）；没有分类的其他产品（9）。在国际贸易统计中，一般把（0）到（4）类商品称为初级产品，把（5）到（8）类称为制成品。

2. 无形贸易

无形贸易又称服务贸易，是指一切不具有物质属性的服务的进出口活动，例如，运输、保险、金融、旅游、文化娱乐、法律服务、咨询等的提供。服务贸易多为无形的、不可存储的；服务提供与消费同时进行。国际服务贸易是指"从一参加方境内向任何其他参加方境内提供服务；在一参加方境内向任何其他参加方的服务消费者提供服务；一参加方在其他任何参加方境内通过提供服务的实体的介入而提供服务；一参加方的自然人在其他任何参加方境内提供服务"。世界贸易组织列出的服务行业包括以下12个部门：商业、通信、建筑、销售、教育、环境、金融、卫生、旅游、娱乐、运输、其他。

有形商品的进出口须经海关办手续，从而表现在海关的贸易统计上，是国际收支的主要构成部分；无形贸易虽然也构成国际收支的一部分，但因不经过海关办手续，通常不显示在海关的贸易统计上，而显示在一国的国际收支平衡表上。

（四）按贸易有无第三国参加划分

1. 直接贸易

直接贸易是指商品生产国将商品直接出口到消费国，消费国直接进口商品生产国的商品时两国间进行的贸易。

2. 间接贸易

间接贸易是指商品生产国不直接向消费国出口，商品消费国也不直接从生产国进口，而经由第三国的商人来完成的贸易。

3. 转口贸易

转口贸易是商品生产国与消费国通过第三国商人签订的进口合同和出口合同进行的贸易，对第三国来说就是转口贸易。转口贸易按其经营的渠道可分为两种：一是出口商品从生产国运往某一国（或地区）后，经过加工或并未经过加工，又从该地转口商销往消费国；二是出口商品虽然是从生产国直接运往消费国，但它们之间并未发生直接的买卖关系，交易是通过第三国的转口商进行的。从事转口贸易的国家或地区多数是地理位置优越、运输方便、贸易限制少，如新加坡、中国香港、鹿特丹等。

（五）按清偿工具划分

1. 自由结汇贸易

自由结汇贸易又称现汇贸易，是指以国际通用货币作为清偿手段的国际商品交易。国际通用货币是可以自由兑换的货币，如美元、英镑、日元、马克、法郎等。

2. 易货贸易

易货贸易是指支付结算方式是以货换货，即货物经过计价后进行的国际商品交换。它的特点是进口与出口直接联系，以货换货，进出基本平衡，可以不用现汇支付。易货贸易有根据两国政府间签订的贸易协定进行的，也有根据民间贸易团体达成的易货协议，或进出口企业之间签订的易货合同进行的。

（六）按货物运输方式不同划分

1. 陆运贸易

陆运贸易是指用陆路运输工具如火车、卡车运送货物的国际贸易，陆地毗邻国家之间的贸易常采用陆路运送货物开展贸易。

2. 海运贸易

海运贸易是指货物用各类船舶通过海上运输的国际贸易，海运是国际贸易最主要的运输方式。

3. 空运贸易

空运贸易是指以航空运送货物的国际贸易。价值昂贵、数量少或时间性强的货物常采用空运方式开展贸易。

4. 多式联运贸易

多式联运贸易是指用陆、海、空运输方式相结合运送货物的国际贸易，大陆桥的出现有利于多式联运的推广。

5. 邮购贸易

邮购贸易是指采用邮政包裹方式寄送货物的国际贸易。邮政贸易的优点是服务周到、方便客户。[1]

□□■ 本章小结

农村市场是整个市场网络的基点，要充分发挥市场在资源配置中的基础性作用，就一定要发展农村市场，建立和健全农村市场网络。城乡贸易的实现需要通过一定的市场交易组织和流通方式来实现。

区际贸易是国内各个地区之间发生的各种贸易活动的统称，既包括商品贸易，也包括生产要素的贸易。区际贸易的首要条件是商品在一个地区的生产要比在其他地区生产（价格）更便宜，这种商品包含了许多比其他地区更便宜的要素，进而将这些低价商品出口以便换回其他地区生产的相对低价的商品。

一个国家或地区同别的国家或地区进行商品和劳务的交换，从国际范围来

---

① 卢荣忠. 国际贸易 [M]. 北京：高等教育出版社，2005：8-11.

看，这种交换活动被称为国际贸易；从一个国家或地区来看，这种交换活动被称为对外贸易；从全球范围来看，这种交换活动则被称为世界贸易，即各国对外贸易的总和。国际贸易是指世界各国之间货物和服务交换的活动，是各国之间分工的表现形式。

▣ 关键术语

农村市场；城乡贸易；区际贸易；国际贸易；对外贸易

▣ 本章思考题

1. 现阶段我国农村市场有哪些特点？
2. 城乡贸易的实现形式有哪些？
3. 区际贸易的成因及制约因素有哪些？
4. 区际贸易产生的条件有哪些？
5. 国际贸易与国内贸易的异同有哪些？

第五章　贸易与市场

第一节　市场的内涵与功能

一、市场的概念和内涵

　　首先，关于市场的概念，马克思指出，市场即流通领域。"流通是商品所有者的全部相互关系的总和"。所以，"市场是流通领域本身的总表现"。马克思又指出："每个市场包含着商品的卖者和商品的买者……对于资本的整个周期来说，市场既包括使资本作为商品出售的市场，也包括使资本作为货币资本进行购买的市场。"这里告诉我们：市场是商品交换关系的总和，是商品交换的场所。其次，关于市场的形成。马克思指出："由于社会分工，这些商品的市场日益扩大；生产劳动的分工使它们各自的产品互相变成商品，互相成为等价物，使它们互相成为市场"。马克思的这些论述，说明了社会分工和商品经济的发展是市场形成和发展的根本原因。

　　就一般而言，对市场的内涵可以从狭义和广义两个角度来理解。狭义的市场是单纯从交易场所来说的，即指商品集中在一起，便于购买者与出售者进行买卖的场所，如农贸市场、小商品市场等。广义的市场是指各种交换关系的总和，它至少反映了以下三种关系：第一，市场反映了社会生产与社会需求之间的关系，即商品供给与商品需求之间的关系。第二，市场反映了商品生产者与消费者之间的关系，即买者与卖者之间的关系。第三，市场反映了整个社会经济各个不同部门、不同产业、不同行业之间的纵横交错的复杂关系。它不仅包含某一特定的交换场所，而且包括一定范围内的人群的交易活动，即有可供交换的对象和有能力并愿意购买这些交易对象的人群的购买行为。这种市场的范围，既可以指一定的区域，如国际市场、国内市场、农村市场、城市市场等；也可以指大的商品范围，如粮食市场、服装市场、汽车市场、石油市场等；甚至还可以指某一类商品的消费对象，如儿童用品市场、青少年用品市场、妇女用品市场等。无论是狭义的市场还是广义的市场，都必须同时具有三个要素：交易对象、购买力、愿意从事交易的人。只有这样的市场，才可以使不同所有者之间的商品交换得以实现。[①]

（一）市场是商品交换的场所

一般来说，市场起源于古时人类对于固定时段或地点进行交易的场所的称呼，这也是市场最原始、最基本的概念。作为从事买卖活动的地点，市场属于地理空间视角的概念。最初的交换是在部落之间进行的，市场没有固定的地点。在商品经济条件下，社会分工和商品生产是交换产生和发展的前提，市场作为交换商品以满足不同生产者需要的地位应运而生。在奴隶社会，城市统治者的奢侈性需要、一般居民的生活需要和手工业生产者的需要都是依赖于商品交换，因而在城市内形成了固定的交易市场。城市市场根据城市布局划定，实行坊市制，买卖活动集中在划定的地点进行。

（二）市场是交易的组织形态

交易的组织形态是反映商品贸易中组织成员之间的沟通、分工协作关系，且相对稳定的组织构架。换句话说，组织形态体现了组织形式、存在状态和运行机制。作为固定、集中交易的流通服务组织，市场为分散的、没有固定供销关系的生产者和消费者、卖者和买者提供直接见面或受委托进行集散买卖的场所和其他为交易服务的条件，如专业商品市场、网上交易平台、商品交易所等。正是从这个意义上，马克思把"商人的店铺、栈房"称为市场。它既区别于一定空间范围内提供供求相互作用的市场，如当地市场、区域市场、全国市场等，又区别于人们集中交易的地点，如商业街集市等，还区别于流通领域这个全面的、综合的范畴，而特指起集散功能的流通服务组织，是市场中特定的交易组织形式，也可以称之为"有组织的市场"。

（三）市场是交换关系的总和

在贸易活动中，人们通过交换活动实现资源的有效配置，因而市场反映分工不同的商品生产者之间的交换关系。商品和市场不可分离地紧密联系在一起，有了商品，就有市场，而市场又是产品转化为商品的平台。市场成为了生产者与消费者之间实现产品（服务）价值，满足需求的交换关系、交换过程和交换条件。市场不仅是商品的流通领域和流通阶段，而且具体地、历史地反映着商品购买者和售卖者之间的需求与供给关系。随着线上贸易与线下贸易同时进行，实体贸易

---

① 罗清和．特区经济学导论［M］．北京：中央编译出版社，2000：423．

与虚拟贸易互相融合，市场经济、交通通信、商业信用等不断发展，商品交换的空间日益扩大，商品交换的主体不断增加，交换的商品日益繁杂，贸易形式与手段日益丰富，市场更加不局限于某个特定的场所，也不局限于买卖者之间钱货直接交易。市场的内涵日益丰富，早已超出了"商品交换场所"的空间范畴，而是整个流通领域。正如马克思所言：市场即流通领域，流通是从总体上看的交换，市场是商品所有者的全部相互关系的总和。

（四）市场是一种制度安排

一般来说，制度安排是指在某一具体领域约束成员间行为的规则，它影响着成员间合作与竞争的方式，它包括组织、法律、习俗和意识形态等。新制度经济学将市场视为一种制度，交易费用是市场与企业这两种制度相互替代的原因所在。新制度经济学的核心理论就是交易费用理论，交易费用理论是研究社会的交易过程，贸易作为发达的交换形式也包含在新制度经济学的交易之中。新制度经济学认为市场不是一种机制和工具，而是由具有人类社会行为性质的活动组成的交换过程，也就是社会成员之间自愿交易、自由协议的一种契约活动。在繁杂的交换过程中，各种相关因素共同发挥作用，形成了交换规则，也就是交换制度。市场的本质是经济人—经济交换—交换过程的制度安排，是一种组织化、制度化的交换。

（五）市场是经济运行的调节机制

市场机制是借助市场价格的波动，影响市场主体对利益的追求，调整市场行为以适应市场供求变化，进而实现调节经济运行的机制，反映供求、竞争、价格等要素相互关联及作用的机理，主要包括供求机制、价格机制、竞争机制和风险机制。市场运行机制是市场经济的本质要求，也是经济成长过程中最重要的驱动因素。以萨缪尔森为代表的学者认为，市场是买者和卖者相互作用并共同决定商品或劳务的价格和交易数量的机制。市场的关键特征是众多买者和卖者汇集到一起，根据商品的供给和需求数量关系是供不应求、供过于求还是供求平衡等状况，决定成交的商品价格和数量，并对生产进行调节。总之，市场本身是商品交换的产物，是商品经济的基础。在市场经济条件下，不仅市场交换的客体极为广泛，既包括物质产品，也包括生产要素，而且社会再生产各环节的经济活动都要通过市场并围绕市场这个中心来展开，市场在资源配置中起决定作用。①

二、市场的功能

市场作为商品交换的载体，联系着各个市场主体，是生产、交换、分配和消

---

① 纪宝成. 商业经济学教程［M］. 北京：中国人民大学出版社，2016：159.

费的重要纽带，是实现生产、分配、交换和消费的重要条件。贸易市场的这种重要地位和作用，使它在市场经济的运行过程中，具有巨大的功能。

（一）社会产品最终实现和再生产正常循环的功能

这是市场最基本的功能，离开了商品交换，也就谈不上市场的存在。市场交换功能的发挥，使商品生产者或经营者得以将自己的产品拿到市场出售，从而获得货币，然后再向别人购买自己所需要的生产资料，实现商品、劳动的交换。[1]

商品生产的目的不是为了生产者自己消费，而是为了满足社会消费的需要。社会消费包括生活消费和生产消费。为了达到满足社会消费的需要这一目的，生产的产品必须经过市场交换，如果产品适应社会需要，即得到社会承认，就能最终实现它的使用价值和价值，也就是社会产品在价值上得到补偿，在实物上得到替换，这样不但能够满足人们生活消费的需要，而且也使社会再生产得以顺利进行。可见，组织好市场交易活动非常重要，它关系到产品最终实现的程度，进而制约着人们生活消费的程度和水平，制约着再生产的规模和实现。

（二）资源配置功能

通俗地说，资源就是指人力、物力和财力，经济学上称为生产要素，它包括劳动力、资本、自然资源、技术、信息等。这些要素是人们进行生产活动所必不可少的条件。资源的种类和数量不是固定不变的，随着人类对自然界认识的广度和深度的扩大与加深，以及科学技术水平的提高，可用来生产的资源种类和数量就会不断增多，但随着社会的发展，人们的需求欲望也随之增加，这种需求欲望的增加往往超过可以利用的资源种类和资源数量的增加。所以，任何社会在一定的时间和特定的技术条件下，可以实现利用的资源总是有限的，因而都面临着资源稀缺的问题。因此，就要对稀缺的资源进行配置和调节。通过调节，实现资源配置的优化。所谓优化，就是资源的利用达到充分、有效和合理。"充分"就是要将所有的资源都派上用场，人尽其才、物尽其用、地尽其力，没有资源闲置而造成的浪费和损失。"有效"就是增加资源的使用必定会增加产品的产量，这些新增加的产品在市场上的卖价，就是增加资源使用所带来的收益。如果这个收益等于所增加的资源使用成本，那么资源的使用效率是最高的。"合理"就是资源的配置所形成的供给的比例能适应社会需求的比例，达到最大限度以满足消费者的需要，从而也避免浪费和损失。

市场对稀缺资源的配置功能主要是通过市场机制进行的，即通过市场上商品需求和供给的变化决定商品的价格，进而由价格的变动引导着资源在各个产业部门之间的流动，这种流动是由经济效益低的部门流向经济效益高的部门，从供过

---

[1]　陶益清，安玉发. 市场营销［M］. 北京：中国农业出版社，2002：4.

于求的部门流向供不应求的部门，从而达到资源利用的节约以及资源在各个部门的配置适应社会需求的变化，达到资源配置的优化。[①]

（三）信息传导功能

市场不仅是消费者获取商品的场所，而且也是生产企业获取营销信息的重要途径。企业产品最终要接受市场的检验，得到市场的承认，才能实现企业生产的个别劳动向社会必要劳动的转化，形成商品的社会价值。市场上供求变化的各种信息，通过信息反馈传达到企业，企业依此进行生产结构和产品结构的调整，降低成本，提高质量，增加花色品种、规格和型号，以便做到适销对路，加速商品流通和资金周转，提高效益。市场信息反馈功能是通过对原始信息资料的收集、储存、检索、传递来实现的。[②]

市场每时每刻都在通过供求、价格等反馈着各种信息，这些信息就成为国家或企业部门掌握市场动向，根据市场需求进行生产或确立营销决策的重要依据。所以，市场的行情就是整个经济活动的综合反映。

三、市场类型

现代市场是一个庞杂的交换系统，整个的市场体系可以划分为若干互相联系、互相作用、互相制约的子系统市场，每个子系统市场又可以进一步细分为不同类型的市场。

（一）按交换的客体分类

从交换的对象视角，可以分为商品市场与生产要素市场。商品市场上的交换对象都是一定时期内经济活动的产出品，包括消费品市场、生产资料市场和服务市场。这些市场还可以根据商品性能、用途等进一步细分。例如，消费品市场可以分为食品市场、服装市场、日用品市场等。生产要素市场上的交换对象是经济活动的投入品，包括金融市场、劳动力市场、土地市场、技术市场、信息市场等。其中金融市场是生产要素市场的枢纽和血液，包括资本市场和货币市场，资本市场又可以分为股票市场、债券市场、基金市场等。

（二）按交换的空间范围分类

从城和乡两个空间视角，市场可以分为城市市场与农村市场。城市市场是指在城市发生和完成的各种交换和贸易活动，购买者主要是城市居民。农村市场是指在农村发生和完成的各种交换和贸易活动，购买者主要是农民。从交换的空间视角，市场还可以划分为地方市场、全国市场和国际市场。地方市场是指交换和

---

① 王德民. 贸易经济学 [M]. 北京：中共中央党校出版社，1994：54-55.

② 郝渊晓，张鸿. 市场营销学（第2版）[M]. 西安：西安交通大学出版社，2009：14.

贸易活动以特定的地方为活动空间的市场，根据"地方"范围的大小，可以分为近地市场和区域市场，还可按形成的机理分为自然形成的地方市场和行政区划形成的地方市场。全国市场是指交换和贸易以全国范围为活动空间的市场，其特征是所有交换和贸易活动在全国范围内畅通无阻，充分自由，公平竞争。地方市场是全国市场的基础，发展全国市场并不排斥发展地方市场。

国际市场是指商品贸易活动跨越国界以世界范围为交换空间的市场，可以分为区域性国际市场和全球化国际市场（世界市场）。区域性国际市场是指一些国家联合为一体的跨区域市场，如欧盟、北美自由贸易区等；全球化国际市场是指世界一体化的市场，交换和贸易的范围是全球。与国内市场相比，国际市场上的交换涉及的是国家与国家之间的经济关系，交换规模更大、容量更大、竞争更激烈，并且国际市场上的交易结算涉及不同国家的货币交换，影响因素更复杂，风险更大。

（三）按交换的时间界限和商品交割的程度分类

从时间和商品交割程度的视角，可以分为现货市场与期货市场。现货市场包括即期现货市场与远期现货市场，进行的都是现货贸易，即期现货交易的规则是钱货两清，基本上是一手钱一手货，商流、物流同时完成。远期现货市场实行远期合同交易，交易规则是合同签订成交在前，商品实物交割在后，或者商品实物交割在前，全部货款结清在后。期货市场是指在期货交易所发生的商品期货合约买卖，交易目的是套期保值或投机牟利，绝大多数交易以对冲结束。

（四）按交换的场所分类

从交换场所的视角，可以分为有形市场与无形市场。有形市场是指交换与贸易活动有固定的交易场所，例如，传统的集镇贸易、商业步行街、批发交易市场、证券交易所大厅等。无形市场是指交换和贸易活动无固定的场所，交易双方通过电话、网络、信函等洽谈成交的市场。

（五）按市场竞争与垄断程度分类

根据市场上竞争与垄断程度的状况，即依据企业数量的多少、产品的差别程度、对价格的影响程度以及进入或退出一个行业的难易程度，可以将市场结构划分为完全竞争、完全垄断、垄断竞争和寡头垄断四种。处于不同市场结构中的企业，其短期均衡和长期均衡有明显差异。完全竞争市场的经济效率最高，垄断竞争市场较高，寡头市场较低，完全垄断市场最低。市场的竞争程度越高，经济效率越高。反之，市场的垄断程度越高，则经济效率越低。

四、市场失灵

市场失灵又称市场障碍、市场失效、市场失败等。市场失灵有狭义和广义之分，狭义的市场失灵是指完全竞争市场所假定的条件得不到满足而导致的市场配置资源的能力不足，从而缺乏效率的表现。广义的市场失灵则还包括市场机制在配置资源过程中所出现的经济波动以及按市场分配原则而导致的收入分配不公平现象。在经济理论界，对市场失灵含义的理解有多种观点，具体如下：[①]

（一）本身功能方面的缺陷

市场竞争使资源配置达不到帕累托最优状态，即市场竞争机制不能实现资源的合理配置和有效配置。在实际市场经济运行中，虽然价格能够调节商品或生产要素的供求，但有时会出现商品价格不等于边际成本的状况；或是在市场产量低于完全竞争市场条件下的均衡产量，垄断市场就是典型的一例。

市场机制通过价格信号调节资源配置。在一般情况下，价格能够反映出真实的供求关系。但是，通货膨胀和投机行为会造成价格信号失真。这种失真的市场信号会鼓励生产盲目扩张。对于供求弹性都较小的商品来说，供求波动会引起价格大幅度震荡。如果产品的生产周期比较长，市场机制就会引发产量的周期性波动。在市场经济中，市场信号失真造成的资源配置扭曲和总量失衡都不可避免。

（二）在市场竞争方面的缺陷

马歇尔在 1890 年出版的著作《经济学原理》中，对分工的利益、大规模生产的利益、经营管理专业化的利益做了专门分析，发现了被后人称为"马歇尔冲突"的矛盾，即大规模生产能为企业带来规模经济性，使这些企业的单位成本不断下降，市场占有率不断提高，但也导致了市场结构中垄断因素的不断增强。垄断使经济失去活力，使价格受到人为控制，扼杀了自由竞争，失去了竞争所能带来的效率。市场的规律是优胜劣汰，即使在自由资本主义时期也没有做到合理竞争。在总结历史经验教训的基础上，现在西方资本主义国家也制定了反垄断法、保护公平竞争法等。

（三）实现公正收入分配方面的缺陷

市场只能实现等价交换，只能是等价交换意义上的机会均等的平等精神，这种平等精神虽然有利于促进效率和进步。但市场不能真正实现公平，市场机制的作用必然带来一些人富有，另一些人贫困的两极分化。市场的收入分配功能具有明显的缺陷，市场机制会自发地使国民收入向供给缺乏弹性的部门转移，造成收入分配不公。因此，政府必须以征收所得税等手段对市场机制的分配功能进行干预。[②]

（四）在外部经济效应方面的缺陷

外部经济效应指市场交易给交易双方之外的第三者带来的经济影响。它可分

---

① 杨卫军，陈昊平. 经济学基础［M］. 北京：北京理工大学出版社，2016：127.

② 宋文献，傅利平. 社会主义市场经济学［M］. 天津：天津大学出版社，1994：219.

为正负效应两大类。市场机制在外部经济效应明显的产业中不能实现资源的优化配置。在市场机制中，需求价格即人们愿意付出的最高购买价格只能反映商品给私人带来的收益，供给价格即生产者能够接受的最低价格只能反映商品生产中的私人负担的成本。因此，在市场机制的作用下，外部经济效应为正值的产业中供给价格偏低，导致相应的产品数量不足，外部经济效应为负值的产业中需求价格偏高，导致相应产品数量过多。政府可以通过税收和补贴等手段，把外部经济效应内在化，改变企业决策，解决外部经济效应导致的市场缺陷。[①]

第二节　市场运行

一、市场的客观规律

市场是经济范畴，是经济中的交换范畴，是商品经济范畴。这就规定了市场的运行和市场上的贸易，市场上一切交易活动都必须遵循经济规律，特别是商品经济的规律。

在经济规律中，最根本的是时间节约规律。一切劳动都可以还原为时间的计量和比较，经济就必然要归结为时间的节约。马克思说："正像单个人的情况一样，社会发展、社会享用和社会活动的全面性，都取决于时间的节省。一切节约归根到底都是时间的节约。"[②] 市场上一切经济活动，包括贸易活动在内，都必须遵循时间节约规律。这样，市场才能蓬勃发展，贸易才能迅速扩大。

在生产社会化的条件下，时间节约规律必然要体现为按比例规律。所谓按比例，就是在经济的各个部分之间，经济的各部门之间、各行业之间、各地区之间、各环节之间要合理地分配社会资源，分配劳动，分配劳动时间，使之所形成的经济结构，能够适应社会的需要，适应需求的比例，保证生产与消费，保证交换与流通，保证社会再生产得以实现，避免不足或过剩，避免造成浪费。这是最大的时间节约。马克思说："社会需要，即社会规模的使用价值，对于社会总劳动时间分别用在各个特殊生产领域的份额来说，是有决定意义的。"[③] 必须按照需要来合理分配，正像单个人必须正确地分配自己的时间，

---

① 张泽元，梅福林，韦建平. 社会主义市场经济学［M］. 北京：北京档案出版社，1995：21-26.

② 中央编译局. 马克思恩格斯全集（第46卷）［M］. 北京：人民出版社，1982：120.

③ 中央编译局. 马克思恩格斯全集（第25卷）［M］. 北京：人民出版社，1982：716.

才能以适当的比例获得知识和满足对他的活动所提出的各种要求，社会必须合理地分配自己的时间，才能实现符合社会全部需要的生产。① 只有按比例，经济才能正常。这种对社会劳动时间的合乎比例的分配，只要是社会化大生产，无论是私有制社会抑或是公有制社会，都不例外。"这种按一定比例分配社会劳动的必要性，决不可能被社会生产的一定形式所取消，而可能改变的只是它的表现形式，这是不言而喻的。"② 因此，时间的节约以及劳动时间在不同的生产部门之间有计划地分配，在共同生产的基础上仍然是首要的经济规律。这甚至在更加高得多的程度上成为规律。③这就规定，在社会化大生产的条件下，市场必须为生产适应消费的按比例服务，必须使市场的发展适应国民经济按比例发展的要求，必须使市场内部，从商品流通到为之服务的人力、物力和财力，以及商品流通各部分、各环节，为之服务的机构、人员、物质技术和资金等的各系统、各方面都能够按比例发展，只有这样才能充分发挥市场的功能，节约市场上和流通过程中的时间和劳动耗费，取得良好的经济效益。一切交易活动的最终结果，要有助于按比例的形成，以求劳动时间的节约，劳动效率的提高，发展速度的优先。

在商品经济条件下，时间节约规律必然要体现为价值规律、供求规律和竞争规律以及供求矛盾运动规律等。④ 在商品经济中，价值规律、供求规律和竞争规律都是不以人们主观转移而客观存在的规律。在生产社会化条件下，都通过自己的作用从不同方面、以不同形式体现了按比例规律的要求。归根到底，是在商品经济条件下体现时间规律的要求。这三个规律的作用紧密联系着，但体现着不同的利益。价值规律是与社会必要劳动相对立的生产者和经营者利益的规律，它作用于整个商品经济。供求规律是市场上作为集团力量存在的卖方和买方利益的规律，它调节着整个流通领域。竞争规律是生产者、消费者和经营者在市场上作为卖者和买者相对立的个别利益的规律，它作用于市场却又不断地把作用力传导到经济体的生产或经营的内部。

二、市场的基本规律

（一）价值规律

价值规律是市场经济的基本规律。只要市场经济存在，价值规律就必然存在并发生作用。在不同性质的市场经济中价值规律作用的形式、特点和后果会有差

---

① ③　中央编译局. 马克思恩格斯全集（第46卷）[M]. 北京：人民出版社，1982：120.
②　中央编译局. 马克思恩格斯选集（第4卷）[M]. 北京：人民出版社，1995：368.
④　林文益. 贸易经济学 [M]. 北京：中国财政经济出版社，1995：73.

异，但其基本内容却是一致的。价值规律的内容反映着市场经济内在的、本质的、必然的联系，是市场经济发展的必然趋势。

价值规律的主要内容和基本要求是：商品的价值量由生产商品的社会必要劳动时间决定；价格以价值为基础，实行等价交换。这一内容包含两层意思：第一，从生产角度看，价值规律就是价值决定的规律。第二，从流通角度看，价值规律就是等价交换的规律。其中，价值决定规律是价值规律的核心内容，等价交换规律不过是价值决定在流通领域中的表现。商品的价值由生产商品的社会必要劳动时间决定，这是因为市场中存在着大量独立的商品生产者，各个商品生产者的生产条件、劳动熟练程度和劳动强度不同，因而凝结在商品中的个别劳动时间也不同。如果价值按个别劳动时间确定，势必会缺少统一的衡量标准，造成一定程度的混乱。价值规律的内容不仅符合商品生产者的经济利益，而且也符合社会发展的客观要求：第一，只有按社会必要劳动时间确定价值，并按等价原则进行交换，商品生产者才能在经济利益平等的基础上相互交换劳动。第二，只有由社会必要劳动时间决定价值，并按照这样的价值出卖商品，才能使大多数商品生产者的劳动耗费得到补偿，从而使商品生产得以继续进行。第三，只有由社会必要劳动时间决定价值，并按这个价值出卖商品，才能促使商品生产者不断改进技术，更换设备，提高劳动生产率，推动社会生产力的快速发展。[①]

在生产商品化和社会化的条件下，按比例规律必然要体现在价值规律中，即按比例要求合理地分配社会劳动，分配劳动时间，使生产结构能够适应消费结构，而在商品经济的条件下，生产消费关系必然要反映到市场上来形成供求关系。这就规定，能够作为社会必要劳动时间的价值必须是生产适应消费，也就是合乎比例范围内投入的劳动所形成的价值，也就是能够通过市场实现，得到社会承认的有效劳动。这样，价值规律就有了另一个含义，即分配在各部门的劳动必须是符合社会需要的劳动才能成为社会必要劳动。马克思说："事实上价值规律所影响的不是个别商品或物品，而总是各个特殊的因分工而互相独立的社会生产领域的总产品。因此，不仅在每个商品上只使用必要的劳动时间，而且在社会总劳动时间中，也只把必要的比例量使用在不同类的商品上。"[②] 如果把上一种含义称为狭义价值规律的话，那么这一种含义可称为广义价值规律。说明不管某一种部门实际消耗多少劳动，但社会所承认的，只是总劳动中分配给这类商品的符合社会需要的份额——合乎比例的劳动量。如果商品供给超过社会需求，那么尽管商品包括第一种含义的社会必要劳动时间，但超过社会需要部分的劳动却会由

---

① 宋文献，傅利平．社会主义市场经济学［M］．天津：天津大学出版社，1994：75-76．

② 中央编译局．马克思恩格斯全集（第25卷）［M］．北京：人民出版社，1982：716．

于得不到社会承认而不能形成价值。价值规律反映按比例规律的要求，社会生产必须适应社会消费需求，本质上也反映了时间节约规律的要求。因为投入社会生产的劳动所形成的价值，必须在供求比例协调、生产合乎比例的条件下才能成为社会价值，因此只有在这样的条件下劳动才是有效劳动，劳动才得到补偿而不至于变成无效劳动。

（二）供求规律

任何价值都不能自我实现，只有通过市场，经过商品交换在商品到达消费者手中时才能最终实现，商品的实现既然不能离开市场，作为表现价值形式的价格就不能不受到市场条件的制约，特别是供求关系的制约。价值决定价格，但供求关系的变化却决定着价格随时乃至长期的变动。然而价格的高低却又直接牵涉买卖双方的利益，因而不能不制约着卖方和买方的购销活动，使商品的上市量、生产量以及购买量和需求量随价格的变动而变化，这就形成了不依人们意志为转移的供求规律。

供求规律即供求关系与价格之间互为因果、互相作用、互相决定的规律。第一，供求的变化会引起价格的变动，也就是说，供不应求时价格必定上涨，供过于求时价格必定下跌。第二，价格的变动会引起供求的变化，就是说，价格上涨会刺激生产和上市量，抑制需求。相反，价格下跌会抑制生产和上市量，刺激需求增加。第三，供求和价格的相互作用引起对方的变化会有极限，到达一定的临界点，会向相反的方向运动。在供不应求时，价格上涨，会刺激生产和上市量增加，抑制需求量，使供不应求逐渐趋于平衡，进而走到它的反面——供过于求。在供过于求时，价格下跌，会抑制生产和上市量，刺激需求量增加，使供过于求逐渐趋于平衡，进而走到它的反面——供不应求。所以，供求关系和价格互相作用而引起对方的变动或变化，并且到达一定的临界点时又会返回来，供求矛盾和价格在这种相互作用中螺旋式地运动，成为客观的、必然的趋势，这就是供求规律。

价值规律是商品经济的基本规律，既作用于生产领域，又作用于流通领域，而供求规律则是流通领域的基本规律。因为供求关系的变化和价格的变动都是市场的主要问题，决定着商品流通和货币流通，决定着市场的形势。由于供求关系的变化会引起价格的变动，这就使得价值规律的作用必须通过供求规律来实现。因为价值不能直接体现而只能通过价格来表现，价格以价值为内容，作为形式，它可能与价值一致，也可能与价值背离，但往往是不一致的。价值要在价格的不断变动中，在大量价格的平均数中来体现。因为供求变化能引起价格变动、价值的变动是价格变动的轴心，它对价格的变动有吸引力，对价格变动起向心作用。但价格的变动到底是离开价值还是趋向价值却有赖于市场条件，主要是供求关系的变化。当价格与价值一致时，供不应求使价格高于价值，供过于求使价格低于价值。当价格与价值不一致时，供不应求使低于价值的价格趋向价值，供过于求使高于价值的价格趋于价值。所以靠价格波动的平均来体现的价值的实现过程就离不开供求规律的作用。

价值是由社会必要劳动时间决定的，价值决定价格，是价格形成的基础。但价格的变动不仅取决于价值的变化，而且取决于供求关系的变化。价值的变化不像供求关系的变化那么经常和剧烈，因而供求关系对价格变动的作用要明显得多。供求关系不能决定价值的形成，相反价值规律的作用却会调节供求关系。供求关系虽然不能决定价值的形成，却能决定价值的选择，即从长期的供求趋势来看，在供不应求的趋势中，社会必要劳动时间是以低位水平的个别劳动时间的平均为准。而在供过于求的趋势中，社会必要劳动时间是以高位水平的个别劳动时间的平均为准。只有在供求比例协调的趋势中，社会必要劳动时间才是以中位水平的个别劳动时间的平均为准。

供求规律作用实际上是体现价格围绕价值波动并引导供给去适应需求、生产去适应消费的客观要求，因而它不仅体现价值规律而且体现商品经济条件下按比例规律的客观要求，归根到底，也是商品经济条件下时间节约规律的要求。①

（三）竞争规律

在市场上，生产者、消费者和经营者作为卖方或买方会由于供求关系的变化和价格的变动而得到一定的利益或失去一定的利益。前者是价值规律的作用，后者是供求规律的作用。然而，在市场上，生产者、消费者和经营者作为卖者和买者，为了实现和保护自己的利益，减少损失和获取更多的利益，彼此之间还不可避免地要展开竞争。

马克思说："社会分工则使独立的商品生产者互相对立，他们不承认任何别的权威，只承认竞争的权威。"② 只有竞争才能在角逐中夺取利益。他们各自利用自己的实力、优势的条件和有效的手段去战胜对手，以便争取到更大的市场、更多的资源和更好的投资机会，从而获得更多的利润。为了在市场竞争中居于优势地位，作为市场主体的生产者和经营者就不仅要在市场竞争中讲究战略和策略，讲究竞争的方式、手段和方法，而且要把市场竞争所比较出来的优点和缺点以及所了解到的市场信息和竞争的发展趋势，作为外部压力，转化为内部动力，去改进自身的生产和改善自身的经营管理，以便创造竞争中更雄厚的力量，在未来的竞争中取得更大的、更多的利益。

---

① 林文益. 贸易经济学［M］. 北京：中国财政经济出版社，1995：77.
② 中央编译局. 马克思恩格斯全集（第23卷）［M］. 北京：人民出版社，1982：394.

既然价值规律在竞争中会作为内在的支配力量并以竞争规律作为外在的强制规律去强迫每个市场主体为自身个别利益而在供求变化和价格变动中采取这样或那样的行动，供求规律作用的体现就离不开竞争规律作用的发挥。在供不应求时，卖方居于优势，竞争会集中在买者之间，他们竞相为了能买到商品，就不得不接受卖方的高价或其他变相抬价的苛刻条件；相反，在供过于求时，买方居于优势，竞争会集中在卖者之间，他们为了能出卖商品，就不得不接受买方的低价或其他变相降价的苛刻条件。而在供求比例协调时，卖方与买方彼此之间势均力敌，就会在卖者和买者之间展开竞争，以便获得较多的利益。马克思说："在竞争中一时处于劣势的一方，同时就是这样一方，在这一方中，个人不顾自己那群竞争者，而且常常直接反对这群竞争者而行动，并且正因为如此，使人可以感觉出一个竞争者对其他竞争者的依赖，而处于优势的一方，则或多或少地始终作为一个团结的统一体来同对方相抗衡。如果对这种商品来说，需求超过了供给，那么，在一定限度内，一个买者就会比另一个买者出更高的价钱，这样就使这种商品对全体买者来说都昂贵起来，提高到市场价值以上。另外，卖者却会共同努力，力图按照高昂的市场价格来出售。相反，如果供给超过了需求，那么，一个人开始廉价抛售，其他的人不得不跟着干，而买者却会共同努力，力图把市场价格压到尽量低于市场价值。只有各方通过共同行动比没有共同行动可以得到更多好处，他们才会关心共同行动，只要自己这一方变成劣势的一方，而每个人都力图找到最好的出路，共同行动就会停止。"①

三、市场机制

（一）经济机制

机制概念最初的含义是指机器的构造和动作原理。它有静态和动态双重含义。从静态角度来看，它指机器的构造。它把机器系统分解为发动机、传输机、工作机、控制机四个子系统，又把每一个子系统分解为许多零部件。机器的构造决定着机器的动作原理。从动态角度来看，机制指机器系统的动作过程，包括机器子系统相互作用的方式以及在这些作用力下机器系统的运动过程等。在把机制概念引入经济学之后，它的含义有所变化。经济系统是远比机器系统更为复杂的大系统，它在概念上分得更细。它的构造由经济结构、产业结构、所有权结构、技术结构、就业结构等许多概念加以表述。经济机制主要是指经济系统各组成部分的相互联系以及在各种相互作用力下经济系统的运行规律，人们在探讨经济系统的调节方式时，通常把经济机制划分为市场机制和计划机制。

① 中央编译局. 马克思恩格斯全集（第25卷）[M]. 北京：人民出版社，1982：216-217.

（二）市场机制及构成

市场机制指市场系统中各种主体、客体之间的相互联系以及在各种相互作用力下市场系统的运行方式。市场系统的构造是市场机制的基础。不同的市场系统的构造会产生出不同的市场机制。市场系统是个比较复杂的大系统，市场机制是多种因素相互联系和相互作用的总和。人们可以对市场机制作多种划分，最常见的办法是将市场机制划分为竞争机制、供求机制和价格机制。

1. 竞争机制

竞争机制指市场主体之间以竞争方式发生的相互联系和相互作用。从竞争主体的角度来看，竞争机制具体表现为：生产者之间的竞争，它既包括同一部门生产者之间的竞争，又包括不同生产部门之间生产者的相互竞争；消费者之间的竞争；要素提供者之间的竞争，如劳动力之间的竞争、贷款者之间的竞争、土地和建筑物出租者之间的竞争等；商人之间的竞争；购买者和销售者之间的竞争，如企业和劳动力之间的竞争、商人和消费者之间的竞争等。从竞争方式来看，竞争机制可表现为价格竞争和非价格竞争两种基本方式。价格竞争，包括销售者之间的降价竞销、购买者之间的提价争购以及销售者和购买者之间的讨价还价。非价格竞争，包括质量、商标、品牌、包装、款式和设计等方面的竞争以及备件、维修、交货条件、安装、人员培训、担保等方面的竞争。

2. 供求机制

供求机制指市场客体之间以供求关系表现的相互联系和相互作用。从市场客体的角度来看，供求机制具体表现为：在生产资料结构中各种生产资料之间的相互联系和供求关系，在消费资料结构中各种消费资料的相互联系和供求关系，生产资料和消费资料之间的相互联系和供求关系。从供求相互作用的方式来看，供求机制有两种基本的作用方式：一是总供求不相协调所引起的供求机制发挥作用，在总供给大于总需求的买方市场中，总需求约束着总供给，总供给刺激着总需求。在总供给小于总需求的卖方市场中，总供给约束着总需求，总需求刺激着总供给。二是供求结构不相协调所引起的供求机制发挥作用。在供不应求的部门，需求刺激着供给，在供过于求的部门，需求约束着供给。

3. 价格机制

市场价格机制指市场价格与市场供求之间的相互作用。这里的市场价格是广义的价格，它不仅包括商品的价格，而且包括劳务的价格、工资、利息、汇率、租金、技术价格、信息价格、股息等。价格机制主要体现出三个方面的作用和运动过程：一是价格变动对供给量的作用及供给量的运动过程；二是价格变动对需求量的影响及需求量的变动过程；三是市场供求对价格的作用以及市场供求变动所引起的各种商品和要素的价格变动过程。

（三）市场机制的本质

市场机制本质上是价值规律发生作用的机制。价值规律是市场经济中的基本经济规律，它的基本要求是价格比例在运动中趋向于价值比例。这一要求是通过市场机制的作用实现的。价格比例反映价值比例，要求生产结构与需求结构保持一致。如果生产结构与需求结构不相协调，价格比例就会背离价值比例。例如，当某商品供大于求时，商品使用价值就会下降。使用价值是商品价值的物质承担者，它的下降会使价格下降，价值不能得到社会的承认。在这种情况下，市场机制就会发挥作用。它使社会劳动从该商品生产部门流出，从而生产结构与需求结构重新趋于一致，价格比例重新反映价值比例。由此也可以看出，在市场机制中，价格机制是最终实现价值规律要求的机制，从而也是最重要的市场机制。在许多场合，人们可以把市场价格机制等同于市场机制，把竞争机制和供求机制看作是价格机制所包含的内容。①

第三节　市场空间与地区贸易

一、市场空间

市场空间是指市场因素在地域上的分布和关联状态，市场空间也称市场的地域结构。

（一）市场空间与市场空间体系

市场体系的空间结构是指市场体系中的各个子市场之间在空间范围上的配合与制约，或者说市场的空间布局。因此，分析市场的空间范围是研究市场体系空间结构的必要前提。市场的空间范围就是商品流转的范围，因为同一种商品只有在可以流动的范围内才存在着竞争关系。社会必要劳动时间是价值规律调节社会生产的基础，生产商品的社会必要劳动时间是在竞争中确立的。商品流域愈广，市场范围愈宽，竞争愈充分，资源配置就愈合理，经济效率就愈高。商品经济发展的趋势是市场日益扩大，由地方市场向全国市场发展，进而走向国际市场。建立统一的全国市场是社会主义商品经济发展的要求和趋势。不同商品的市场范围极不相同。一般来说，具有规模效益的生产和运输费用特别低廉的商品的市场往往广阔，而且具有无限扩张的趋势。反之，使用价值愈不耐久、运输愈不方便、

---

① 宋文献，傅利平．社会主义市场经济学［M］．天津：天津大学出版社，1994：89-91.

单位产品价值愈小的商品，市场范围也愈狭小。市场范围反映地区之间的经济联系。随着地区之间社会分工的扩大，交通运输的发展，商品流通费用的降低，竞争的展开，经济联系的加深，市场的范围也就会越来越大。尽管科学技术的进步和交通运输的发展会不断突破市场范围的这种自然形成的界限，但是商品受其本身特点限制而形成的市场界限将会始终存在。特别是生产技术简单，价值较低且又适宜小规模分散生产的商品的市场，恐怕永远不会超出当地的界限。由于构成统一的市场体系的各个子市场的空间范围各不相同，因此，像我国这样一个大国的市场体系的空间结构必然会有若干空间层次。

市场体系的空间结构可以粗略地分为三个层次，即全国市场、区域市场和地方市场。区域市场是指以中心城市为依托的大致相当于经济区范围的市场，地方市场指以中小城市或县镇为中心而形成的当地市场。各个层次的市场划分标准都是相对的，它们之间没有非此即彼的截然界限。区域市场特别的地方是不一定要搞成完整的市场体系，而应当有所侧重地突出本地区具有经济优势的市场。三个层次的市场互相衔接，各个地方市场和各个区域市场之间存在着联系和分工。这样一个以全国市场为骨架、区域市场为脉络、地方市场为神经末梢的市场网络就是统一且完整的市场体系的合理空间结构。①

（二）市场空间差异

市场空间存在着差异，这些差异引申出市场空间（地区）之间贸易的必然性。市场空间差异大致有三类：固定差异、位势差异和趋势差异。

1. 固定差异

固定差异是指不同市场空间之间由于地理、自然条件和历史不同所发生的差异。不同的市场空间的地理位置是自然存在的，由于空间具有不可重叠的地理特征，每个市场空间都处于不同的地表区域。地理位置的不同所造成的地区差异也就不同。地理条件不同使不同的地区有不同的自然条件，比如，有的地区寒冷，有的地区炎热；有的地区沿海，有的地区多山。凡此种种，会造成生产结构、产品类别和质量以及交通状况的差异。各地有着不同的历史，因而经济和社会的状况和发展水平不同，民族聚居和人文环境也不同。上述地理、自然、历史等诸因素所形成的空间差异相对稳定，故称为固定差异。这种稳定性的差异可看作静态差异，是长期存在的差异。对市场空间差异的形成有着长期的、综合性的影响。

2. 位势差异

位势差异指的是不同市场空间现有经济发展条件和水平所造成的市场发展的现状和水平的差异。空间的位势差异有绝对和相对之分。绝对位势如国民生产总

---

① 谷书堂，宋则行. 政治经济学（社会主义部分）［M］. 西安：陕西人民出版社，1998：232-233.

值、人口总量等所造成的流通规模、主要商品需求量的差别等，相对位势则是按基本单位计算的平均差，如人均购买力、人均产品占有量等。市场空间的位势差异反映不同空间的市场发展水平，它是在相当长时间内形成的。不过达到一定的发展水平各地所用的时间长短不一，并且不同的市场空间之间的位势差异并非固定不变，往往经过一段时间就会发生变化。因为各地的经济条件和发展状况在不断变化，只是有的显著、有的不明显而已。同时，两个不同的地区的市场位势，在总体上和不同侧面上可以不同，此高彼低，或此低彼高。

3. 趋势差异

趋势差异是不同的市场空间的市场在发展趋势上长期的、总体的发展方向、速度和方式的差异。这些差异自然来自各地区经济的发展变化趋势。这种变化发展可以是渐进的、量的积累过程，也可以是跃进的、量的突增乃至发生质变。引起变化的原因有经济的、政治的、文化的；有生产关系变革、体制改革，投资、劳动生产力提高等。总之，有的是决定因素，有的是影响因素，不同的决定条件下，影响因素所起的作用不同。马克思说："要科学地了解或多或少促进生产的条件，就得研究在各个民族的发展过程中各个时期的生产率程度。"① 这些影响因素，只能一般地说对发展有利或不利。例如，某一些种族的素质、气候、自然条件如商海的远近，土壤肥沃的程度等，比另一些更有利于生产。这又是同义反复，即财富的主客观因素越是在更高的程度上具备，财富就越容易创造②。市场空间的趋势差异正是在上述复杂因素的作用下形成的，这种差异可以看作动态差异。

市场空间差异的三种类型，在事实上反映了市场空间发展的差别，即过去、现有和将来的差异。这些差异会在交互作用中体现为市场空间条件上的差异，形成地区分工，形成市场的特点以及市场之间贸易往来的规模、结构和特点。③

二、农村市场、城市市场和世界市场

（一）农村市场

农村市场是指商品经济关系以农村为活动空间的市场。农村市场是我国国内市场的基础，也是社会主义统一市场的重要组成部分。在商品经济条件下，农业基础作用的发挥离不开农村市场发展。农村市场受农业生产、农村商品生产以及农产品购销形式的影响和制约，因此，农村市场具有许多不同于其他商品市场的特点。农村商品的生产者和经营者分散在全国农村，而农副产品的商品消费主要

①② 中央编译局．马克思恩格斯全集（第46卷）［M］．北京：人民出版社，1982：23-24.
③ 林文益．贸易经济学［M］．北京：中国财政经济出版社，1995：375-376.

集中在城市。因此，农村商品的流转方向是由分散到集中，由农村到城市。同时，由于农业生产受自然条件的影响，各个地区作物种类和动物分布状况不同。从而形成以某种产品作为代表的专业化的生产区，如粮食产区、经济作物产区、土特产品的集中产区等，农村市场作为初级产品的交易场所，必然带有地域性的特点。这就要求农村市场必须按照不同产品的购销特点，设置相应的收购网点和运输机构，并且将农村市场设置在交通运输比较方便和农副产品的集散中心。除了基本生活资料可以全年均衡供应外，农副产品的收获季节非常明显，并且各种产品都有自己的特点。同时，农产品多系鲜活商品，容易变质腐烂，不宜长期储存和长途运输。因此，农副产品的产销在时间、季节上的矛盾特别突出。

（二）城市市场

城市市场，是指交换关系以城市为活动空间的市场。城市市场反映城市的生产、交换、分配和消费等经济活动的综合情况，是城市社会经济运动的一面镜子。同时，城市作为国家经济发展的中心地区，其市场的发展状况，直接影响和波及周围地区乃至全国各地的经济发展。城市市场是在人类社会第二次大分工的基础上产生的。随着手工业从农业中分离出来，并集中在一些集镇等人口集中地区，这就出现了最早的城市。随着城市的出现，城市之间和乡村之间就产生了大量商品交换，这种交换大多集中在城市，包括政治中心、军事重镇、手工业集中地和交通枢纽地区。城市成为其周围农村的交换中心，进而成为其周围地区的商品交换中心，再发展成为地区间商品交换的联结点。城市市场正是在这个基础上产生和发展的。

同农村市场相比，城市市场在国内统一市场中处于主导地位。城市市场的主导地位主要表现在三个方面：①市场的发育程度高于农村，从市场的范围、交换内容、市场结构、信息交换的数量和速度，以及基础设施直到市场秩序制度的建设等，城市市场均处于领先地位。②城市市场的国有经济成分比重大，生产和交换的社会化程度高，经济的横向联系广泛，企业规模大，经济运行效率和效益也高。③城市市场以工业品市场为主，资金、技术密集型产品比重大，知识、技术含量大，附加价值也高。所以城市市场代表国内市场发展的方向，引导并帮助农村市场不断发展和完善。

在商品经济发展过程中，城市市场变为繁荣开放的市场。由于市场调节的作用，不仅广大农村商品可以自由地流入城市市场，各城市之间也大大地发展了相互交流，使各类商品流向最有利的市场中进行销售。随着改革开放的深入发展，外国商品已经广泛地进入我国市场。我国同世界有经贸关系的国家和地区，已经增加到280多个。城市市场作为一个开放的发展横向经济联系的系统，每时每刻都要同外界进行物资、商品、劳务、人才和信息的交流。城市越开放，经济联系空间越广阔，经济则越活跃。总之，城市市场是全国交换关系最集中的场所，是国家市场体系中最发达、最繁华的部分，也是市场结构中发育程度最高的地区。[①]

（三）世界市场

世界市场是世界各国货物、服务和技术交换的场所，是世界范围内通过国际分工联系起来的各国市场以及各国之间市场的总和。世界市场不仅包括各贸易活动的地域空间，还包括与贸易活动有关的订约人、交易标的、销售渠道、运输信息网络以及力求保证市场有序运行的各种市场组织机构、管理机构、贸易条约、标准等内容。[②]

从世界市场的发展过程来看，世界市场的形成与发展，是资本主义生产方式的前提，又是其结果；世界市场的形成，打破了许多国家和地区自给自足的封闭状态，取而代之的是各个国家和地区之间的相互经贸往来和各方面的互相依赖。可以说，世界市场在国际经济生活中发挥着巨大的作用。世界经济的一个鲜明特点就是各国之间通过世界市场建立的相互依赖大大加深了。[③]

第四节　国内统一市场

一、国内统一市场的含义

所谓国内统一市场，指在社会分工和市场经济高度发展的基础上，适应市场经济发展的客观要求，各个区域贸易空间融成的一个互相依存的有机统一体。国内统一市场的建立需要一定的经济条件，它的建立也并不是主观的产物。[④]

全国统一大市场指的是在政策统一、规则一致、执行协同的基础上，通过充分竞争与社会分工所形成的全国一体化运行的大市场体系。这种市场体系具有统一、开放、竞争、有序的内在特征，而且具有市场规模巨大、结构完整、功能强大、机制完善和环境优化等显著的外在特征，可以依托它顺利地实现社会扩大再生产。[⑤]

---

① 姚文仓，杨作林.社会主义市场经济概论 [M].北京：中共中央党校出版社，1993：105-107.
② 蔡春林.国际贸易 [M].北京：对外经贸大学出版社，2011：83.
③ 吴国蔚.国际贸易学 [M].北京：北京工业大学出版社，2006：82-83.
④ 蒋和胜.贸易经济学 [M].成都：电子科技大学出版社，2005：226.
⑤ 刘志彪.全国统一大市场 [J].经济研究，2022（5）：13-22.

二、国内统一市场的功能

（一）扩大流通范围

生产社会化的发展不仅扩大了不同生产系列的"水平分工"，而且还扩大了同一生产系列的"垂直分工"，强化了企业对市场的外部依存关系，那些在生产和销售上存在各种关系的生产者和经营者，在利润最大化这一目标的驱动下，为共同使用一地的基础设施、利用较为优越的投资环境、减少生产的间接费用而向同一发展中心大量集中，形成生产力布局中的聚集现象。这种聚集现象同时产生了远距离的原料购买和产品销售。

生产专业化在增强企业产品结构的同时，消费结构却随着生产力发展所产生的巨大社会效应由低层次向高层次迅速发展，而较高层次的消费结构本身就具有多样化和多变性的特点。生产是单方面的，而消费则是多方面的，生产与消费的这一矛盾必然会获得它的空间存在形式，尤其是现代生产高起点、大批量、专业化的特点，更使得这一矛盾以比较尖锐的形式在不同的地区表现了出来。在这种情况下，新的工业加工制造的，已经不是本地的原料，而是从极其遥远的地区运来的原料，旧的需要为新的需要所代替，旧的需要是用国货就能满足的，而新的需要却要靠非常遥远的国家和气候悬殊的地带的产品才能满足。[①] 生产的社会化产生了两个"遥远的市场"，客观上要求拓宽商品流通的空间跨度，铲除地区间人为设置的贸易堡垒，使各个区域市场融为一体，形成统一的国内市场，强化流通的时空衔接功能。

（二）促进区域商品流通平衡发展

市场是全部商品所有者相互关系的总和，而经济规律是通过社会经济关系的变化表现出来的，并通过经济关系的变化发挥其特有的作用。所以，市场的范围决定着商品经济规律发挥作用的范围。商品经济最基本的经济规律是价值规律。刺激商品生产者为降低个别价值，采用新技术，提高劳动生产率，从而促进社会生产力的发展是价值规律的重要作用之一，但价值规律作用的强弱受市场范围的密切制约。因为决定价值的社会必要劳动时间，不是某个行政机关模拟计算的数值，而是相互联系的商品所有者在市场竞争中自然形成的。这一数值的形成和变化，与能够自由流通的市场区间紧密相联，从而构成价值决定的范围。在各类区域市场融为一体的市场上，商品生产竞争的范围扩大了，市场价值形成的范围也扩大了，特别是发达的区域市场与欠发达的区域市场相连接，使得欠发达区域市场的同类商品价值大大降低。假定不降低个别价值，就会迫使许多企业破产倒

---

① 中央编译局．马克思恩格斯全集（第4卷）［M］．北京：人民出版社，1982：470.

闭，从而促进地区间商品经济的发展。

在被分割的国内市场上，商品价值决定的范围被限制在狭小的区域市场。无论是在发达的区域市场，还是欠发达的区域市场，商品生产者之间总会出现优、中、劣三种不同的情况。但一般来说，在欠发达的区域市场上，优等条件的企业总是少于发达的区域市场，发达的区域市场上的先进生产企业有时甚至是欠发达的区域市场所没有的，中、劣等条件，尤其是劣等条件的生产企业总是多于发达的区域市场，而欠发达的区域市场上的落后企业有时甚至是发达的区域市场所没有的。在这种情况下，同一商品在欠发达区域市场上的价值高于发达的区域市场，这也表明该区域的经济发展水平明显低于发达的区域市场。如果长期保持欠发达区域市场的封闭性，商品生产者只能在落后的、小范围的市场上竞争，必然缺乏强烈的外部刺激，抑制本地区生产者的进取心和创新精神，本区域的商品经济活动只能陷入低水平的循环，并加剧地区间商品经济发展的不平衡状态。

在各类区域市场融为一体的市场上，商品生产者竞争的范围扩大了，市场价值形成的范围也扩大了，特别是发达的区域市场与欠发达的区域市场相连接，使得欠发达区域市场的同类商品价值大大降低。假定不降低个别价值，该地区优等条件的生产者就不会再获得超额利润，中等条件生产者的正常利润也会大大减少，劣等条件的生产者更会面临破产倒闭的威胁。这就会造成一种巨大的压力，激发企业的创新精神，迫使企业降低成本、提高效率和改进质量，从而大大加速落后地区商品经济的繁荣，促进地区间商品经济的平衡发展。

（三）充分利用规模经济，发展社会大生产

规模经济是社会化大生产的必然结果，又是生产社会化进一步发展的有力杠杆。在商品经济条件下，生产者的产品必须经过市场实现才能获得相应的经济效益。所以，在实现规模经济的过程中，产品数量的增加又取决于市场容量的扩展，而在狭小的区域市场上，实现企业规模经济终究要受到市场容量的严格限制。国内统一市场的发展大大扩展了市场容量，可以在很大的程度上提高商品的远销能力，从而为规模经济提供良好的市场实现条件，促进生产社会化的发展。[①]

（四）有利于国家宏观调控

中央政府与地方政府具备间接调控的职能。企业成为独立自主的主体之后，作为生产者，企业不再与政府部门有任何行政依附关系，政府部门也不应再对企业的生产经营活动进行随意的干预。政府的主要任务是对市场活动进行宏观管理，通过市场调节，引导企业的经营活动。

政府活动主要包括两个方面：一是维护市场竞争活动的秩序。政府通过法律

---

① 孙启源，毕黎明. 物资流通经济学 [M]. 北京：中国商业出版社，1991：83-85.

和条例等形式，制定各种经济活动的规则，如对进入市场的资格审查、市场交易规则、反不正当竞争、保护消费者权益等，以维护运行秩序，保证公平竞争。二是弥补和纠正市场机制的缺陷。政府通过制定社会经济总体发展战略，运用财政政策、货币政策、外贸政策等手段，对国民经济进行统一的宏观管理。同时，负责基础设施建设。[①]

三、全国统一大市场的理论逻辑、历史逻辑和现实逻辑

（一）理论逻辑

从理论逻辑来看，一方面，市场是分工的基础，市场容量决定社会分工的程度，同时分工是提高生产力的必要条件，社会化分工是促进国民经济高质量发展的主要途径。马克思与恩格斯完整地论述了分工发展与市场扩展之间循环累积的相互促进关系，分析了以此为核心的经济发展机制。理论逻辑可表明，如果中国经济长期处于地方保护和国内市场分割状态，就不可能形成有利于发展的社会分工氛围和格局，不可能获取规模经济和范围经济，也不会有国际竞争能力。另一方面，全国统一大市场是一个与大国经济循环密切联系的经济范畴。作为国土辽阔、人口众多的发展中大国，我国具有从市场范围到分工深化、从规模效应到竞争优势、从二元结构到经济转型的禀赋优势，把这一比较优势充分转化为超大规模国家和超大规模市场的竞争优势，是在劳动力等要素比较优势逐步消失的条件下，支撑中国经济崛起的重要战略选择。

（二）历史逻辑

从计划经济体制走向社会主义市场经济体制，本质上是要用价格机制替代行政命令并在资源配置中起决定性作用。在漫长的市场取向的改革过程中，大国中行政性分权与经济性统一并存，必将产生市场分割问题，形成"行政区经济"的格局。因此，如果不以国内统一市场建设为目标，重点解决行政区经济运行的摩擦问题，资源配置机制就不可能得到优化，社会主义市场经济就不可能建立。从历史逻辑看统一大市场的形成，还有一个重要的视角，那就是经济转型时期政府长期采取的赶超战略的影响。

（三）现实逻辑

全国统一市场之所以会成为构建新发展格局的基础支撑和内在要求，是因为当前从客场全球化转向主场全球化，凸显了对内开放的重要性，对内开放的紧迫性一点也不亚于对外开放。过去对外开放更多地关注于国际贸易，忽略了国内市场的规模经济效应。有时，国内市场发育不良反而会成为刺激出口的工具，这加

---

① 孙耀川. 国内统一市场研究 [M]. 沈阳：辽宁大学出版社，1996：5-6.

剧了国内市场分割。只有加大对内开放力度，建设全国统一市场，才能把握好未来的发展主动权，畅通国内经济大循环，实现产业高水平的自立自强，实行高水平对外开放。在推进中国式现代化的征程中，我们要以统一大市场配置资源、推动增长、激励创新、优化分工、促进竞争。①

■ 本章小结

市场有多种相互联系的含义：①指商品交换的场所和领域；②指商品销售的范围与规模，以及是否有购买力的需求等；③指商品生产者和消费者之间各种经济关系的汇合和总和；④指经济运行的一种调节机制或方式；⑤概括起来，市场就是指一切商品或劳务交换的场所和交换关系的总和。市场有广义和狭义之分。狭义市场是指有形市场，即商品交换的场所。广义市场包括有形市场和无形市场。所谓无形市场，是指没有固定的交易场所，靠广告、中间商以及其他交易形式寻找货源或买主，沟通买卖双方，促进成交。

市场作为商品交换的载体，联系着各个市场主体，是生产、交换、分配和消费的重要纽带，是实现生产、分配、交换和消费的重要条件。市场具有社会产品最终实现和再生产正常循环的功能，资源配置功能以及信息传导功能。但与此同时，市场也有其局限性，包括市场机制在配置资源过程中所出现的经济波动以及按市场分配原则而导致的收入分配不公平现象，单纯的市场调节无法给予社会公共产品，容易导致外部不经济。

市场上一切贸易的交易活动都必须遵循客观起作用的经济规律，特别是商品经济的规律。在经济规律中，最根本的是时间节约规律。在生产社会化的条件下，时间节约规律必然要体现为按比例规律。在商品经济条件下，时间节约规律体现为价值规律、供求规律和竞争规律。价值规律是与社会必要劳动相对立的生产者和经营者利益的规律，它作用于整个商品经济；供求规律是市场上作为集团力量存在的卖方和买方利益的规律，它调节着整个流通领域；竞争规律是生产者、消费者和经营者在市场上作为卖者和买者相对立的个别利益的规律，它作用于市场却又不断地把作用力传导到经济体的生产或经营的内部。

市场经济就是以市场为基础来配置社会经济资源的经济方式，这种方式的实质就是以市场运行为中心来架构经济流程，通过市场机制的作用进行资源配置和生产力布局，用价格信号来调节社会生产的种类和数量以协调供需关系，按照优胜劣汰的竞争机制来进行社会资源的分配，从而实现经济的均衡、稳定发展。

---

① 刘志彪．全国统一大市场［J］．经济研究，2022（5）：13-22．

市场空间是指市场因素在地域上的分布和关联状态，市场空间也称市场的地域结构。市场空间存在着差异，这些差异引申出市场空间（地区）之间贸易的必然性。市场空间差异大致有三类：固定差异、位势差异和趋势差异。这些差异会在交互作用中体现为市场空间条件上的差异，形成地区分工，形成市场的特点以及市场之间贸易往来的规模、结构和特点。

国内统一市场，指在社会分工和市场经济高度发展的基础上，适应市场经济发展的客观要求，各个区域贸易空间融成的一个互相依存的有机统一体。国内统一市场的形成能够充分利用规模经济，发展社会大生产，扩大商品流通范围，促进区域商品流通平衡发展，同时有利于国家宏观调控。

■ 关键术语

市场；价格机制；供求机制；竞争机制；市场经济；国内统一市场

■ 本章思考题

1. 怎样理解市场，市场有哪些功能？
2. 市场的基本规律是什么？
3. 市场经济的基本要求有哪些？
4. 社会主义市场经济与资本主义市场经济有何异同？
5. 城乡市场的各自特点是什么？
6. 制约地区贸易往来的因素有哪些？
7. 国内统一市场有哪些功能？
8. 统一市场的形成应具备哪些条件？应如何促进我国统一市场的建设？

第六章 贸易方式

第一节 买断与代理

一、买断

（一）买断的定义

买断是指经销商通过同制造商签订买断经营合同，由经销商用现款现货的交易方式向制造商一次性买下某种商品在某地区市场某个时期的独家经营权。买断是包括批发商在内的商家寻求拓展利润空间的新的经营模式，其实质是商家通过买断的形式，以较大的商业风险换取某一制造商的某种商品一定时期的垄断经销权。

买断经营在我国传统的三级批发、一级零售的流通体制下曾广泛存在。当时不允许生产企业自销，一级批发商就是最大的"买家"。国内在计划经济时期实行的由国家指定流通机构"统购包销"，也属于某种程度上的买断。但是，现在的买断与过去的"统购包销"还是有着实质性的区别。①

从实质上讲，买断经营反映了工商企业按照各自的市场分工所建立的风险共担、利益共享、完全平等的合作关系。买断经营是商业零售企业在从生产企业购进合格商品时，采取现款结算的付款方式。它要求零售企业进货以后，自主销售，如果商品卖不出去，不能退还给生产企业，只能内部自行消化。同时要求生产企业适当降低供货价格，保证产品质量并能及时供货。买断经营对零售企业和生产企业对等要求，尊重市场经济规律，充分体现了双方利益。

---

① 徐从才．贸易经济学［M］．北京：中国人民大学出版社，2015：176-177.

（二）买断经营的条件

买断经营的条件：第一，商家有健全的销售网络和信息处理能力，厂家对市场动态把握较准。第二，厂家对市场有快速的反应能力。厂家能根据经销商提供的需求信息及时调整生产，对产品具有持续创新能力；在技术开发、设计上有足够的储备；能适应生产周期缩短、生产节拍加快的要求，在生产线上同时进行多品种混合生产。

（三）买断经营的优势与劣势

1. 买断经营的优势

对于制造商而言，实施买断经营的优势：第一，减少制造商的经营风险。在该种交易方式下，制造商对商家实行一手交钱、一手交货，钱货两清，不再有商家对供货厂家的货款拖欠，从而大大减少了工业企业流动资金被占压、周转不灵的情况，也避免了经营上的风险及商家对工业利润的侵占。这是买断经营给制造商带来的最大实际利益。第二，节约制造商的交易成本，有利于其进行技术创新。买断这种贸易方式可极大地节约制造商销售费用及广告、促销费等的支出，省去制造商自行组建网络的一大笔开支。因为任何一家生产企业特别是中小企业，其财力总是有限的，用于构建销售网络就势必影响生产和技术创新方面的财力投入。这是许多纺织、服装及其他企业的"切肤之痛"。因此，买断可以使厂家更加集中精力于新产品的研制、设计、开发和生产，使专长和优势得以充分发挥，促进产品上等级和更新换代。第三，为制造商带来稳定的收益。通过与经销商的合作、磨合，逐步建立稳定的、长期的合作关系，充分借助经销商的渠道网络优势，将产品通过经销商的"买断"源源不断地输往市场，自己可获得稳定的收益。

对于经销商而言，买断经营的积极作用在于：第一，以"买断"这种对制造商极为有利的形式向制造商争取到最优惠的条件。通常情况下，经销商"买断"厂家产品的价格要低于出厂价，仅略高于成本价。制造商在此种形式中属"无风险经营"，是最大的受益者，愿意以低于出厂价的优惠价位供货。这样可使经销商在经营上具有持久的价格优势，增加其商战的竞争实力。第二，实行买断经营的经销商，易于取得供货商的合作与支持。经销商实行买断经营，是主动接受市场选择，尊重供货方的利益，因而较易与供货商建立长期稳定的信用关系，从而得到供货商的良好合作与支持。合作越好，支持越大，经销商的竞争力就越强。同时，可以充分利用经销商的销售渠道网络优势与供货厂家建立稳定的、深层的合作关系，使货源得到充分保证，增加本商场经营商品的容量及对顾客的吸引力。第三，能够提高经销商的市场地位和声誉。"买断"可减少中间环节和费用，规范交易秩序，从根本上杜绝假冒伪劣商品，为经销商赢得信誉。

对于整个社会而言，一方面，买断经营可有效解决工商利益矛盾。买断经营根据工商企业的市场分工，建立起正常合理、风险共担、利益共享的合作关系，有效解决了工商企业间风险不一致的矛盾。另一方面，买断经营重塑商业信用。商业信用是在商业活动中产生和发展的，其形式有：以赊销、分期交付货款等方式由卖方提供信用，以预付定金、分期预付货款等方式由买方来提供信用。买断经营采取现款结算的方式，从根本上杜绝了互相拖欠货款的发生，有助于商业信用的重塑。

2. 买断经营的劣势

买断经营对于经销商来说在获得利益的同时也具有很大的风险，其不利之处是：第一，经营风险高，不允许退货和换货，增加了商业风险。如果买断的商品品牌价值不高，缺乏足够的吸引力，或者所选择买断的商品品种、型号货不对路，造成积压，经销商将付出惨重的代价。第二，资金成本较高。实施买断经营需经销商支付货款，成为商品的所有者，这样就使一部分社会资本在流通领域被长期占用，提高了资金的使用成本。另外，对于制造商来说，实施买断经营也可能会有不利之处。主要是如果经销商销售能力有限，则制造商的商品在这一地区市场的占有率将很低；如果造成积压，经销商最终贱价抛货，还会有损制造商的企业形象。

（四）实施买断经营需要注意的问题

1. 慎重选择买断经营的对象

关于对买断经营对象的选择，一方面，所选择买断经营的对象，应该是品牌知名度高、社会形象和信誉佳、有较高的市场发展潜力的企业。另一方面，所选择买断经营的商品应具备以下特点：第一，在品种和类别上应着重选择消费量大、消费者要不断重复购买，因而需求弹性小、确定性高的商品，如食品、副食品、洗涤用品及日用百货等。对纺织、服装类商品的买断可在品牌商品中进行，也可含少量尚未知名但在款式、面料、工艺上真正具有优势的产品。第二，季节性商品不要采取买断经营。因为季节一过，积压和库存商品给经销商造成的损失将是巨大的。第三，宜选择处在成长期和成熟期的产品进行买断。对处在投入期的产品应慎选，对处在衰退期的产品也不宜"买断"。

2. 做好深入的市场调查

通过调查，了解市场动态和消费需求的发展趋势，掌握所欲买断的商品在本地区市场的需求量、主要目标顾客、市场分布状况、可接受价格、购买习惯、消费季节等情况，还有同类型竞争产品的状况，包括主要竞争产品的品牌分布及市场占有率、价格、成本、售后服务等。只有对这些情况心中有数，才能做出有利的经营决策，并在买断后提高销售的针对性，实现顺利销售。

3. 做好买断商品的保本保利期测算

经销商之所以愿意冒着风险买断商品，就是因为能获得很大的价格优惠，拓展盈利空间，但利润空间毕竟不等于现实利润。经销商从买断经营中获得可观利益的前提条件是必须在买断后尽可能短的时间内将商品销售出去。随着商品积压的时间延长，企业需要付出保管费和利息损失等，还有商品有形损耗和贬值，这些因素都势必影响企业盈利。因此，经销商需要做好买断商品的保本保利期测算，做好销售促进和管理控制工作，努力在保本期内将买断商品销售出去。销售越快，企业的盈利就越高。

4. 正确分析企业的销售能力

企业的销售能力直接决定了买断经营的商品能否实现预期的盈利。在实际中，有的企业片面地为买断经营的优惠价格所吸引，或者过于乐观地分析市场形势，或过高地估计企业的销售能力，不经深入的市场调查和盈利测算，大量地吃进买断商品，结果使得预期利益大打折扣。经销商只有正确分析企业的销售能力，量力而行，选准商品，批量买断适当，才能顺利实现销售。

二、代理

（一）代理的定义、特征及功能

1. 代理的定义

代理是指代理人按照本人的授权，代表本人与第三人订立合同或实施其他法律行为，而由本人直接享有由此而产生的权利与承担相应的义务，它是许多国家进出口业务中常用的方法。[①] 在商品流通领域中，代理作为一种商品流通方式，又称商业代理制，是指流通企业通过契约形式与生产企业订立代理协议，取得商品的销售权，厂家向商家支付佣金的一种稳定的贸易方式。从商品流通体系来看，代理也是一种流通方式，是由商流、物流和信息流共同组成的商品流通系统，它以商务代理为主线，通过优质的服务、低廉的费用、最短的时间和高效的供销完成商品流通。[②]

2. 代理的特征

（1）在通常情况下，代理最主要的特征是代理人以被代理人的名义进行活动，他的行为直接对被代理人产生法律后果，直接由被代理人负担所产生的权利和义务。而在商务代理中，代理人可以以被代理人的名义活动，也可以以自己的名义活动。当代理人以自己的名义活动时，他的行为会间接对被代理人产生法律

---

① 李左东. 国际贸易理论、政策与实务（第二版）［M］. 北京：高等教育出版社，2006：390.
② 徐从才. 贸易经济学［M］. 北京：中国人民大学出版社，2015：179.

后果。

（2）代理商具有法人的地位，是独立经营的商业组织，与制造商或厂商有较长期且固定的关系。代理商与制造商是平等互惠的贸易伙伴关系，而不是母公司与子公司、孙公司，总公司与分公司的关系，更不存在隶属关系。代理商与制造商或厂商之间联系的纽带是具有法律效力的经济合同或契约。所以，他们之间的关系只是法律意义上的契约关系。如果一方为了一时的利益，随意中断代理关系，是不允许的，更是不受欢迎的。因此，在制造商或厂商与代理商之间保持长期固定关系，以良好的商业信誉保持业务往来是非常必要的。

（3）必须受制造商或厂商的委托，即被代理人必须是制造商或厂商，代理商开展业务只是在被代理人委托下进行的。换言之，代理商必须以制造商或厂商的名义进行活动。因此，代理商不是独立的经销商。

（4）代理商所从事的业务总是在一定的处所或一定的区域范围内进行，即代理商的权利有一定的空间范围。

（5）代理商的活动范围一般不能超出商务活动的范围。代理商代理委托方可以进行如销售代理、采购代理、运输代理、广告代理等商务活动，但诸如诉讼代理就不在商务代理之列。

（6）代理商在指定的销售区域内只能销售其代理的商品，而不能再销售其他有竞争性的商品。例如，经营洗衣粉的代理商不能再经营肥皂等。但是，代理商仍可自由经营或再代理与其代理的制造商没有竞争关系的其他相关商品。

（7）代理商也是一种居间性质的商业，亦是居间商的一种。它具有居间商的共同特征，即自身不拥有商品所有权。所以，代理商对它所代理销售或采购的商品一般不具有法律上的所有权。代理商只是作为制造商或厂商的代理人去执行业务，不能对所代理销售或采购的商品进行业务之外的活动，例如，加工、包装、储存、拆散、分装等。

（8）代理商必须严格执行制造商的商品定价。一般而言，制造商为了开拓新市场，保有现有市场，提高商品竞争力，对其商品有一个科学的又较合理的定价，即对其商品定一个最高销售价，或者按最高销售价定一个指导价。那种完全由销售商定价的情况并不多见。因此，对代理商而言，严格执行制造商的定价，这是代理的一项重要原则。所以，代理商不能随行就市，或者任意浮动价格，这亦是代理商之大忌。

（9）委托商必须向代理商支付报酬。商务代理不是无酬的无偿代理。代理商应当有报酬的请求权。代理商按销售额或采购额的固定百分比提取佣金。一般情况下，代理商不用承担市场风险，其条件是必须严格执行制造商的定价，而在销售过程中发生的费用则要自理。但在某些情况下，如制造商想在该区域打开商品销路，委托代理商进行一些商品促销活动，如进行广告宣传等，这部分费用一般需要制造商承担。[①]

3. 商业代理制的功能

（1）开拓市场功能。实行代理制，生产企业可以充分利用流通企业的销售渠道和促销能力，流通企业则可以使自己的经营建立在生产企业的产品和价格优势上，从而形成生产企业与流通企业最佳的营销策略要素组合，开拓新市场，提高市场占有率。

（2）分担风险功能。一方面，代理制中的市场风险由生产企业和流通企业共同承担，即生产企业承担生产费用风险，代理商承担流通费用风险，而不像自销或买断那样生产和销售费用风险由生产企业或流通企业独家承担；另一方面，代理制中生产企业按合同生产，流通企业不需要进货，从而消除了盲目生产及盲目进货造成的风险。此外，商品可以以最便捷、最安全的方式由生产企业转到用户手中，从而减少运输风险及储存风险。

（3）降低费用的功能。相比于生产企业自销，代理制的降低费用功能表现在：当市场销售小于一定的规模时，采用代理制较为经济合理。相比于流通企业的买断，代理制降低费用的功能在于节约商品的购进资金。至于代理制中的商品的直达运输及减少库存则会降低生产企业或流通企业的销售费。

（4）强化服务的功能。在对用户的销售服务能力上，生产企业自销机构要大于代理商，而代理商又大于买断下的流通企业。实际上，生产企业选择代理商的重要标准之一就是代理商的服务能力。

（5）平抑价格的功能。有些商品由于供求关系的剧烈变化而形成价格的强烈波动。供求关系以及价格的剧烈变动，不仅干扰了国民经济的正常运行，而且也使得工商关系恶化并形成恶性循环。在这种情况下，实行代理制，协调工商关系，使得工商双方可以联手平抑物价，不仅对于生产企业和流通企业，而且对于整个宏观经济有秩序地运行均具有重要作用。

（二）代理的形式

由于商业代理的复杂性和形式的多样性，它可以因不同的划分方法而表现为多种形式。

1. 根据委托人授权的大小或代理商的代理权限划分

（1）总代理。总代理是委托人在指定地区的全权代表，不仅有专营权，还可以代表委托人从事签订合同、处理货物等商务活动，而且还有权代表委托人从事一些非商业活动。这是权限最大的享有专营权的代理。其报酬不仅包括代理佣

---

① 曹厚昌. 商务代理指导［M］. 北京：人民日报出版社，1996：65—67.

金，而且包括另外商定的利润分成。

（2）独家代理。独家代理是指在约定的地区和一定时期内，享有某种或某些指定商品的专营权的代理。在协定的有效期内，所代理的商品在该地区只能通过该"独家代理"经营。其权限和活动范围小于总代理，但仍享有专营权。只要在约定地区和代理期限内做成代理商品的交易，除双方另有约定外，无论是代理人促成的、还是委托人越过代理人同他人成交的，代理人都享有提取佣金的权力。

（3）一般代理。一般代理又称佣金代理，代理人只为委托人招揽客户，而由委托人与用户直接签订合同，或由代理商根据委托人规定的条件与用户洽谈成交，代理商在成交后提取佣金。这种方式代理人不享有专营权，委托人可以在同一市场上同时建立多家代理关系，也可以超越代理人直接进行销售。

2. 根据代理商代理的对象划分

（1）生产代理。所谓生产代理是指专门经营某一类产品或与其互补产品的代理商。生产代理商，一般代表两个或若干个生产企业进行销售活动。生产代理商多为某一种或某方面的专家，并在该产品领域有着广泛的关系，了解每个生产企业的产品种类、规格以及生产流程和特点。因而在接受委托后，可以根据其业务范围广泛、业务渠道多的优势来为生产企业的产品寻找销路。

（2）销售代理。所谓销售代理亦称为卖方代理，是根据合同销售某一生产企业全部产品，并为生产企业提供更多的服务。销售代理商可以经常派人参观国内外各种展览会，进行市场调查和收集各种市场情报资料，供生产企业参考。销售代理商通常起到企业销售部门的作用，能够代替卖方就产品价格、合同条款以及销售条件等与买方谈判、签约，其业务一般存在于工业机械设备、煤和焦炭、化工和金属以及纺织等行业。

（3）采购代理。所谓采购代理亦称买方代理，指与买方有长期业务往来关系，代其进行采购，并可以代替买方就其产品的购买与卖方达成协议，代替买方负责收货、检验、储存和运输等商务活动。采购代理商大都对市场行情比较了解，并能向客户提供市场信息，还能够代替买方以合理的价格购买高品质商品。因此，采购代理商在很大程度上起到了厂商供应部门的作用，对购买价格和交易条件等有着较大的影响力。

（4）售后服务代理。专门代理某一类产品（如家电、汽车、数码产品等）的售后服务、维修等业务。

3. 根据代理商代理的流通环节划分

（1）批发代理。指为购销双方充当商品批发交易中介的代理商。批发代理商一般作为总代理，多存在于大批量的通用性的市场环境中。

（2）零售代理。指本身以从事商品零售为主的代理商。零售代理商一般是小公司或专业性很强的公司，大多为一般代理。①

4. 根据代理的业务性质及内容划分

（1）制造业代理商。制造业代理商为工厂销售商品。因为制造业生产的商品不可能都自销，而要广泛地找代理商。其中普遍有直销代理商，直销化妆品、保健食品、药品和日用品为多。

（2）销售代理商。销售代理商为委托人推销商品，具有明显的独立性和灵活性。为了实现销售的目的，要代委托人推行市场营销的全部职能，实际上成为委托人在某市场的营销经理或销售机构。

（3）进出口代理商。进出口代理商为企业扩大出口，占领国外市场。获得进出口代理商资格后，订立进出口代理合同或协议，在一定时期内，按商定价格，在一定地区内销售，成为委托人的一个分部，并按销售额的一定比例计取佣金。

（4）其他代理商

除上述外的其他代理商，包括农产品代理、寄售代理、代储、代运、代管、代付等的代理商。随着市场经济的发展需要和社会分工的过细过多，商品流通领域的多种代理商将不断出现，不断发展。

5. 根据代理商与厂家的业务关系划分

（1）佣金代理。佣金代理是指代理商的收入主要是佣金收入，代理商的价格决策权受到一定限制。佣金代理又可分为两类：第一，代理关系的佣金代理，这是法律意义上纯粹的代理关系。销售代理商仅为国外厂商在当地推销其产品，并在厂商授权下，以厂商的名义与当地签订买卖合约。产品的价格完全由厂家指定，代理商销售产品后，向厂家索取佣金作为报酬。在交易过程中，代理商不以自己的名义进货，即不从厂商购买产品，只是起媒介作用。第二，买卖关系的佣金代理。代理商根据厂商制定的价格范围（有一个上下浮动率），加上自己的佣金费作为产品售价，向顾客推销产品，与客户签订好买卖合同后，该代理商向厂家订货，并以自己的名义进口代理产品。由于买卖关系的佣金代理商是以自己的名义进口货物的，因此他与厂家的关系实际上已是买卖关系，而非代理关系。

（2）买断代理。买断代理商与厂家是一种完全的"买断"关系。先自己出钱向厂家进货再销售。对产品的销售价格拥有完全决定权，其收入来自买卖的差价，而不是佣金。从严格的法律意义上来说，买断代理商不是真正意义上的代理商。除此之外，代理可按照代理商的组织形式划分，有公司代理商、信托机构、

---

① 徐从才. 贸易经济学［M］. 北京：中国人民大学出版社，2015：180.

经纪人、销售代表等形式。

（三）代理的实施条件

1. 信用关系和平均利润率的形成是支撑代理制的两大基石

代理制的实质是生产企业和代理商相互提供信用，生产企业预付生产资本从事商品生产活动，且把商品销售任务交给代理商。代理商则垫付流通费用，为生产企业寻找客户。生产企业生产出的商品，流通企业是否给予销售和销售货款能否及时回收是建立在代理商信用基础上；而流通企业按既定的价格代表生产企业签订销售合同并从中提取佣金，能否得到生产企业的信任是建立在生产者信用基础上，离开信用关系，代理制不可能实行。平均利润率是工商关系保持稳定的基础。如果是卖方市场，产品供不应求，作为独立利益主体的生产企业，并不需要代理企业的合作，而是自建销售机构垄断产品的销售，以获得高额利润。而在买方市场条件下，无论是生产企业还是流通企业都难以独占市场，只有结成稳定的合作关系以平均利润率确定双方的分配关系。

2. 完善的市场体系及配套的法律制度是代理制健康运行的条件

（1）自主经营的企业制度。自主经营的企业制度要求企业成为真正自主经营、自负盈亏、自我约束、自我发展的法人实体，唯有如此，企业才能为了长远利益，维护稳定的工商关系，保证自己的信用不受损害。

（2）自愿让渡的流通体制。代理关系的产生是工商双方在自愿的基础上相互选择的结果。因此推行代理制必须体现自愿原则，这种原则一方面克服政府包办行为，另一方面要排斥各种权力主体对流通的介入。

（3）公平竞争的体制。商业代理制的形成和发展离不开充分有效的市场竞争，它要求消除不平等的歧视性政策，打破部分地区垄断，消除各种体制上的不平等。

（4）完善的法律保障体系。稳定的代理关系靠合同等契约来维持，而信用是形成契约的前提，因而要有完整的法律体系来规范企业信用和维护契约的稳定。

（四）实施商业代理的意义

1. 有利于实现风险共担

（1）价格风险共担。由于代理制锁定了价格，工商双方不能随意调价，双方只能是面对最终消费者所接受价格的变动来协调价格，共担价格下降的损失，或共享价格上升的收益。

（2）结算风险共担。代理商接到生产者的货单后，要在规定的时间内回笼货款，不能回笼的部分由代理商买断。代理期间的风险由生产者承担，买断后的风险由代理商承担。另外，实力雄厚的代理商一般有银行提供的信用保证，实行银行承兑票据结算，这样最终形成了工商、银行三方共担风险的局面，并可使流通企业节省经营资金，提高资金使用效率。

（3）库存风险共担。代理商对生产压库滞销的商品，一般会极力推销，并适量买断，以减轻生产者的库存风险损失，这主要是为照顾已有的合作关系，并为今后的合作打下诚信基础。此外，代理商可以和生产者一起精心组织商品的运输，实现商品由厂家直达用户，减少企业库存和社会库存，减少商品运输的盲目性，降低库存风险。

2. 有利于实现利益共享

在传统的买断式经销方式下，流通部门的利润取决于购销差价，商业企业通过压低购入价格，提高销价来获取高利润，工商矛盾影响了社会平均利润率的形成，造成了工商利益的不公平分配。如果推行代理制，产品的最终售价及可浮动上下限由生产者和代理商商定，代理商在推销商品时必须严格执行协定，生产者在代理期间不能随意调价以致影响代理商的推销。这种由双方协商产品售价，根据平均利润率提成的形式体现了利益分配的公平合理。

3. 有利于提高生产流通效率

实施代理制，可以形成稳定的产销关系，生产企业可以借助代理商的销售网，及时了解市场需求变化，组织生产，提高企业管理水平，调整产品结构，降低生产成本，提高产品质量和生产效率。对代理商而言，由于货源稳定，代理商可以集中精力开拓市场，紧盯客户，将市场变化的信息及时反馈给生产企业，通过优质服务，先进的设施，低廉的费用和较少的流通环节，高效率地完成商品流通任务，提高资金使用效率。生产和流通企业在自愿的基础上，结成长期、稳定的合作关系，同时提高了生产和流通的效率，形成了社会化大生产要求的合理分工。

4. 有利于培育良好的商业道德和信用关系

实行代理制是一个相互选择和优胜劣汰的过程，流通企业只有具备人才、资金、设备、市场优势，具有较高的信誉，才有可能被生产者选为代理商；而生产企业只有生产适销对路、具有竞争力的产品，流通企业才会为其代理。正是因为产销双方彼此要求严格，从而促使双方都不断提高自身管理水平和经营实力。为此，企业一方面要进行经营方式的转变，由粗放经营向集约经营转变；另一方面要进行内部联合，向规模化、集团化方向发展。由于工商双方关系建立在长远合作的基础上，有利于建立良好的商业信用关系。

三、买断与代理的主要区别

买断与代理的主要区别主要有两方面：

1. 商品所有权的有无

实行代理制的代理商没有商品所有权，只代理被代理者去组织物资流通即商品交易，买断经销者则拥有绝对的所有权，通过自身的买进卖出赚取经营利润。代理制只是代购代销，不需要代理商自身买卖商品，商品所有权是通过代理人的协调组织，直接由卖主过渡到买主的，代理商本身不发生独立的购销业务，也不承担市场风险，而买断经销因有商品所有权的转移，因此要由经销者承担市场风险。

2. 经营自主权的大小

代理商在指定的销售区域内只能销售其代理的商品，一般不能再销售其他有竞争性的商品。比如，销售洗衣粉的代理商不能再销售肥皂等。买断经销者则不受此约束，可以经销批发同种同类不同品牌的产品。代理商要严格执行制造商规定的商品价格，按销售额或采购额的固定比例提取佣金。买断经销一般不受制造商的价格约束，其经济效益由自己的经销状况决定。[①]

第二节　现货贸易、远期合同贸易和期货贸易

一、现货贸易

(一) 现货贸易的概念

现货贸易是一种随同商品所有权转移的同时完成商品实体的交换与流通的交易方式，是一种最古老的，也是最常见的交易方式。[②] 现货贸易是批发买卖双方成交后，立即钱货两讫，即拥有商品准备立即交割的卖者和想立即得到商品的买者，根据双方商定的条件，采取的即时或在极短时期内履行交易契约，进行钱货授受行为的一种交易方式。[③]

现货交易简便灵活，只要买卖双方相互协商同意，就可以任何形式、在任何地点成交。交割后，卖方取得货币，买方得到商品，没有未决的遗留事项。因此，现货交易一般适用于生产和消费没有明显季节性的商品，如工业品的生产在一定厂房和机器设备条件下进行，受自然条件影响较小，并且生产周期短而均

① 徐从才. 贸易经济学 [M]. 北京：中国人民大学出版社，2015：183.

② 柳思维，刘天祥. 贸易经济学 [M]. 长沙：湖南师范大学出版社，1998：202.

③ 柳思维，刘天祥. 贸易经济学 [M]. 长沙：湖南师范大学出版社，1998：212-213.

衡，便于现货交易；易腐烂、易损等不易保存的商品；购买批量小、频率高的商品，如日用工业品、食品等商品采用现货交易更经济合理，也便于消费者消费；市场风险小，经济利益比较容易处理的商品，如价格波动小的加工制成品多适用于现货交易；品种、花色、规格较多，交易内容单一，手续简单的商品。如零售业出售的商品宜于采用现货交易，这不仅便利消费，经济合理，而且也有利于提高商店的信誉。现货交易是钱货两讫行为，从我国目前的情况来看，主要有柜台售货、自动售货、样品售货、预约售货、流动售货、展销售货、拍卖售货等具体形式。①

（二）现货贸易的特点

在现货贸易中，随着商品所有权转移的同时完成商品实体的交换与流通。因此，现货贸易是商品运行的直接表现方式，它具有以下特点：

1. 存在的时间最长

现货贸易是一种最古老的交易方式，同时也是一种常见的交易方式。自从人类产生商品交换以来，现货贸易就随之出现。最初出现的物物交换就是一种最早的现货贸易方式。随着商品经济的发展，商品交换的广度和深度不断扩大，现货贸易的具体做法也不断增多。从最初的物物交换，发展到后来普遍的零售贸易、批发贸易、代理贸易、现金贸易等，都包含着现货贸易的含义。

2. 覆盖的范围最广

由于现货贸易不受贸易对象、贸易时间、贸易空间等方面限制，因此它又是一种运用最为广泛的贸易交易方式。任何商品和劳务的交易都可以通过现货贸易来完成，人们在任何时候、任何地点都可以通过现货贸易来获得自己所需要的商品和服务。在经济生活中，人们接触最多的就是"一手钱，一手货"的现货贸易。

3. 交易的随机性最大

由于现货贸易没有其他特殊的限制，交易灵活方便，因此，交易的随机性很大。

4. 交收的时间最短

现货贸易通常是"一手钱，一手货"的买卖，即时成交，或者在很短的时间内进行商品的交收活动。即使是信用交易，如赊销，虽然卖主可以隔几个月时间才能收到货款，但作为买主，他早已得到了商品实物，因此，它也属于现货贸易范畴，而不是远期合同贸易或期货贸易。

---

① 谷克鉴. 贸易经济学 ［M］. 北京：中国经济出版社，1994：176.

5. 成交的价格信号短促

买卖双方成交的价格只反映当时的市场情况，而不能代表未来市场的变动情况，因而现货价格不具有指导生产与经营的导向作用。如果生产者或经营者以现货价格安排未来的生产与经营活动，往往会担负着很大的价格风险。

（三）现货贸易的功能

（1）满足消费者需要的直接手段。现货贸易是人们接触最多的一种交易方式，消费者获得自己生活消费和生产消费所需要的各种商品，主要是直接通过多种形式的现货贸易尤其是零售形式的现货贸易方式来达到的。所以，现货贸易具有强大的生命力，从产生至今，延续了数千年，仍是普遍存在的一种交易方式。

（2）远期合同贸易与期货贸易产生与发展的基础。从时间上来看，远期合同贸易与期货贸易的历史都比现货贸易的历史要短得多，尤其是期货贸易的历史更短，只有上百年的时间。之所以如此，是因为远期合同贸易与期货贸易都是在现货贸易发展到一定程度的基础上和社会经济发展到一定阶段产生客观需要时，才形成和发展起来的。因此，没有一定规模的现货贸易，也不可能产生期货贸易。企图超越现货贸易的基础而去一味地追求发展远期合同贸易与期货贸易也是不现实的。

现货贸易是钱货两讫行为，从我国目前的情况来看，主要有柜台售货、自动售货、样品售货、预约售货、流动售货、展销售货、拍卖售货等具体形式。此外，城市集市贸易中的交易以及农民出售农副产品的交易等均是现货贸易。①

二、远期合同贸易

（一）远期合同贸易的概念

远期合同贸易是供需双方采取签订交易合同的形式，共同约定交割日期、交割地点、交割数量和交割时进行结算的价格，到期双方按合同规定的价格结算货款、交付货物的一种交易方式。

这种带有期货贸易性质的远期合同贸易，是随着社会化大生产和商品经济的快速发展而在现货贸易的基础上产生的。早在公元前的希腊和罗马就已存在了，在农产品收获前，城市商人往往先向农民预购农产品，等到收割后，农民才将产品交付。这是最原始的远期合同贸易。1570 年，英国伦敦开设第一家交易所，从事先签合同后交割的远期合同贸易。

（二）远期合同贸易的特点

远期合同贸易一般是买卖双方的直接贸易，大多采取直接谈判的方式，交易

---

① 柳思维，刘天祥. 贸易经济学 ［M］. 长沙：湖南师范大学出版社，1998：213-214.

地点不固定，由双方协定。远期合同贸易的内容和形式不规范，每笔业务需就合同条款进行具体磋商或公证，手续烦琐。远期合同贸易中的商品数量和质量各不相同，要求签约者具备相当广泛的商品学知识，并熟悉每一种商品不同质量等级的划分和质量差价。远期合同贸易对交易者的信用调查十分重视，在某些情况下，远期合同的履行没有切实的保障。远期合同贸易的价格是单一的，是买卖双方根据各自对将来履约时市场供求状况的预测，经过讨价还价后确定的，很难做到公平合理。

（三）远期合同贸易的功能

1. 稳定供求双方之间的产销关系

买卖双方之间签订远期交易合同，这是一种预买预卖的合同。对于供给者来说，它可以预先将商品卖出去，从而能够预知商品的销路和价格。对于需求者来说，它可以预先订购商品，从而能够预知商品的来源与成本，可以据此筹措资金、筹划运输、储存等工作，甚至在预买的基础上又可以安排预卖，使各环节有机地衔接起来。远期合同贸易对买卖双方之间有如此之便，因此，能够稳定双方之间的供需关系。远期合同贸易主要在生产者与加工者或商业经营者之间进行，因而这种稳定的供需关系主要表现为稳定的产销关系。

2. 在一定程度上减少市场风险

采取远期合同贸易，由于产品销路或货源以及出售或购买价格都已得到落实，并能得到部分预购定金，因而有利于减少商品生产者与经营者的市场风险，有利于生产与经营的稳定和扩大，故这种交易方式在批发业、制造业和少数零售业中广泛存在。但由于远期合同不能流通、价格难以公平合理等，远期合同贸易还不能真正解决市场波动问题和适应商品生产经营者将市场风险减少到最低限度的要求。为了开拓一个更为广泛的市场领域，更好地组织大宗初级产品的集中生产和流通，一些商人便通过同业公会等形式把期货贸易集中组织起来，创立了期货市场。①

（四）远期合同贸易与现货贸易的区别

第一，远期合同贸易从交易双方达成交易到实物商品交收，通常有一段较长的时间。现货贸易则是在很短时间内达成，实行即时交收。

第二，远期合同贸易一般要通过正式的磋商、谈判，双方达成一致，签订合同之后才算成立。现货贸易则随机性大，方便灵活，没有严格的交易程序。

第三，远期合同贸易通常要求在规定的场所进行，交易双方要受到第三方的监控，以便使交易处于公开、公正与公平的状态。而现货贸易不受过多的限制，

---

① 柳思维，刘天祥. 贸易经济学 ［M］. 长沙：湖南师范大学出版社，1998：214-216.

常出现一些非法行为，因此需要工商部门加强市场管理。[①]

三、期货贸易

(一) 期货贸易的概念

期货贸易是指为转移市场价格波动风险而对那些大批量均质商品先由经纪人在商品交易所内以公开竞争的形式进行期货合约买卖，然后在将来某一约定日期内实行交割的一种交易方式。期货贸易是现货贸易的延伸和发展，是在远期合同贸易的基础上发展起来的。[②]

期货交易是现货交易的对称，它是指交易双方对未来一定日期意欲买进或卖出的某种商品，经由特定的交易场所，以公开议价方式，达成远期交割合约的一种交易行为。在这里，商品是一个广义的概念，它可以指工农产品、矿产品、金属、食品及黄金等有形实物商品，也包括某些外汇、有价证券等无形的金融资产。在这种交易中，交易双方现时达成买卖协议，但并不是当场完成商品交换的整个过程，而是在未来一段时间之后，才履行具体的购买或销售，因此，这些商品被统称为期货。在实践中，期货按其形态特点，可分为商品期货和金融期货两大类（这里只讲商品期货）。与此相应地，在期货交易所订立的协议称为期货合约，而把进行期货交易的特定场所称为期货交易所，或商品交易所。所以，期货交易是指在期货交易所从事期货合约自由买卖的行为。

期货交易买卖的对象是期货合约，而非实物商品。一笔期货成交，是指买进若干个期货合约，或卖出若干个期货合约。期货合约是在商品交易所达成的规定在将来某一地点和时间交割某一特定商品的标准化合约。大部分的期货交易是通过对冲来结束的，交割实物商品的情形很少。合约的对冲又称平仓，是指期货交易者在合约到期前，通过一个相反的交易行为来了结先前所买进或卖出的合约。对冲之后，交易者就解除了到期交割实物的权利或义务，只需结算两次买卖的价差就结束了整个交易。对冲是期货市场中的基本制度，无论是套期保值还是投机者，都是通过对冲来实现自己的交易目的的。[③]

(二) 期货贸易的特点

1. 期货贸易必须在特定的场所进行

期货贸易是在由政府批准的按照一定程序设立的专门的交易所内进行的。期货交易所为期货交易者提供必要的交易设备和交易方便，同时也为期货交易制定

① 徐从才. 贸易经济学 [M]. 北京：中国人民大学出版社，2015：185-186.
② 柳思维，刘天祥. 贸易经济学 [M]. 长沙：湖南师范大学出版社，1998：216.
③ 王德民，陆成勋. 贸易经济学 [M]. 北京：中共中央党校出版社，1994：252-253.

严格的规则和程序。

2. 期货合同是内容相对稳定的合同

在期货合同中，商品品名、品质、规格、交易单位、交割时间均无须交易双方约定。在商品交易的全部要素中，期货合同只留有一条未决事项，那就是合同的价格。这使得期货交易变得方便和相对的简单。

3. 期货贸易通过公开竞价达成

期货交易的达成是由代表众多买方和卖方客户的场内经纪人通过公开竞价的方式达成的，这种交易方式显示出平等的竞争性和很高的市场透明度。

4. 期货贸易由特定的机构提供清算服务和履约担保

凡在期货交易所内按交易规则达成的期货交易（包括期货转现货的交易），均由交易所或指定的清算机构提供结算、清算服务和履约保证。即使交易一方宣布破产，这种担保也能得以执行。

5. 期货交易商品的种类有限

只有特定商品的特定品种、单位数量、交割时间、交割方式构成的期货合同，才能成为期货交易的商品。而在现货市场上，特别是即时现货交易市场上，商品品种的局限性几乎为零。①

（三）期货贸易的功能

1. 有利于防止商品实物市场的过度波动

现货市场与远期合同市场（统称为商品实物市场）的价格之所以会出现反复的波动，主要是由于商品生产者与经营者缺乏未来供求关系变化的明确信息指导，往往造成生产与经营上的盲目性。这种盲目性加剧了商品实物市场价格的波动，并易形成某种恶性循环。商品期货市场则不同，期货价格是众多的买者与卖者对未来某一时间的市场供求状况做出预测，经过公开竞价后确定的。因而，一方面它代表着众多交易者的意向，这样，期货价格往往具有代表性、真实性与权威性；另一方面由于它是对未来供求状况预测的结果，因而又具有预测性和导向性。因此，期货价格产生与传播出去以后，就为生产者与经营者提供了未来供求关系变化的明确的市场信号，从而可以减少生产与经营的盲目性，进而有利于防止实物市场商品价格的波动。

2. 有利于商流与物流的分离，节约社会商品流通费用支出

在商品实物市场中，买者与卖者都是围绕实体商品进行交易的，一般都有商品价格的转手和所有权的位移（以下简称物流），商流与物流紧密相联。如果商品流通渠道很长，转手次数或流通环节较多，相应地，运输、储存、保管等物流

---

① 易法海. 贸易经济学［M］. 北京：中国农业出版社，2002：106.

活动的开支就会增加。商品流通费用的加大，不利于商品流通的发展。而期货贸易在商品交收期到期之前，期货合约不管进行了多少次倒手，它仍只是商品流通过程中商品价格的转手，商品实体始终未动，直到期货合约最后一次转手后，才有商品实体的交收发生。因此，期货贸易实现了商流与物流的合理分离，减少了很多环节，从而相应地节省了社会商品的流通费用支出。

3. 有利于企业规避价格波动的风险

市场价格风险的客观存在，对各类企业来讲都是一种威胁。而期货贸易中的套期保值方法有利于企业避免这种风险。所谓套期保值，是指在期货市场中买进或卖出与现货市场数量相当但交易方向相反的期货合约，以期在未来某一时间通过卖出或买进同等数量的期货合约来补偿因现货市场价格变动所带来的实际价格风险。

4. 促进地区经济的发展

商品交易所本身的规划并不一定庞大，但期货市场的建立与营运，需要有发达的交通和通信网络；期货贸易需要银行参与，这又促进了地方金融业务的发展与扩大；期货贸易正常运行所需要的经纪公司、咨询公司、清算与保证公司的设立等，也会扩大其他商业活动，促进当地商业繁荣。

此外，期货贸易对提高企业经营管理水平与经济效益，促进社会经济的发展等都有很重要的作用。同时，期货贸易也由商品市场扩展到资本市场，各种金融期货，包括货币期权交易、利率期权交易、股价指数期权交易、黄金期货交易等。[①]

（四）期货交易的种类

根据交易者的目的，期货交易可以分为两类：一类是真正从事实物交易的人做的"套期保值"；另一类是将期货合同作为赌博的筹码，买进卖出，以赚取价格差额利润为目的的纯投机活动，称为"买空卖空"。

1. 套期保值

套期保值又称"海琴"，是指把期货市场当作转移价格风险的场所，将期货合约作为将来在现货市场上买卖商品的临时替代物，对其现在买进准备以后售出商品或对将来需要买进商品的价格进行保险的交易活动。套期保值的基本做法是：在现货市场和期货市场对同一种类的商品同时进行数量相等但方向相反的买卖活动，即在买进或卖出现货的同时，在期货市场上卖出或买进同等数量的期货。经过一段时间，当价格变动使现货买卖出现盈亏时，可由期货交易上的盈亏得到抵消或弥补，从而在"现"与"期"之间、近期和远期之间建立一种对冲

---

① 柳思维，刘天祥. 贸易经济学 ［M］. 长沙：湖南师范大学出版社，1998：219-220.

机制，以使价格风险降到最低。套期保值分为卖期保值和买期保值。

（1）卖期保值。卖期保值又称卖出套期保值、空头套期保值。它是指在期货市场出售期货，以期货市场上的空头来保证现货市场的多头，以规避价格下跌的风险。例如，一些手头持有实货的个人或企业，或丰收在望的农场主，或拥有大量库存的经销商，担心新货登场价格可能下跌而蒙受损失，便在期货市场卖出期货合同（假设期货与现货变化趋势相同，都看跌），以求达到保值的目的。

（2）买期保值。买期保值又称买入套期保值、多头套期保值。[①] 它是指当交易者的现货市场为空头头寸时，由于担心市场价格上涨，于是在期货市场上买入期货合约，在期货市场上持有多头头寸，来为其在现货市场上的空头头寸进行的保值。[②] 例如，一些将来需要持有某种实货商品的个人或企业，在购入将来交付的实际货物时，担心日后价格上涨而受到损失，因而在期货市场上买进期货合同（假设期货与现货变化趋势相同，都看涨），以达到保值的目的。

2. 投机交易

买空又称"多头"，是指投机者估计价格要跌，买进期货，一旦到期涨价，再卖出期货，从中赚取差价。卖空又称"空头"，是指投机者估计价格要跌，便先抛出期货合约，使自己处于空头部位，等价格下跌后再补进对冲，赚取差价。

（五）期货交易与现货交易的比较

1. 买卖的直接对象不同

现货交易买卖的直接对象是商品本身，有样品、有实物，看货定价；期货交易买卖的直接对象是期货合约，即买进或卖出多少手或多少张期货合约。

2. 交易的目的不同

现货交易是一手交钱、一手交货的交易，马上或在一定时期内进行实物交收和货款结算；期货交易的目的不是到期获得实物，而是通过套期保值规避价格风险或投机获利。

3. 交易方式不同

现货交易一般是一对一谈判签订合同，具体内容由双方商定，签订合同之后不能兑现，就要诉诸法律；期货交易是以公开、公平竞争的方式进行交易，一对一谈判交易（或称私下对冲）被视为违法。

4. 交易场所不同

现货交易一般分散进行，如粮油、日用工业品、生产资料等，都是由一些贸

---

① 雷姝燕，林欣华，袁振华 . 国际贸易实务 ［M］. 北京：北京理工大学出版社有限责任公司，2021：219.

② 尹纯 . 期货贸易概论 ［M］. 北京：企业管理出版社，1995：17.

易公司、生产厂商、消费厂家分散进行交易的，只有一些生鲜和个别农副产品以批发市场的形式来进行集中交易；期货交易必须在商品交易所内依照法规进行公开、集中交易。

5. 保障制度不同

现货交易有《民法典》等法律保护，合同不兑现即毁约时要用法律或仲裁的方式解决；期货交易除了国家的法律和行业、交易所规则之外，主要以保证金制度为保障，以保证到期兑现。

6. 商品范围不同

现货交易的品种是一切进入流通的商品；期货交易的品种是有限的，主要是农产品、石油、金属商品以及一些初级原材料和金融产品。

7. 结算方式不同

现货交易是货到款清，无论时间多长，都是一次或数次结清。期货交易由于实行保证金制度，必须每日结算盈亏，实行逐日盯市制度，结算价格是以成交价为依据计算的。[1]

（六）期货贸易与远期合同贸易的比较

第一，交易对象不同。期货贸易的对象是标准化合约，远期合同贸易的对象主要是实物商品。第二，功能作用不同。期货贸易的主要功能之一是发现价格，远期合同贸易中的合同缺乏流动性，所以不具备发现价格的功能。第三，履约方式不同。期货贸易有实物交割和对冲平仓两种履约方式，远期合同贸易最终的履约方式是实物交收。第四，信用风险不同。期货贸易实行每日无负债结算制度，信用风险很小，远期合同贸易从交易达成到最终实物交割有很长一段时间，此间市场会发生各种变化，任何不利于履约的行为都可能出现，信用风险很大。第五，保证金制度不同。期货贸易有特定的保证金制度，远期合同贸易是否收取或收多少保证金由交易双方私下商定。[2]

第三节　现代贸易方式的发展

随着电子技术的蓬勃发展，生产机械化向生产自动化发展，推动了社会生产方式由单品种大规模生产向多品种小批量生产转变，促进了与消费革命带来的多

---

① 雷姝燕，林欣华，袁振华. 国际贸易实务 [M]. 北京：北京理工大学出版社，2021：220-221.
② 徐从才. 贸易经济学 [M]. 北京：中国人民大学出版社，2015：188-189.

样性、个性化消费需求相适应的产销结合。同时，新技术革命还推动了物流现代化，这些因素促进了贸易方式的进一步变革。①

一、连锁经营

（一）连锁经营的定义

连锁经营一般是指商业经营领域中的一种企业经营模式。连锁经营是以企业的"总部""配送中心"和若干数量的"连锁分店"组织机构为基础，在统一店名、统一店貌、统一采购、统一配送、统一财务、统一经营、统一价格、统一服务、统一管理等若干个"统一"的管理方式下，由若干数量的连锁分店，构成一个规范、统一、规模化、连锁化的销售网络体系，从事商品或者服务销售的商业企业经营模式。由于连锁经营企业在资产所有权与合作方式方面的不同，连锁经营企业可分为直营连锁、自由连锁和特许连锁三种连锁经营类型。一般来讲，连锁经营方式是在现代市场经济体制下，当社会生产力发展、商业竞争、消费者的收入和生活水平均达到较高层次和程度时，产生的较为高级的商业企业经营模式。② 连锁经营，不仅是一种经营形式的改变，而且是商业制度的创新，是商业和流通业的一次革命。这主要体现在连锁经营的四个明显特征：经营理念的统一、经营管理的统一、企业识别系统及经营商标的统一、商品及服务的统一。连锁店是连锁经营模式的存在方式和载体。连锁经营是当今世界许多国家普遍采用的一种现代化的商业经营模式。

国际连锁加盟协会（IFA）为连锁下的定义是：连锁是连锁总公司与加盟店两者间的持续契约关系。根据契约，总公司必须提供一项独特的商业特权，并加上人员训练、组织结构、经营管理，以及商品供销的协助，而加盟店也需付出相对的报偿。美国《最新企业管理大辞典》把连锁企业定义为，是由两个或两个以上所有权和管理权集中的零售机构所组成的，通常是大规模的零售商。

（二）连锁经营的本质

连锁店形成于社会化大生产和商品生产的大规模化。它脱胎于大工业化生产，是资本集中的产物，同时也是消费者多种需求增长的必然结果。实行连锁经营，可以扩大产品销售，同时做到将各地市场的需求信息反馈到总店，进而反馈给生产商，并组织生产。连锁经营作为一种大规模的销售或营业体系，与其他的经营形式相比，具有许多明显的优势，如低价采购、成型的管理模式、技术支持、花费少而影响大的统一促销等。

---

① 徐从才．贸易经济学［M］．北京：中国人民大学出版社，2015：197-198.
② 刘星原．连锁经营与管理［M］．北京：中国商务出版社，2005：1.

连锁经营的本质是把独立的、分散的商店联合起来，形成覆盖面很广的大规模销售体系。它是现代工业发展到一定阶段的产物，其实质是把社会大生产的分工理论运用到商业领域里，他们分工明确，相互协调，形成规模效应，共同提升企业的竞争力。连锁经营把分散的经营主体组织起来，具有规模优势。连锁经营最大特征是统一化，"统一"支撑价格优势，价格优势反过来又强化了"统一"。连锁经营都要建立统一的配送中心，与生产企业或副食品生产基地直接挂钩，其目的是减少中间环节，降低流通费用，降低成本。

（三）连锁经营类型

1. 直营连锁

直营连锁也称正规连锁，是指连锁店均由总部全资或控股开设，在总部的直接领导下统一经营、利益独享、风险独担的一种商业经营模式。[①] 直营连锁经营是在同一资本的企业经营系统中，设立总部和分店，在统一的经营方针下开展商业活动。连锁店的所有权、经营权高度集中于总部，统一管理，分散销售。分店的经理由总部聘用，而不是分店的拥有者。直营连锁充分利用自我服务方式提高销售效率，从经营的商品中获取一定的利益，以达到批量销售低价格商品的目的。

2. 特许连锁

特许连锁又称合同连锁、加盟连锁。美国商务部规定，特许连锁是指主导企业把自己开发的产品、服务和营业系统，包括商标、商号、企业标识的使用，经营技术，营业场合或区域等，以营业合同的形式，授予加盟店在规定区域内的经销权和营业权，加盟店则交纳一定的营业权使用费，承担规定的义务。采用特许连锁经营方式，对总公司、特许店及整个社会都具有明显的优势。对总公司来说能以较少的投资达到迅速发展公司业务的目的，实际上具有一种融资的功能。同时通过经营权的转让也能为总公司积累大量的资本，使公司的无形资产变为有形资产，从而增强公司的实力和发展能力。对于投资者，尤其是那些具有一定资本，希望从事商业活动但又没有经营技术和经验的企业和个人来说，通过购买特许权能获得一个很好的发展机会，一旦加盟，既可以利用总公司的技术、品牌和信誉开展经营，又享有总公司提供的全方位的服务。所以，经营风险较小，利润较稳定。[②]

3. 自由连锁

自由连锁又称自愿连锁或合作连锁，其原意是自发性连锁或任意性连锁。自

---

① 郭庆然．连锁经营［M］．北京：对外经济贸易大学出版社，2008：29.
② 徐从才．贸易经济学［M］．北京：中国人民大学出版社，2015：194.

由连锁是企业之间为了共同利益结合而成的事业合作体，各成员店是独立法人，具有较高的自主权，只是在部分业务范围内合作经营，以达到共享规模效益的目的。自由连锁拥有众多分散的零售商加盟成员，这些零售商一般是小型的，但是独立的，门店的资产归门店经营者所有。各门店不仅独立核算、自负盈亏、人事安排自主，而且在经营品种、经营方式、经营策略上也有很大的自主权，每年只需按销售额或毛利的一定比例向总部上交加盟金、管理费等。共同进货是中小企业成为自由连锁店的最大的诱因，这样可以使中小型商业企业像大型超级市场、百货商店一样，获得低廉的商品进货价格。而对总部而言，自由连锁门店是总部强有力的分销渠道，因而形成了自由连锁重要的"联购分销"机制。总部与各成员店是通过合同作为纽带联结在一起的，合同是各成员之间通过民主协商制定的，而不是特许连锁那样的定式合同。其合同的约束力比较松散，一般以合同规定的加盟时间一年为单位，加盟店可以随意退出自由连锁组织，在自由连锁的合同上并未规定随时退出具体的惩罚细则。[1]

二、电子商务

（一）电子商务的定义和特点

电子商务是一种现代商业方法。这种方法通过改善产品和服务质量、提高服务传递速度，满足政府组织、厂商和消费者降低成本的需求。电子商务就是建立在电子技术和网络技术基础上的商业运作，是利用电子技术所提供的工具手段实现其操作过程的商务。当企业将它的主要业务通过企业内部网、外部网以及互联网与企业的职员、客户、供应商以及合作伙伴直接相连时，其中发生的各种活动就是电子商务活动。[2]

电子商务没有许多的中间商，甚至可以采取直销的形式，减少了中间环节。电子商务的兴起，让许多制造商有机会建立统一、直接的销售渠道来面向消费者。电子商务不受地域的影响，电子商务可以借助互联网跨越国界，为企业创造更多的贸易机会。电子商务将传统的商务流程电子化、数字化，一方面以电子流代替了实物流，可以大量减少人力、物力的投入，降低成本，另一方面突破了时间和空间的限制，使得交易活动可以在任何时间、任何地点进行，从而大大提高了效率。电子商务便于收集各种电子信息，能够及时获取最新的信息。通过电子商务，商家之间可以直接交流、谈判、签合同，消费者可以调整产品种类及服务品质，从而实现客户和生产厂商的良好互动。

---

[1]　杨顺勇.连锁经济管理［M］.上海：复旦大学出版社，2008：14-15.
[2]　范春风.电子商务：分享、跨界与电商的融合［M］.厦门：厦门大学出版社，2017：19-20.

（二）电子商务模式

按照交易对象不同，电子商务模式可以分为 B2B（企业对企业）、B2C（企业对消费者）、C2B（消费者对企业）、C2C（消费者对消费者）、B2G（企业对政府）、C2G（公民对政府）等。

1. B2B 电子商务模式

B2B（Business to Business）电子商务模式，也称企业对企业的电子商务模式，是指企业与企业之间通过互联网或者大数据等现代化信息技术手段进行数据信息的交换、传递，开展交易活动的商业模式。这种形式的电子商务活动是将企业内部网与企业的产品和服务，通过 B2B 网站或移动客户端与客户紧密结合在一起，通过互联网的快速反应，为客户提供更优质的服务，从而促进企业的业务发展。在电子商务交易中，B2B 电子商务模式是历史最久、发展最完善的电子商务模式，由于其能迅速带来利润和回报，一直居于电子商务的主导地位。[①]

2. B2C 电子商务模式

企业与个人消费者之间的电子商务（Business to Consumer，B2C），是一种企业与个人消费者之间进行商品或服务交易的电子商务模式。这类电子商务实际上是在线零售。目前，互联网上已遍布各种类型的在线零售企业。这类企业自建网站或者利用电商中介平台，出售商品或者服务，几乎包括了所有的消费品及各类网络服务，如远程教育、在线医疗等。近年来，B2C 得到了快速发展，典型代表有天猫商城、京东商城、唯品会和苏宁易购等。

3. C2B 电子商务模式

个人消费者与企业之间的电子商务（Consumer to Business，C2B）是一种先由消费者提出需求，后由生产企业或商贸企业按需求组织生产和货源的电子商务模式。通常情况为消费者根据自身需求定制产品、提出能接受的价格，或主动参与产品设计、生产和定价，提出个性化需求，由生产企业进行定制化生产。C2B 又可细分为以下两种类型：①消费者群体主导的 C2B，即通过聚合客户的需求，组织商家批量生产或组织货源，让利于消费者。团购就属于消费者群体主导的 C2B 的一种模式。②消费者个体参与定制的 C2B（深度定制），在这种方式下，消费者能参与定制的全流程，企业可以完全按照消费者的个性化需求来定制产品。目前，应用这种方式最成熟的行业当属服装类、鞋类、家具类行业。[②]

4. C2C 电子商务模式

C2C 电子商务（Consumer to Consumer，C2C）模式的买卖双方只能是个人，

---

① 訾豪杰. 电子商务概论［M］. 北京：北京理工大学出版社，2020：33.
② 宋杨. 电子商务基础与应用［M］. 北京：北京理工大学出版社，2021：12.

类似于现实商务世界中的跳蚤市场，是以个人之间相互交换为主要目的的零售商务。C2C 电子商务模式最能够体现互联网的精神和优势，并且非常适合运用于大众化交易。通过互联网，相隔甚远无法形成交易关系的个人也能发生经济关系，供求关系的平衡在交易关系中达到了最大化。从理论上来说，C2C 电子商务模式下每一个人都能成为买家和卖家，可以使数量巨大、地域不同、时间不一的买方和同样规模的卖方通过一个平台找到适合自己的对家进行交易。在传统领域要实现这样大的工程几乎是不可想象的。同传统的二手市场相比，它不再受到时间和空间的限制，节约了大量的市场沟通成本，其中蕴含的商业优势及价值显而易见。

5. B2G 电子商务模式

企业对政府机构（Business to Government，B2G）的电子商务模式，是指企业通过互联网向政府机构销售产品或提供服务的电子商务模式。例如：网上报批、网上报税、电子缴税、网上报关、EDI 报关、电子通关；企业对政府发布的采购清单，以电子化方式回应；企业对政府的工程招标，进行投标及竞标；政府可经过网络实施行政事务的管理，如政府管理条例和各类信息的发布；涉及经贸的电子化管理；价格管理信息系统的查询：工商登记信息、统计信息、社会保障信息的获取；咨询服务、政策指导；政策法规和议案制订中的意见收集；网上产权交易，各种经济法律政策的推行；等等。它可以覆盖企业与政府之间的各项事务。政府通过网上服务，为企业创造良好的电子商务空间。

6. C2G 电子商务模式

消费者对政府机构（Consumer to Government，C2G）的电子商务模式，是指政府的电子商务行为，不以营利为目的，将消费者与政府间的事务通过互联网进行，如网上报税、网上身份认证、网上发放福利基金、网上社区服务、网上公益活动、网上政策发布和信息查询等。政府通过网上的各类服务为大众创造了良好的服务环境，提高了政府的工作效率，同时给消费者提供了极大的便利。

按交易主体分类的几种电子商务模式中，我们一般将 B2B、B2C、B2G、C2B、C2C、C2G 模式归类于电子商务范畴，将 G2B、G2C、G2G 模式归类于电子政府范畴。B2C 和 B2B 模式是上述几种电子商务模式中发展最快的两种模式，而从成交金额和市场规模的角度来说，B2B 模式是电子商务的所占比重最大、最主流的类型。[①]

（三）电子商务为企业带来的益处

电子商务既能为企业降低运营成本，又能提升企业的运营效果。电子商务能

_____

① 靳涛. 电子商务基础［M］. 广州：广东人民出版社，2021：41-42.

够扩展企业市场机会，打破时空局限，随时增加业务。互联网平等、开放、无边界、共享的特点决定了企业开通电子商务渠道可以将商品信息呈现在全球网民面前。电子商务降低了企业采购成本，增加了选择范围，提高了采购效率。对于企业而言，采购成本能否有效控制，是企业能否取得竞争优势的关键因素。企业通过互联网可以增加选择范围，可以在全球范围内挑选最佳合作伙伴，同时可以缩短采购所需时间，从而降低采购成本，提高采购效率。电子商务可以降低企业库存，减轻对实物基础设施的依赖。电子商务由于在互联网上运作，可以减轻对实物基础设施的依赖，从而实行"轻资产"战略。电子商务可以极大降低库存，做到"零库存"运营，降低经营风险。电子商务缩短生产周期，与全球合作伙伴紧密协作开展电子商务的企业，可以在全球范围内寻找合作伙伴，并与其建立稳固的合作关系，构建极具竞争力的供应链。企业可以将全球范围内的合作伙伴纳入外联网进行信息交流和共享，从而缩短生产周期，抢占市场先机。电子商务提高了企业服务顾客的水平。许多企业已经意识到提升客户体验的重要性。在电子商务领域，企业为顾客服务的方式丰富多样，可以让顾客根据各自需求选择心仪的服务方式，从而实现顾客低成本、高效率地与企业联系，寻求服务。[①]

三、现代贸易方式的发展趋势

现代贸易方式作为媒介买卖商品中的具体手段和做法将伴随着生产、消费、技术等各种贸易条件的发展变化而不断创新，其发展趋势呈现以下几个特征：

（一）流通中介功能将得到加强

从历史和逻辑相统一的角度讲，贸易在社会再生产中的基本功能就是组织功能，包括媒介交换、时空调节、引导生产、满足消费，以及目前的整合产销关系与构建供应链。[②] 虽然有些贸易条件（如生产定制化、渠道扁平化、交易信息数字化等）的变化有减弱贸易中介功能的趋势，但进入流通领域商品规模的增大，商品质量的提高，价格不确定性的增大，多样化、个性化消费需求满足的难度加大，流通信息的复杂化和信息量的日益庞大等交易条件的变化又很难使产需直接对接，更加大了产需之间对流通中介功能的需求。而传统的中介功能往往是商业企业在媒介商品中成为商品的所有者，完成商品从生产领域向消费领域的第一次惊险的跳跃，商品通过一次或多次的中介转售到达消费领域，而现代贸易方式中除了传统批发、零售等转售形式外，还将出现大量借助电子商务手段，采用以线上给买卖双方提供交易平台、建立配送中心为贸易枢纽的贸易中介方式，如为买

---

① 马莉婷. 电子商务概论 ［M］. 北京：北京理工大学出版社，2019：20-21.

② 徐从才，李颋. 论流通创新与贸易增长方式转变 ［J］. 商业经济与管理，2008 （11）：56-61.

卖双方提供交易平台的会展业、电子商务细分市场的交易平台、商业地产模式等。

（二）物流业务将向商流延伸

由于世界市场环境的变化，传统贸易中的商流、信息流和资金流活动变得越来越快捷，基于网络平台的交易大大缩小了交易双方供求之间的时空距离，解决了生产与消费之间在数量、品种、信息和所有权等方面的矛盾，流通活动中商流的影响力及效应不断下降。与此形成鲜明对比的是，现代物流的效应不断增强，在满足顾客的需求和降低成本等方面都产生了较大的影响。进入 21 世纪以来，人类步入了重视现代物流业发展的时代。随着制造业在全球范围内的发展，在现代物流多样化发展模式中，第三方物流和供应链管理已经不是以国内市场为核心，而是以国际市场为核心，实施市场经营战略。这就更加凸显了物流活动的基础性作用。现代物流业利用网络优势，以网络为平台，以客户为中心，进行商品物流配送信息的处理和传递，大大提高了物流与配送的质量和效率，客户服务的满意度也越来越高。随着物流业的快速发展，其业务范围也将不断延伸和扩展，势必会向商流活动延伸，以物流的基础性地位支撑商品流通中的商流活动，如配送与批发的融合、快递与零售的融合，具体形式有"点餐式超市""农村目录邮购""代购型"物流商等新型交易方式。物流业开设的"点餐式超市"，可自设小型门店或借助已有店铺，通过电子显示屏等设施展示商品，消费者以图片形式选择商品，物流业借助自身强大的物流配送能力快捷送达，并辅以消费者零风险式的售后服务。"目录邮购"将随着物流业的快速发展而实现，这样就可以解决农户购买农资用品、耐用消费品等难题。随着物流基础性作业的增强，未来还将会出现"代购型"物流商，主要基于一些具有特定物流运输方式的商品，当然，随着分工的不断深入，这种新型交易方式也可能是一种短期的现象。

（三）新型交易方式的产生越来越依赖新型流通技术

流通技术创新主要指在现代流通中对于信息化技术的运用，在贸易方式的创新中起到了巨大的促进作用。信息技术对流通中现有的技术手段与经营方式进行变革已是大势所趋，尤其是电子商务的运用，已经被视为继"连锁革命"之后的第二次流通革命[①]。正是由于流通领域对 EOS、EDI、POS、RFID 和网络技术、电子货币、冷链运输等技术的应用，贸易方式发生了前所未有的变化，使网上商店、自动售货、连锁经营、物流配送模式等新型贸易方式成为可能。随着信息技术的发展，诸如云计算、电子标签、传感器等物联网技术的成熟及应用，贸易方式将会发生巨大的变革。

---

① 徐从才，李颐．论流通创新与贸易增长方式转变［J］．商业经济与管理，2008（11）：56-61.

（四）贸易方式将趋向更快捷、便利和高效

流通效能的本质就是"减少社会再生产过程中的耽搁或停顿"和"优化经济结构"，这是从时间继起和空间并存两个视角做出的概括。所以，在媒介商品交易的贸易活动中必然追求减少流通时间、流通成本，在更高的水平下解决供求矛盾。由于在贸易方式中采用各种现代的流通技术、大规模的流通组织形式、高质快捷的物流配送手段已成为必然，因此现代贸易方式相比传统贸易方式越来越呈现出高效、快捷、便利的特征。①

■ 本章小结

实施买断经营需要相应的条件，这种交易方式有着自身的优势与劣势。而代理又称商业代理制，具有特定的内涵、功能、特点与意义，并由于其复杂性，可根据不同划分方法而表现为多种形式。这两者之间的区别在于商品所有权的有无与经营自主权的大小。期货交易作为一种特别的交易方式，它的形成经历了从现货交易到远期合同交易，后到期货交易的复杂演变过程，它是人们在贸易过程中不断追求交易效率、降低交易成本和风险的结果。在现代发达的市场经济体系中，期货市场作为重要的组成部分，和现货市场、远期合同市场共同构成既各有分工而又紧密联系的多层次的有机体。连锁经营、电子商务和物流配送是随着电子技术的蓬勃发展而兴起的新型贸易方式。连锁经营是把现代化大生产原理运用到流通领域的一次成功尝试，体现了专业化分工，实现了流通的系统化和规模化，从而达到了规模效益与灵活方便的统一。

■ 关键术语

贸易方式；买断；代理；现货贸易；期货贸易；连锁经营；电子商务；物流配送

■ 本章思考题

1. 阐述买断经营的优劣势。
2. 阐述代理的功能和形式。
3. 期货贸易与现货贸易有什么异同？
4. 现货贸易、远期合同贸易和期货贸易的作用分别是什么？
5. 结合现实零售业企业开展电子商务的例子，对其贸易方式的发展进行分析。
6. 谈谈未来贸易方式的发展趋势。

---

① 徐从才．贸易经济学［M］．北京：中国人民大学出版社，2015：204-205.

第七章　零售贸易

第一节　零售与零售业

一、零售贸易的内涵

零售贸易是指把商品直接卖给消费者用于个人生活消费，或供应社会集团用作非生产性消费的贸易组织形式。零售贸易的服务对象是最终消费者，而最终消费者购买商品或服务是为了生活，不是为了生产或者再销售。例如，超市出售商品给消费者，属于零售贸易，而中间商向超市出售商品用于销售给消费者的活动，则不属于零售贸易。

零售商的事业内容主要是零售经营活动，经营的商品主要是消费品而不是投资品，同时也提供相关服务。零售活动中的交易对象以商品为主，但服务通常伴随着商品而产生，如消费者购买家用电器，零售商不仅提供商品，而且提供信贷、送货、安装、维修及退换货等服务。个体零售商和法人零售商是零售贸易的事业主体，零售贸易对店铺有较高的依赖性，对店铺选址、店铺设计等通常有特殊的要求。[①]

二、零售贸易的特点及功能

（一）零售贸易的特点

零售贸易是指将商品或劳务直接出售给最终消费者的交易活动。在贸易运行中，零售直接面对最终消费者。通过零售，商品离开贸易领域进入消费领域，真

---

① 徐从才，高觉民 . 贸易经济学［M］. 北京：中国人民大学出版社，2015：162.

正成为消费对象,从而完成社会再生产过程。从这个意义上来讲,零售是贸易过程的终点,处于生产与消费之间中介地位的终端。

从贸易发展的历史来看,零售是最古老的贸易方式,最初的贸易可以看作是零售贸易的雏形。在市场发展的初级阶段,商品生产的小规模化决定了商品供应有限,消费者的自给自足决定了商品需求也十分有限。因此,贸易活动基本是零星的、分散的、小批量的,并集中于某一地区,主要由零售业者来进行。偶然出现的大批量或较大批量的交易活动以及运输活动,也都由零售业者来承担。零售是贸易活动的主要形式,随着商品生产的社会化和专业化程度不断加深,商品种类增加,需求扩大,交易批量增大,产销矛盾日趋尖锐,在生产者和消费者之间,仅有零售贸易已不能适应社会生产和贸易的发展要求,必须要有新的贸易交易方式出现。于是零售与批发得以分化,当批发成为贸易领域的一个行业或部门时,零售也就成为专门面向最终消费者销售商品的行业。与批发贸易相比,零售贸易的主要特征有:

(1)交易对象是为直接消费而购买商品的最终消费者,包括个人消费者和集团消费者。消费者从零售商处购买商品的目的不是用于转卖或生产,而是为了自己消费。交易活动在营业人员与消费者之间单独、分散进行。

(2)零售贸易的标的物不仅有商品,还有劳务。零售贸易还要为顾客提供各种服务,如送货、安装、维修等。随着市场竞争的加剧,零售提供的售前、售中与售后服务已成为重要的竞争手段或领域。

(3)零售贸易的交易零星分散,交易次数频繁,单次成交额较小,未成交次数占有较大比重。零售有少量销售的意思,因为零售贸易本身就是零星的买卖,交易的对象是众多而分散的消费者,这就决定了零售贸易的每笔交易量不会太大,而较少的交易量不可能维持持久的消费。与之相适应的是,零售贸易的频率特别高。正由于零售贸易平均每笔交易量少,交易频繁,因此零售商必须严格控制库存量。

(4)零售贸易受消费者购买行为的影响比较大。零售贸易的对象是最终消费者,而消费者的购买行为具有多种类型,大多数消费者在购买商品时表现为无计划的冲动型或情绪型。对于这种随机性购买行为明显的消费者,零售商欲达到扩大销售之目的,特别要注意激发消费者的购买欲望和需求兴趣。

(5)零售贸易大多在店内进行,网点规模大小不一,分布较广。由于消费者的广泛性、分散性、多样性、复杂性,要满足广大消费者的需要,在一个地区,仅靠少数几个零售点是根本不够的。零售网点无论是从规模上还是从布局上都必须以满足消费者需要为出发点,应适应消费者的多种需要。

(6)零售贸易的经营品种丰富多彩,富有特色。由于消费者在购买商品时,往往要进行挑选，"货比三家"，以买到称心如意、物美价廉的商品。因此，零售贸易一定要有自己的经营特色，以吸引顾客，同时，备货要充足，品种要丰富，花色、规格应齐全。①

（7）商品进入零售贸易后，其价值将随着使用价值的消费而消失。

（8）零售贸易的对象一般是最终消费者（包括个人消费者和社会集团消费者），零售贸易处于商品贸易的最终环节，商品一经零售环节卖出就结束了流通过程，进入了消费领域。

（9）零售贸易销售的商品是为了满足消费者的生活需要或其他非生产性需要。②

（10）零售贸易必须以周转速度取胜。相对于批发贸易，零售贸易每次的交易额较小，因此必须注重提高成交率，提高贸易资本的周转速度，尽快实现 G—W—G′的转化，在尽可能短的时间内使贸易资本周转得更快、更有效率，做到薄利多销，快买快卖，正如马克思所指出的："薄利快销，特别对零售商人来说是他原则上遵循的一个原则。"③

（二）零售贸易的功能

零售贸易处于商品流通的最终阶段，直接面对消费者，因此具有以下功能：

1. 分类、组合和备货功能

消费者的生活需求日益多样化，如果个人消费者直接与制造商或者批发商进行交易的话，将耗费巨大的交易成本。而零售商则可以代替个人消费者从制造商或者批发商处采购商品，并将这些商品按照最适合消费者的购买批量进行分类、组合、包装，使个人消费者可以方便地购买到自己所需要的商品。④

2. 服务消费者功能

零售商在出售商品的同时，还向消费者提供各种服务。产品在生产者手中或批发业者手中，只是一种观念上的使用价值，而不是可能被消费的现实的使用价值。产品只有进入消费领域才能成为现实的使用价值，在多数情况下，这需要通过零售贸易来实现。零售贸易直接面向消费者，通过商品销售，把商品送到消费者手中，最终实现商品的价值和使用价值，不仅满足了社会生产和生活的各种具体需要，而且还为生产过程重新发动提供了价值补偿和实物更新的条件，把生产者创造的剩余价值由可能转为了现实。

---

① 柳思维，高觉民. 贸易经济学［M］. 北京：高等教育出版社，2021：134.

② 张章，于丽敏. 贸易经济学［M］. 延吉：延边大学出版社，1997：129.

③ 马克思. 资本论（第三卷）［M］. 北京：人民出版社，2004：349.

④ 夏春玉. 流通概论［M］. 北京：中央广播电视大学出版社，2002：33.

3. 引导消费功能

零售商处于商品流通的最终环节，直接连接消费市场，因而能够最快地获得消费市场上的最新信息，同时还可以利用各种信息渠道获取来自制造商和批发商的商品供给信息。零售贸易中的商品陈列、广告宣传、现场操作等，能够唤起潜在的消费需求，为扩大再生产开拓更为广阔的市场，为消费水平的不断提高创造新的物质条件。[①]

4. 反馈信息、促进生产的功能

零售贸易直接面向消费者，能够及时、真实地反映消费者的意见及市场商品供求价格的变化情况，向生产者和批发业者提供市场信息，协助批发业者调整经营结构，促进生产者生产更多更好的适销对路的商品，满足消费者需要。

5. 金融功能

零售贸易的金融功能主要是指向消费者提供分期付款、赊购、票券购物等，通过对消费者提供消费信用，不仅可以使消费者更加方便地购物，还可以加速商品流通，有利于商品流通规模的扩大。

6. 减少消费者成本

零售贸易减少了消费者的购物行为成本，零售贸易的店铺选址主要是按照接近消费者的原则开展的，因此消费者可以大大减少为购买商品而支出的交通费用、时间消耗费用以及体力消耗费用等购物行为成本。

第二节　零售组织发展规律

一、零售业的组织形式

按照服务的特点可将零售业的组织形式分为全服务组织形式、有限服务组织形式、自我服务或无服务组织形式和市场销售组织形式。

1. 全服务组织形式

全服务组织形式就是通常所说的传统式零售贸易形式，向消费者提供全方位的服务。其特点是以尽可能好的服务设施，完善的服务程序，尽可能多的服务项目为消费者服务，且设有店铺，开展门市销售业务，实行明码标价，有营业员为顾客提供销售服务。

---

① 柳思维，高觉民．贸易经济学［M］．北京：高等教育出版社，2021：139.

2. 有限服务组织形式

它是指采用某种特殊服务方式开展零售业务活动的销售形式，仅向消费者提供部分的服务。其特点是服务功能有限，服务手段片面，且不经过门市销售商品，而是通过广告宣传、电话询问、上门访问等形式介绍所经营的商品。采用邮寄或送货上门的方式，将商品销售给顾客。

3. 自我服务或无服务组织形式

自我服务组织形式是指通常所说的自选商场或超级市场等，无服务组织形式主要是指自动售货机。[①]

4. 市场销售组织形式

它是指经营者在指定地点或历史形成的交易场所集中进行零售商品交易活动的形式。它的最大特点是交易集中、协商定价、买卖灵活，是极为活跃的零售组织形式。

二、零售商的贸易活动

1. 组织货源

提供丰富的商品及其组合，使顾客在同一市场中购买商品时，能在品牌、设计、规格、色彩和价格等方面有充分的选择余地，这是零售商的基本职能。零售商在提供各种产品组合的同时，也就其所提供的产品组合实行专业化经营。比如，食杂店提供香烟、饮料、酒、休闲食品等，专卖店以提供某品牌的系列商品为主，超市以提供包装食品、生鲜食品和日用品为主。

2. 分装（分拣）商品

受时空的限制，单个消费者不可能亲自到制造商那里购买商品，只能由零售商代表消费者从制造商或批发商那里大量采购，并将这些大批装运的货物拆装成较小量的产品，在商场中展出，供消费者选购，以迎合顾客的需求。

3. 保存商品

消费者对商品的需求，存在时间上的差异，为了使消费者能在自己需要的时间里购买到自己需要的商品，零售商必须储存各种商品。零售商保有存货，一方面可以减少销售过程中的缺货现象，另一方面可以使消费者在需要时得到适用的商品。

4. 提供服务

商业以服务而存在，为服务而发展。零售商集中体现了商业的服务职能，既体现在商品销售过程中，也体现在售前和售后服务中，为顾客购买和使用产品创

---

① 蒋和胜. 贸易经济学 [M]. 成都：电子科技大学出版社，2005：130.

造了更便捷的条件。明确服务职责，扩大服务范围，开拓服务领域，提高服务质量，多层次、全方位地满足消费需要，是零售商的神圣职责，也是零售商业永恒的主题。

5. 沟通信息

向制造商、批发商提供送货准确度、顾客反馈、存货周转情况等信息，以便其及时调整商品和服务。向顾客提供商品特性、服务范围、营业时间、销售状况等信息，以便顾客做出购买决策。

6. 营造环境

消费者都是在一定环境下进行消费的。零售商要为消费者提供宽松、舒适、有美感的购物环境。特别是在现代消费观念的影响下，消费者进商场兼有购物、休闲、娱乐、感受时尚等多种动机。因此，零售商不管是经营大店还是经营小店，不管是经营哪一种业态，都要把营造购物环境作为零售活动中的重要内容。在商品的流通过程中，零售商作为制造商、批发商和其他供应商以及最终消费者的中介，其组织货源、提供服务、营造环境等职能，发挥着至关重要的作用，可以提高流通效率，促进生产，引导消费。[1]

三、零售组织的演化发展

从传统零售组织的演化来看，零售组织的变迁和发展都具有一定的规律性，学者们普遍认为西方发达资本主义国家的零售业经历了三次革命性变化。第一次零售革命以百货商店的诞生为标志。百货商店的出现，带来了销售方式、经营和组织管理方式的根本性变革，具体表现为：商品被大量陈列出来，且实行"明码标价"，消费者可以自由自在地选购商品，不满意还可以进行退货。商家把种类繁多的商品按其类别不同分成若干个部门，形成不同的商品部，并由各部门负责组织进货和销售。商店内部管理按商品系列分部门、分层次进行，先由企业制定统一的计划和组织管理原则，然后由若干职能管理部门分头执行。总的来说，百货商店以规模大、品种全、设施好、定时定位、系列服务和明码标价的综合经营方式改变了过去分散、单一的零售业经营模式，它是世界商业史上第一个实行新销售方法的现代大型销售组织，是零售商业领域对以机械化为基础的大生产的迅速发展。

第二次零售革命以超级市场的诞生为标志。1930 年，世界上第一家超级市场——金库伦联合商店在美国纽约开业，但超级市场的真正大发展始于第二次世界大战以后。超级市场采用了创新性的经营方法，不仅采取开架售货、自选购物

---

① 柳思维，高觉民. 贸易经济学（第四版）[M]. 北京：高等教育出版社，2021：217-218.

的方式，而且采用大中小包装齐全、装潢美观、标识突出的众多品牌，使商场显得更整齐、美观，为人们营造了一个轻松自在、舒适干净的购物环境，同时，超级市场还将原本分散经营的各类商品集中到一起，实施统一结算，大大节省了人们的购物时间，适应了现代人们生活节奏加快的要求。

第三次零售革命以连锁商店的兴起为标志，从时间上来看，连锁商店的出现早于超级市场，但连锁商店的真正大发展是在20世纪40年代以后，故称为零售业的第三次变革。连锁商店的兴起主要是由于居民收入水平和购买力不断提高，其消费需求日趋多样化，使得零售业领域中，现代化工业大批量生产与消费需求多样化的矛盾、商业活动分散化经营与规模效益的矛盾日益突出。而连锁商店的出现将分散的、单个的店铺组织起来，进行标准化管理、专业化分工、集中化进货和简单化作业，不仅达到了大规模生产的要求，也实现了大规模销售，促进了零售商业组织化程度的提高。所以，连锁商店这一经营方式在更大范围内和更高层次上影响了整个社会的生产和经营格局，大大推进了零售业的现代化进程，在流通史上具有划时代的意义。

综观西方传统零售组织的三次变革，可以发现，每一次变革都会带来新的零售组织的诞生和发展，而且都与同时期所产生的技术革新相互关联。第一次零售革命是伴随着19世纪中叶蒸汽机的广泛应用所带来的机械化大生产而产生的百货商店，第二次零售革命、和第三次零售革命是随着制冷技术、电子技术、包装技术以及库存技术等在生产和经营领域的广泛运用而出现的超级市场和连锁商店。随着信息时代的来临，信息技术被广泛运用到各个领域，产业之间呈现出融合发展的趋势，也带动了零售组织的巨大变革。在信息时代，高新技术与传统零售组织相融合，网络商店、电子商务等一些新型零售组织的产生，打破了传统零售市场的时空界限，引发了人们购物方式的变化，人们可以通过网络轻松地选购商品，从而大大降低了企业经营中的成本，同时，信息技术的发展也使得传统零售组织为适应新环境的变化而面临着重大的变革和重组。对于信息技术所带来的零售组织的这些变化和发展，我们称之为零售组织的第四次变革。

第三节　现代零售业态

一、零售业态的定义

零售业态是指零售企业为满足不同的消费需求而形成的不同的经营业态。零售业态的分类主要依据零售业的选址、规模、目标顾客、商品结构、店堂设施、经营方式、服务功能等确定。零售业态的内在组成要素包括目标顾客、购物环境、商品构成情况、定价、服务方式等。零售业态的实质是指这些要素的组合，其组合不同，就会产生不同的业态。国家标准化管理委员会于 2004 年颁布的《零售业态分类》标准认为：零售业态是"为满足不同的消费需求进行相应的要素组合而形成的不同经营形态"，零售业态是零售经营理念和经营方式的外在表现形式，每一种零售业态都是为了满足某一特定目标顾客的需求。

二、零售业态的划分

（一）零售业态划分的理论依据

零售业态的划分依据不尽相同，大致包括需求弹性划分标准和营销组合划分标准两大类。需求弹性划分标准被认为是业态分类的理论基础，即根据需求弹性对商品进行分类，并以此作为划分销售这类商品的业态的根本依据。按照"有序程度的高低"可将商品划分成两大类：低序化的便利品和高序化的选购品。这种"有序程度"本质上反映的是商品需求弹性。后来的学者关于零售业态划分的讨论大多是基于这一思想而展开的。

营销组合划分标准是根据产品线在最终使用载体上的营销要素组合对零售业态进行分类的，首先确定产品线的最终使用载体，其次根据载体运营要素或营销组合要素对零售业态进行划分。依据营销组合划分标准，零售业态可划分为三大类：窄产品线专业店、宽产品线专业店和全面零售商。产品线载体应考虑四个因素：店铺规模、商品组合、所有制形式和销售方式。[①]

（二）零售业态的分类原则

根据有无固定营业场所，零售业态可分为有店铺零售和无店铺零售两大类。有店铺零售按店铺的特点，根据其经营方式、商品结构、服务功能，以及选址、商圈、规模、店堂设施、目标顾客等单一要素或多要素进行细分，可分为便利店、超市、折扣店、仓储会员店、百货店、购物中心、专业店、品牌专卖店、集合店、无人值守商店等零售业态。无店铺零售可分为网络零售、电视/广播零售、邮寄零售、无人售货设备零售、直销、电话零售、流动货摊零售 7 种零售业态。

三、零售业态演化理论

（一）环境理论

环境理论认为，零售业态的变革是政治、法律、文化、经济、技术和自然等

---

① 柳思维，高觉民. 贸易经济学（第四版）[M]. 北京：高等教育出版社，2021：226-227.

宏观环境以及消费者、竞争者和合作者等微观环境变化的反映。一些学者将百货商店的产生作为环境理论的佐证，认为19世纪中后期百货商店在欧美得到发展主要是源于环境的变化。环境理论可细分为宏观零售理论和生物进化理论，后者包括调适理论、组织进化理论和生态进化理论等。

1. 宏观零售理论

主张宏观零售理论的学者不仅研究人口规模、人口密度和人口增长率以及人均收入水平和就业水平等因素对零售业态演化的影响，而且考虑政治、法律、经济、社会、文化、技术和自然等环境因素的影响。有些关注若干宏观环境因素的影响，有些关注单一因素的影响。

2. 生物进化理论

该理论主要是将达尔文的生物进化论引入对于零售业变革的分析之中。与宏观零售理论不同，它更强调零售企业针对环境的适应性调整，更突出企业组织自身的主动性。生物进化理论可分为调适理论、组织进化理论和生态进化理论等。

调适理论也被译为调整理论或自我选择理论。零售业态只有根据环境变化不断调整，才能得以生存和发展。这是一种自然选择，适合的零售"物种"才能生存下来，零售业态演化是生存环境与企业家行动决策互动的结果。零售业态是有生命的和开放的系统，会在环境中收集威胁和机会信号并采取适应性行动，从而导致业态发生变化，因此管理决策和信息系统的引入对于响应零售业态的变革而言非常重要。

组织进化理论也被称为自然淘汰理论，组织进化理论与达尔文的生物进化理论相吻合，都强调适者生存。与生物进化一样，零售组织进化中新业态的产生也是突然而猛烈的，且会持续较长时间。该理论的核心内容是，零售业的发展变化必须与社会经济环境相适应。越能适应环境变化的零售业态越能生存得久远，否则将自然地被淘汰或走向衰落。

生态进化理论由Markin和Duncan于1981年提出，他们认为，零售业态之间具有互相依存的关系并存在以下三种生态现象：一是寄生，即一种业态的存在依赖于另一种业态的存在。二是共生，如不同业态共享一个购物中心或商业街。三是互利，如独立零售商为实现共同利益而缔结采购联盟。零售企业必须调整战略策略以适应环境的变化，从而引起零售组织的变革。

（二）循环理论

循环理论也被称为周期理论，该理论认为，零售业态的演化具有周期性，新业态具有旧业态的一些特征。循环理论包括四个重要理论：零售手风琴理论、零售轮理论、零售生命周期理论和两极理论。

1. 零售手风琴理论

1943 年，Hower 注意到了零售业态的商品组合的变化，Hall、Knapp 和 Wintens 于 1961 年提出了用商品组合宽度解释零售形态的思想，Holland 于 1966 年将该思想命名为零售手风琴理论。在一定时期内，商品经营范围较广的综合商店较流行。在一段时间后，综合商店向专业商店转化，而后又回归至综合商店。这种扩张—收缩—扩张的规律性变化如同拉手风琴时风囊的变化，因此称之为零售手风琴理论。

2. 零售轮理论

美国哈佛商学院的 McNair 于 1958 年提出了著名的零售轮理论，该理论认为新旧零售业态的变革和交替具有周期性，且这种周期性好似车轮旋转。一种新的零售业态在出现时总是以低档定位、低毛利率、低价格切入市场，据此与旧有的、成熟的零售业态进行抗争。在获得成功后，新的零售业态会引来众多仿效者，从而形成新业态之间的低价格竞争。进而各新业态被迫开展价格以外的竞争，如改善设施、美化店堂和增加服务等，这无形中增加了投资和经营费用，于是零售商不得不逐渐提高商品售价，导致价格水平逐渐趋近于旧有业态，新业态最终进入高档定位、高毛利率、高价格的发展轨道。与此同时，又有新的业态抓住空档和机会，仍以低价挤入市场，于是轮子重新转动而进入下一轮循环，这样循环往复，新的业态不断产生。有学者认为，"该理论以零售企业经营的高级化为基础，可以较好地解释百货商店、超市和廉价店三种零售业态的出现，但是，方便商店、郊外购物中心在刚出现时却都是以高成本、高差价率挤入市场的"。可见，该理论具有一定的局限性。

3. 零售生命周期理论

1976 年 Davison、Bates 和 Bass 共同提出了零售生命周期理论，他们认为零售业态的演化经历了产生、成长、成熟和衰退的发展过程。在产生阶段，变革旧有的传统零售业态、创造新的零售业态，一般着眼于降低费用或为顾客提供便利等。在成长阶段，新业态在市场中的占比上升，传统业态受到冲击。在成熟阶段，新业态的市场份额基本稳定、利润增加速度趋缓，新业态可能遭遇更新业态的挑战。在衰退阶段，新业态的市场份额大大减少、利润下降，新业态无力与更新业态竞争，由此呈现出不景气的状态。

4. 两极理论

该理论认为，零售业态呈现出大型店铺和小型店铺并存发展的态势，且各自有自己的生存和发展空间，大型店铺靠规模取胜，小型店铺靠填补空隙生存，一个典型的例子便是大型超市与小型便利店并存发展。有学者进一步研究发现，两极现象不仅存在于店铺大小方面，而且存在于零售业态的多个方面。

（三）冲突理论

冲突理论认为，零售业态的演化在部分上是由各业态之间和同一业态内部所发生的一系列冲突引发的。例如，折扣商店的出现使百货商店产生了两方面的变革：一是进行模仿，开设折扣专区或独立的折扣商店。二是进行新的差异化设计，向更高端的百货商店发展。零售冲突理论包括 3 种理论，即危机反应模型、辩证发展理论和真空地带理论。

1. 危机反应模型

危机反应模型认为，一种业态在受到竞争威胁而感到压力时就会采取反应行动，寻求生存和发展的机会，挑战和反应两方面的行为形成了现有的零售组织结构。Fink 和 Taddeo 提出的危机反应模型将现有业态在面对革新业态时的危机应对分为 4 个阶段——震感、防御、认知和适应。在第一阶段，现有业态在面临业态革新现象时会觉察到震感，但不会感到太大威胁。在第二阶段，现有业态会感到压力和威胁，进而采取舆论攻击、督促政府出台限制性政策等防御措施，如独立店铺面对连锁店的发展时会实施如建议政府实施反垄断法案等的防御性撤退策略。在第三阶段，鉴于防御性措施的有限性，现有业态意识到必须直接反击，不能被动防御，因此开始采取直接的应对措施。在第四阶段，形成现有业态与革新业态的均衡态势，这孕育着下一次冲突的发生。

2. 辩证发展理论

1968 年，Gist 提出了辩证发展理论，该理论以冲突理论为基础，运用黑格尔哲学中的正、反、合原理说明并揭示了零售组织的变化规律。其中，"正"是指现存的零售类型，"反"是指其对立面，"合"是指两者竞争的结果。零售组织就是这样周而复始地向前变化、发展的。

3. 真空地带理论

1966 年，丹麦学者 Nielsen 创立了真空地带理论。该理论假设消费者具有多样化和多变性的消费偏好，并称新产生的、未被现有零售业态满足的偏好为真空地带，并认为其是新型零售业态产生的原因。真空地带理论的具体内容是：绝大多数消费者偏好于中档价格和中档服务，这使得低价格—低服务的零售商和高价格—高服务的零售商向中价格、中服务靠拢，最终导致高服务—高价格的零售商与低服务—低价格的零售商消失，从而产生两个方向的真空地带即空白部分，而新进入者正是以这两个真空地带为目标的，从而导致新业态的产生，或出现低价店，或出现高价店。

（四）混合理论

尽管有学者认为环境理论、循环理论和冲突理论是各自独立的三大理论，但是不少学者认为这三大理论并不完全是独立发生作用的，有时是结合在一起发生作用的，存在诸多融合，据此提出了混合理论。混合理论主要包括环境—循环理论、循环—冲突理论、环境—冲突理论和环境—循环—冲突理论。

1. 环境—循环理论

环境—循环理论认为零售业态存在周期变化，这种变化与政治、经济、法律、社会、文化、技术和自然等宏观环境的变化息息相关。该理论融合了环境理论、零售轮理论以及生命周期理论。Cox 将环境理论与零售轮理论相结合进行研究。1958 年，他对零售轮理论进行评价时指出，零售轮随着环境的不断变化而向前行进，不会回到原来的位置，也就是说，零售轮的转动主要是受到了环境变化的影响。Deiderick 和 Dodge 将环境理论与零售轮理论、零售生命周期理论相结合进行研究。他们认为，零售轮理论从价格、产品线和空间变化 3 个方面分析周期变化，而若将这些变化与零售组织生命周期理论相结合，则会发现新业态的产生是为了适应环境的变化。

2. 循环—冲突理论

面对一些学者对零售轮理论和零售生命周期理论"忽视传统零售商反应"的批评，周期理论倡导者在后续研究中引入了基于竞争视角的冲突理论。例如，Gist 将归属于循环理论的零售轮理论和归属于冲突理论的辩证发展理论相融合，提出旧有业态代表正方、革新业态代表反方，则合方形成的更新业态就是正反双方融合的结果。又如 Izraelei 提出了零售三轮理论，揭示出了零售轮的周期变化源于传统零售业态对于新进入业态的冲击的反应，面对竞争对手的冲击，高端零售业态会向下调整、低端零售业态会向上调整，从而出现趋同现象，而高、低端业态出现空档则给新型的高端零售业态和低端零售业态的产生带来了机会。

3. 环境—冲突理论

环境—冲突理论将环境理论与冲突理论相结合进行研究，主要包括竞争优势理论和简单化—复杂化理论。竞争优势理论认为，新旧业态都会努力地形成自己的竞争优势，这些优势来自技术、法律和经济等环境的变化，旧有业态会遏制新业态的优势以形成自己的优势，新业态也会如此，这种根据环境打造自身竞争优势的追求会带来零售业态的演化。简单化—复杂化理论的具体内容是：新业态会率先选择简单化的服务和商品组合模式，即高档产品和高档服务、低档产品和低档服务、中档产品和中档服务，而随着经营环境发生变化，需要不断调整产品与服务的对应关系，从而构成复杂模型。

4. 环境—循环—冲突理论

一些学者尝试将环境理论、循环理论与冲突理论融合在一起来解释零售业态的演化。这种理论认为，当零售企业的经营环境发生变化时，那些具有创新精神的灵活型企业家就会进行业态变革，促成新业态的产生，这进而会对传统业态产生冲击，传统业态会进行内部变革以实现与新业态的平衡，而这种平衡又会导致新的外部力量带来业态革新。环境—周期—冲突理论包括 3 个代表性理论：螺旋式上升理论、市场演进的多元化理论和新零售轮理论。

（1）螺旋式上升理论。零售业态的演化过程不具有周期性，呈现出螺旋式上升的特点。零售组织迫于竞争冲突的压力会过分强调营销组合在某一方面的发展，进而导致方向相反的发展空间出现，如发展扩增产品线的综合经营会导致抑制产品线的专业经营出现，而技术进步、经济发展和居民生活水平提高又会使新的业态在更高的水平上得以形成，这是一个螺旋式演化过程。例如，小卖铺演化为便利店，小超市演化为食品折扣店，等等。

（2）市场演进的多元化理论。零售业演化由长周期和短周期构成。在长周期中，新业态在刚出现时具有竞争优势，随着模仿者越来越多，其竞争优势逐渐消失。在短周期中，同一业态内部出现竞争转化，零售商为了取得竞争优势而不断调整营销组合，从而导致业态变异、新业态出现。这些变化都与社会和技术环境的变化有关。显然，这种分析涉及了环境、冲突和周期等多个方面的相关理论。

（3）新零售轮理论。日本学者中西正雄认为，零售轮理论无法解释便利商店等以较高价格进入市场这一现象，虽然真空地带理论对之进行了完善，补充解释了高价格—高服务业态产生的原理，但是仍不能解释服务与不同价格水平的匹配，比如为何不会出现中价格—高服务或高价格—中服务的新业态，因此零售轮理论和真空地带理论都是不完善的。随后，他引入技术边界线（即为保证某一服务水平而设立的最低零售价格水平线）概念和消费偏好因素，提出了新零售轮理论。其具体内容是：新业态因技术革新而突破了原有的技术边界线，从而获得了更多顾客的青睐，其他企业相继模仿，使得竞争激烈化，进而使得新的技术边界线形成。新技术边界线的上下两端延伸而与旧边界线相连接，从而激起了新的竞争，最终导致新旧业态费用结构差异消失、新技术革新动机产生，如此循环往复。

□□■ 本章小结

零售贸易是向最终消费者个人或社会集团出售生活消费品或非生产性消费品及其附带服务，以供其最终消费之用的一种贸易活动。零售贸易的主要特征是：交易对象是为直接消费而购买商品的最终消费者；零售贸易的标的物不仅有商品，还有劳务；零售贸易的交易零星分散，交易次数频繁，单次成交额较小，未成交次数占有较大比重；零售贸易受消费者购买行为的影响比较大，零售贸易大多在店内进行，零售贸易必须以周转速度取胜；等等。

零售贸易的主要职能有分类、组合和备货功能、服务消费者功能、引导消费功能、反馈信息，促进生产的功能等。零售业是商品流通产业中以向最终消费者（包括个人和社会集团）提供所需商品及其相关服务为主的行业。它是一个国家最古老、最重要的行业之一，也是一个国家和地区经济运行状况的晴雨表。

零售业态是为满足不同的消费需求进行相应的要素组合而形成的不同经营形态。零售组织的发展使零售业态呈现出边界模糊化与重叠化趋势。零售业态划分的理论依据主要包括需求弹性划分标准和营销组合划分标准。

零售贸易演化理论包括环境理论、循环理论、冲突理论和混合理论。

关键术语

零售贸易；零售业态；消费者偏好；百货店；超级市场；专业店；便利店；专卖店；无店铺经营；零售轮理论；手风琴理论；生物进化理论；辩证发展理论；生命周期理论；真空地带理论

本章思考题

1. 解释零售贸易、零售商、零售业态。
2. 简述零售贸易的主要职能。
3. 分析零售业态划分的理论依据及其运用。
4. 结合零售贸易的发展现状，分析零售贸易在中国的发展趋势。

第八章　批发贸易

第一节　批发贸易的内涵、特征与功能

一、批发与批发贸易

（一）批发的定义

批发是一种具有明确含义的经济行为，通常是指某种特定的商业活动。在迈克尔·波特的思想体系中，批发与零售共同构成下游价值链，是价值系统的必要组成部分。在微观层面，批发不过是企业产品分销的一个环节，而从相对宏观的角度来看，批发则是一个行业或者产业，是某种意义上的一种流通或商业产业类型，属于现代服务业的范畴。

批发是与零售相对应的一种贸易活动，批发是在生产者与非消费者（批发商、零售商）之间进行的供转卖或生产加工使用的整批商品的大宗买卖方式。有的学者认为，所谓批发，是指批发交易主体从生产厂商或其他经营者手中采购商品，再将其提供给商业用户、产业用户或其他类型的业务用户，供其转卖、加工或使用的批量商品交易活动。① 还有学者认为，批发是指不以向大量最终家庭消费者直接销售产品为主要目的商业组织，相反它们主要是向其他商业组织销售产品，是为中间性消费者进行的购销活动。② 这些观点虽略有不同，但都是立足于交易目的、交易对象和交易规模等维度来区分批发贸易和零售贸易的差异，进而对批发的内涵做出界定。

---

① 刘普合. 中国农产品批发市场实操手册 ［M］. 北京：中国经济出版社，2010：1.
② 肖家. 批发 ［M］. 北京：中国言实出版社，2007：1.

（二）批发贸易的概念

批发是指将商品销售给以转卖为目的或以商业用途为目的的购买者或用户的经济活动。贸易双方的卖者从生产厂商或其他经营者手中采购商品，成批出售。贸易双方的买者为商业用户、生产用户或其他用户，成批购买商品并用于转卖或加工生产等商业用途。批发贸易的基本内涵包括以下三个方面的内容：

1. 购买者以转让为目的或以商业用途为目的

从购买者的地位或动机来看，批发贸易的对象是为了获得利润或实现业务目的而进行商品购买的组织或个人。比如制造业者对各类批发贸易者、零售业者的销售，各类批发贸易者对零售业者、制造业者的销售等均为批发贸易。因此，是否以转让为目的或以商业用途为目的就成为区分批发与零售的根本标准。

2. 批发贸易数量大

由于批发贸易的对象是制造业者、各类批发贸易者和零售业者，他们之间的交易是企业组织之间的交易活动，其目的是转手商品，因而对于交易量具有内在的要求，往往实行批量交易和批量作价。

3. 经营地点比较集中

批发贸易的经营机构多设在生产比较集中、交通比较便利的城镇，不少农副产品的采购企业分散在产地的农村小集镇。它不直接面对广大消费者，不限于在柜台上销售商品，销售价格实行数量折扣等折扣形式。①

（三）批发贸易的经济意义

1. 有利于加速社会再生产过程

现代市场经济以大规模生产为前提，同样也必须以大规模销售为前提，因此生产者生产的产品是以出售给商人而不是以出售给消费者为前提。专职批发商从事大规模的批购和批销业务，能大量吞吐商品，大范围拓展市场，能适应生产部门大规模出售产品的需要。有专职批发商，生产企业就可以将产品大批量销售，进而迅速获得货币，重新开始新的生产周期，从而加速整个社会再生产过程。

2. 有利于解决产销矛盾

随着商品生产的发展，贸易的规模和范围不断扩大，商品的产销在空间上、时间上、集散上的矛盾越来越大。专职批发商的出现具体承担着集中货源、扩散商品、整理、分类、储运等功能，既能适应生产企业大批量、少批次、集中出售的要求，又能适应零售企业小批量、多批次、易选择、勤进快销的特点，便于解决和调节商品的产销矛盾。

---

① 陈淑祥，张驰，陈玺岚. 贸易经济学［M］. 成都：西南财经大学出版社，2019：53.

3. 有利于提高社会经济效益

专职批发商的出现大大减少了交易次数，如果 M 个零售商与 N 个生产者都进行一次交易，则交易次数为 M×N，如果有专职批发商的介入，两者之间的交易次数就变成了 M+N，N 和 M 越大，通过专职批发商的介入而减少的交易次数就越多，交易成本就越低，从而能够提高社会经济效益。

（四）有利于提高贸易资本的利用率

专职批发商批量购销和批量运输商品，使商品的储存和运输得到适当的集中，这就为合理地使用仓储设施和运输能力创造了条件。同时，在贸易全过程中，商品总库存量在专职批发商的作用下会相对减少，从而能节约有关的费用。①

二、批发贸易的特征

（一）批量交易、批量作价

批发贸易一般要达到一定的贸易规模才会进行，通常都有最低的贸易量规定，零售贸易没有这一限制。因此，批发贸易与零售贸易相比，平均每笔贸易量要大得多。批发贸易的经济意义在于，批发贸易的价格往往与贸易量成反比，批发贸易量大，但批发成交价往往相对比较低。

（二）非终端销售

由于批发贸易的目的主要在于"商业用途"，这就决定了商品在完成批发交易后，并未进入最终的消费环节，而仍然停留在流通或生产领域。如制造商的批量采购一般是为了生产其他产品，购进的商品或者服务以生产资料的形态存在，不具备最终消费品的属性。同样，各类中间商购进商品的目的在于转卖，此时，商品无论是否经过了流通加工，都处在流通环节，以流通资料的形态存在，也不具有通常意义上的消费品属性。所以，批发交易具有非终端性和非终端销售的特点。

（三）交易关系稳定

由于批发贸易主要发生在组织（或机构）之间，与零售商所拥有的庞大的顾客群相比，其交易对象在数量上相当有限。例如，在多层次的代理模式中，制造商可能仅与数十个，甚至数个区域或省级总经销商交易。而省级经销商的活动空间一般仅限于一省之地，与之发生交易的下一级经销商的数量也是非常有限的。即使是其他形式的分销类型，制造商或者各级批发商的客户数量都不能与百货公司、超级市场或者购物中心等同日而语。交易对象的规模差异导致批发、零售的交易方式存在重大区别。一方面，针对少量客户的批发贸易，企业能够为每

---

① 柳思维，刘天祥 . 贸易经济学［M］. 长沙：湖南师范大学出版社，1998：135-136.

一个顾客制定个性化的营销方案，而针对广大个人消费者的零售贸易，零售商通常采取按类细分市场的方式，将顾客划分为若干不同的"群"，采取有差异的经营策略。另一方面，维系老顾客虽然对任何企业来说都很必要，但较之零售贸易，批发贸易更需要企业建立持续、稳定的客户关系。①

（四）资金密集型交易

与零售贸易的零星分散交易及资金使用量少的特点恰好相反，批发贸易主要面向组织买者（即大客户），虽然发生交易的次数较少，但交易数额较大，这直接导致了以下后果：第一，技术要求高。技术投入主要用于仓储等物流设施的建设。第二，劳动投入较少。批发贸易从业人员较零售贸易要少得多，一般为后者的1/3左右；同时批发贸易的商品流转额又比零售贸易高出50%以上。因此，对于批发贸易而言，资金与劳动的比值相对较高。第三，由于批量作价，交易中资金使用量较大。这表明批发贸易具有资金密集的特点，同时也反映出资金问题往往决定着批发贸易的成败。

（五）投机性较强

批发贸易中具有更广的变化空间，从而具有更多的创造利润的机会，因而从事批发贸易的商人（批发商）具有较强的投机性，比如，进行买空卖空、囤积居奇等。批发商的投机活动主要依靠信用制度的支持，利用买卖在时间、空间上的分离而进行多次连续买卖，往往造成虚假的供求关系，并从中牟取暴利。这种投机活动一旦失败，会造成社会财富的巨大浪费，甚至引发经济、社会动荡，冲击经济的正常运行秩序。因此，科学地认识批发贸易的投机性，防范和遏制其消极影响，对于高效、有序地组织商品流通是必要的。②

（六）专业化的倾向日益明显

随着科技的进步，生产门类增多，社会商品种类日益繁多，采购者的选择空间也越来越大。为了适应和满足客户的需要，批发贸易者必须备有充足的货源。所谓"充足"的货源主要是指经营产品品种多，花色、规格、型号、款式等比较齐全，可以供采购者任意挑选。因而批发贸易专业化的趋势日益明显。

三、批发贸易的功能

批发是商业内部分工深化的产物，由批发商及其参与的批发贸易一旦以分工的形式独立出来，就在商品流通过程中扮演着媒介商品交换活动的角色和功能。

---

① 张春法，高觉民，宗颖，等. 批发贸易——演进、业态与管理［M］. 南京：南京大学出版社，2021：5-7.

② 陈淑祥，张驰，陈玺岚. 贸易经济学［M］. 成都：西南财经大学出版社，2019：51-54.

批发贸易在商品流通过程中具有以下功能:

(一)商品集散功能

商品集散是批发贸易的首要功能,批发商在其经营活动中,把分散在各地的生产企业的产品收购集中起来,实现商品从产地到销地的转移过程,既有利于生产企业的商品转化为资金,使生产继续运转,也缩短了贸易流通过程。各种商品集中在批发环节,不仅简化了零售商的进货过程,还提高了他们进货的选择性。[1]

(二)成本节约功能

批发贸易节约的成本主要是流通成本。流通成本是指花费在商品流通过程中的各种费用,包括商流费用和物流费用。商流费用是指用于商品交易即商品所有权转移的费用,如搜寻费、谈判费、签约履约费等。物流费用是指用于商品实体流通的费用,如运输费、储存保管费等。[2] 批发贸易能够减少商流费用,是因为批发贸易的存在可以减少交易次数。假如有 M 个生产商,N 个零售商,则直接交易的次数为 M×N;而有 1 个批发商介入之后,所需交易次数便简化为 M+N 了。交易次数的简化必然带来交易成本的大量节约。[3]

(三)供求调节功能

供求调节功能是商品流通的重要功能。在社会化、专业化生产的条件下,生产(供给)与消费(需求)不仅在时间上是分离的,而且在空间上也是分离的,有的商品是此地生产、彼地消费,有的商品是一段时间内供不应求,另一段时间内却供过于求,生产与消费之间的矛盾很难完全统一。为了调节生产与消费在时间和空间上的矛盾,客观上就需要有专门的流通机构,而作为重要的流通机构的批发商则是调节这一矛盾的主体。批发商业通过交易价格的形成和促进来调节供求之间的矛盾。具体来说,批发商业是通过以下活动来发挥供求功能的:一是向生产者提供需求信息、相关生产信息和新技术信息,并作为生产者的销售代理人为生产者销售产品。二是向零售商和产业用户传递生产信息,并作为零售商或产业用户的购买代理人为其采购所需要的商品。与此同时,批发商必须保持一定量的储备,正常情况下,供过于求时,只要产品适销对路,就应该增大储备量;供不应求时,就应该减少储备量,从而调节社会生产和消费,保证供应,稳定物价,发挥"蓄水池"作用。[4]

① 易法海. 贸易经济学 [M]. 北京:中国农业出版社,2008:55.

② 夏春玉. 流通概论 [M]. 北京:中央广播电视大学出版社,2002:159.

③ 张春法,高觉民,宗颖,等. 批发贸易——演进、业态与管理 [M]. 南京:南京大学出版社,2021:54.

④ 冯明明,顾明玉,刘增芹,等. 商品流通概论 [M]. 天津:南开大学出版社,2005:84.

（四）信息整合与传递功能

如果没有批发商的介入，生产部门和零售部门（或产业用户）各自均需在市场中搜寻交易对象，并就有关商品的质量、价格等信息进行收集、对比，确定了交易对象之后还需对交易、履约条件进行交涉。批发贸易的信息传递功能是由其在商品流通中的地位决定的。批发商居于制造商、零售商和产业用户之间，既可以获得制造商的供给信息，又可以获得零售商的需求信息，从而能够将供求信息进行比较分析，再将加工后的信息分别传递给零售商和制造商。制造商可以根据批发商提供的需求信息组织有效的生产，零售商可以根据批发商提供的供给信息了解新产品信息和商品流行趋势。

（五）流通加工功能

批发商在开展批发业务时，不是单纯地从制造商手里将商品原封不动地卖给消费者，而是要对商品进行组合、分类、定级、整理、加工、配货、包装，即流通加工。只有这样，才能增加商品的可流通性，适应再销售者或者其他产业用户的需要，提高流通效率，降低社会流通成本。显然，流通加工功能是批发商业的一个重要功能。一个批发商的加工能力的强弱将直接影响到服务质量，从而直接影响着批发商的竞争能力和经营水平。事实证明，一些具有竞争实力的批发商往往都具有极成熟的流通加工能力。

（六）物流功能

批发商从制造商处采购商品，经过流通加工，再销售给零售商和其他产业用户。这个过程不仅要通过商品所有权的转移来实现，还需要通过商品实体的转移来实现，是商流和物流的有机结合。专业的运输部门承担了大部分商品的运输需要，但是批发商自身的运输商品的能力也是必不可少的，否则就无法向零售商提供及时、便利的服务。批发商就像一个蓄水池，通过蓄水（采购）和供水（销售）来调节商品需求，因此其不仅需要一定的储存场所和设施，还需要实施科学的仓储管理。

（七）资金融通功能

对于批量产品，批发贸易有其较强的融资功能。对于生产商而言，批发商不仅在商品进入最终消费之前垫付资金，而且还提供预付货款等信用服务，加速其资金周转速度，提高资金使用效益。对于零售商及其他用户而言，批发商可以提供赊销、延期或分期付款等商业信用，缓解其资金困难，有利于其生产经营及业务活动的开展。批发商业的资金融通功能对于加速商品流转、节约流通费用具有重要意义。它体现了商品流通与货币流通之间的相互依存关系，资金融通为市场上商品的生产和销售提供了强有力的保障。①

（八）风险分担功能

商业的风险承担功能主要体现于批发商的风险承担功能。商品从生产领域向消费领域转移的过程中，客观上存在着种种流通风险，如商品实体的损失（包括变质、腐败、破损、受潮、毁弃等）和商品所有权的丧失（包括被盗、被骗、赖账等），以及经营方面的风险（如跌价、过时、积压、拖欠等）。批发商承担了上述流通风险的绝大部分，并以保险、避险、风险管理等活动防范和转移了相当一部分风险，使风险损失控制在较小的范围内，这样既减少了社会财富的无谓损失，又为零售商、生产者和业务用户从事生产、经营和业务活动提供了安全、稳定的环境。

（九）销售支援功能

所谓销售支援主要是指批发商对零售商的销售支援，即批发商为了促进零售商的订货，通过诊断、咨询帮助零售商研究、制定营销方案并指导零售商经营的活动。随着商业竞争的日益激烈，能否向零售商提供销售支援，以及提供销售支援的质量如何，已经成为批发商能否维持生存和发展的关键因素，因此销售支援功能已成为批发商业的一项必备功能。

一般来说，批发商向零售商提供的销售支援主要包括：①根据零售商的店铺条件和顾客阶层帮助零售商选择、确定商品；②根据实际情况指导零售商的店铺设计和商品陈列；③指导零售商进行有效的促销；④派人协助零售商进行销售。

第二节　批发贸易组织

一、批发贸易组织的概念和功能

（一）批发贸易组织的概念

所谓批发贸易组织，是指为批发交易提供场所和条件并为商品流通服务的机构。它具有自己独立的内涵、功能和类型。批发贸易组织服务的对象是商品流通的主体，其中主要是参加批发贸易的交易者。批发贸易组织提供的服务主要是买卖的场所和条件，包括运输、仓储、加工、包装、信息、结算、交易方式、监督机制、风险控制等，并不参与交易过程。这与居间贸易组织是有区别的。批发贸

---

① 柳思维，高觉民. 贸易经济学（第三版）[M]. 北京：高等教育出版社，2015：188.

易组织是非营利性的、自治性的流通服务组织，是批发商品流通中的公益性的经济组织，一般以批发交易主体为主，由同业公会出面集资兴办、营运和管理。①

（二）批发贸易组织的功能

批发贸易组织是商品流通发展到一定阶段的产物，它与商品流通的组织化程度紧密相关，对于增强商品流通的有序性、提高商品流通的效率、降低商品流通费用、促进商品生产的发展具有重要意义。具体地说，批发贸易组织具有以下五个方面的功能：

1. 组织市场竞争，引导和实现资源配置

批发贸易组织为批发商品流通提供了交易的场所与条件，能够吸引和聚集众多的买者与卖者，形成庞大的买方集团与卖方集团。相对孤立、分散、一对一的交易而言，批发贸易组织所形成的大规模、集中、集团化的交易在买者与卖者之间、买方集团与卖方集团之间引发了更激烈、更自由、更公开的竞争，有利于形成公正的市场价格，实现社会资源的合理配置。

2. 构造市场链式及网络平台，促进流通体系运行

批发贸易组织本身就是批发商运行的平台，在当今社会信息化条件下，这种平台可以为上下游企业打造数字经济系统，也可以帮助其快速构建专属的供应链及渠道运行体系。利用网络交易平台，批发商交易组织可以推介、全面展示商品，快速引流客户，提升供应链、渠道链的内外部协同效率，以数据驱动增加客户，提升销量，降低成本，加速资金流转，为相关企业获取并共享更多的利润。

3. 引导商品生产，繁荣地方经济

批发贸易组织是一个促进信息交流与实施竞争的平台，可以集中最新的市场信息，使厂家及时掌握市场动态，结识众多客户，同时竞争使得生产商按市场需要组织和调整生产，提供更优质的商品，不断提高生产的商品化、专业化、现代化水平。批发贸易组织不仅接受地方政府的宏观调控和监督，也是实施地方产业政策的载体之一，对所在地的金融、保险、运输、仓储、旅游、餐饮、娱乐等行业产生出强劲的市场需求，从而带动地方经济的繁荣与发展，即所谓的"建一处市场，兴一方经济"。

4. 降低流通费用，节约交易成本

批发贸易组织提供的运输、仓储、加工、包装、信息、结算等服务具有规范性，相对于各个批发交易主体个别、分散的自我服务，无疑可以降低流通费用。批发贸易组织提供的业务接洽、交易监督、风险管理等服务使得交易具有集约性

---

① 张春法，高觉民，宗颖，等. 批发贸易——演进、业态与管理［M］. 南京：南京大学出版社，2021：74-75.

和规范性，从而能够降低交易过程中的风险，增加交易双方相互信任的程度，保障交易合约的顺利履行。对于整个社会而言，这实际上节约了总交易成本。

5. 规范交易行为，建立市场秩序

批发贸易组织不是自发形成的，也不是随意组合的，而是有着严密的结构与完善的运行规则的经济组织。它要求服务对象即批发交易主体遵守相应的秩序和规范，否则拒绝接纳。一般而言，批发贸易组织对批发交易主体的经营资格、竞争规划、交易程序等有明确、具体的要求。这对于反特权与垄断、打击不正当竞争、限制场外交易、规范交易行为、建立市场秩序等具有重要意义。

二、批发贸易组织的类型

（一）按经营主体分类

按经营主体不同，可将批发商分为独立批发商、制造批发商、共同批发商、批兼零批发商、连锁批发商和代理商。

1. 独立批发商

独立批发商也称为商人批发商，是指不依附于生产部门，独立从事批发交易活动并对所经营的商品拥有所有权的批发商。独立批发商是最传统、最标准的批发商，其组织形式多种多样，但以批发公司的形式居多。独立批发商从制造商那里大批量进货，然后经过分类、整理、编配、包装后再向再销售者或产业用户销售，它是现代批发商业的主要形式。[①]

2. 制造批发商

制造批发商有双重含义：一是指大型制造商自设的以批发业务为主的销售机构。二是指拥有制造工厂的批发商，或者指将指定商品委托特定制造商生产的批发商。我国的制造批发商大多指第一层含义的制造批发商，其具体形式是各生产企业自设的销售公司。

3. 共同批发商

共同批发商是指为了与大型制造商、大型批发商或大型零售商相抗衡，而由数个中小零售商组成的共同批发企业。共同批发商的目的是通过大量采购，争取价格折扣，降低流通费用，提高竞争能力。

4. 批兼零批发商

批兼零批发商是指以批发业务为主，同时也兼营零售业务的批发商。一般以中小型批发商居多。我国中小批发商兼营零售业务的现象相当普遍，因此大部分中小批发商应属这种类型的批发商。

---

① 冯明明，顾玉明，刘增芹，等．商品流通概论［M］．天津：南开大学出版社，2005：85-87.

5. 连锁批发商

连锁批发商是指由复数中小批发商组成的连锁商业组织。这种批发商一次采购量大，成员分布广，市场范围大，从而可以获得规模效益，是组织化程度较高的一种批发商业形式。由于体制、观念、商业信用状况及市场竞争压力等方面的原因，我国的中小批发商还普遍缺乏联合、协作的理念，习惯于单兵作战，因此这种形式的批发商在我国还不多见。

6. 代理商

代理商是指接受委托人的委托，在一定范围内以委托人的名义代理委托人从事销售或采购业务，而对所代理商品不拥有所有权的批发商。

（二）按经营商品分类

按经营商品不同，可将批发商分为普通批发商和专业批发商。

1. 普通批发商

普通批发商是指经营一般商品且种类、规格繁多，经营范围很广的批发商，也叫综合批发商。这种批发商适合各种再销售者或者产业用户的需要。但从发展趋势上来看，普通批发商呈减少倾向，逐渐向专业化方向转化。

2. 专业批发商

专业批发商是指专业化程度较高、专门经营某一类或少数几类商品的批发商。由于商品的种类繁多，因此专业批发商的种类也很多，可按经营商品的类别进行细分，比如，进一步细分为食品批发商、钢材批发商、电器产品批发商、水产品批发商等。由于专业批发商易于掌握所经营商品的性能、特点、用途、价格、渠道等知识和信息，备货齐全，成本较低，因此较易获得竞争优势，尤其是在商品资源极大丰富，新产品层出不穷的现代社会，专业批发商业的优势更为明显。其批发对象多为专业商店及生产消费部门。

（三）按销售地区分类

按销售地区不同，可将批发商分为全国批发商、区域批发商和地方批发商。

1. 全国批发商

全国批发商是指在全国范围内开展批发业务的批发商。全国性批发贸易一般只经营大众化商品，而不经营特殊化商品。全国批发商往往在全国设有分支机构，具有全国性的销售网络。全国批发商的优点是可以通过大量采购来降低成本，获得规模效益。同时，由于在全国具有声誉和销售网络，从而有利于扩大销售。其缺点是，销售领域太广，与消费者接触较少，有时提供的商品不一定适合于某地的需求。

2. 区域批发商

区域批发商是指介于全国批发商与地方批发商之间的批发商，其经营地区比全国批发商小、比地方批发商大，经常在全国某一地区或某几个地区进行经营活动。显然，区域批发商的信誉度、知名度不及全国批发商高，其影响力也不如全国批发商。

3. 地方批发商

地方批发商是指在一个城市、一个较小的交易地区从事经营活动，经营规模较小的批发商。地方批发商由于接近消费者与用户，因此能详细了解当地的需求状况，迅速提供适销对路的商品。但是，由于规模较小，具有不能大量进货和充分备货的缺点。

（四）按流通环节分类

按流通环节不同，可将批发商分为一次批发商、二次批发商和三次批发商。

1. 一次批发商

一次批发商是指从制造企业那里直接采购商品的批发商，也称产地批发商。这种批发商一般设在某种商品的产地，因此可以随时收购商品，然后销售给二次批发商或其他用户。

2. 二次批发商

二次批发商是指从一次批发商那里采购商品，然后再将商品销售给下一级批发商的批发商。二次批发商一般设在交通枢纽或商品集散地，因此也称为集散地批发商或中转批发商。

3. 三次批发商

三次批发商是指从二次批发商那里进货，然后将商品直接销售给零售商或其他用户的批发商。这种批发商一般设在商品的销售地，因此也叫销售地批发商。一般来说，三次批发由于流通环节多，流通费用会适当增加，导致商品价格上涨，因此一般不宜采取。

按照批发交易组织的组织化程度与交易形式，可以将其分为批发市场、批发贸易中心与商品交易所三类。批发市场是组织化程度最低的批发交易组织类型，以即期批发贸易为主，也有少量短期合同交易；批发贸易中心的组织化程度较高，以远期合同交易为主，但仍是现货交易；商品交易所是组织化程度最高的批发交易组织类型，执行标准化交易合约，既有现货交易，又有期货交易，且以期货交易为主。[1]

三、批发贸易的组织形式

批发贸易的组织形式按其性质一般可分为基本组织形式和经营组织形式

---

[1] 柳思维，高觉民. 贸易经济学（第3版）[M]. 北京：高等教育出版社，2015：193.

两种。

（一）批发贸易的基本组织形式

批发贸易的基本组织形式通常是指那些能同时反映几乎所有批发贸易的特征，并能够完成全部重要的批发职能的一般批发贸易组织，或叫作全职能批发贸易组织。全职能批发贸易组织按其承担的任务可分为产地批发贸易组织、中转批发贸易组织、销区批发贸易组织和口岸批发贸易组织四种类型。①

1. 产地批发贸易组织

生产商的产品，经它收购集中后再供应给销地批发商与零售商。产地批发贸易组织处于商品流通的起点，它的规模与结构取决于生产的规模与结构。能够适应生产的要求、服务生产、促进生产，是产地批发结构合理化的主要标志。

2. 中转批发贸易组织

它的主要任务是起到集中—分散、分散—集中的集聚和分散作用。所以它是指从产地批发组织或大规模生产者手中批量购入商品，再向各消费地批发商或零售商批量销售商品的批发组织。它的规模与结构取决于所在中心城市的辐射能力和交通状况。

3. 销区批发贸易组织

销区批发贸易组织也称分散批发贸易组织，指从产地批发贸易组织、中转批发贸易组织或口岸批发贸易组织那里集中购进商品，再向当地大小零售商、个体经营者批量销售商品的批发组织，所以它的任务是把购入的商品直接供给零售商、生产商，或个体经营者。

4. 口岸批发贸易组织

它一般设在沿海口岸，它的主要任务是接收进口商品，然后再向其他各地调拨。它的设置和规模取决于对外贸易的发展，以及所在口岸的地理位置和内外辐射力。

（二）批发贸易的经营组织形式

批发贸易的经营组织形式，是指集中各类批发组织形式，综合进行各种批发交易的开放性的商品交易组织，比如，批发贸易中心、批发市场、商品交易所等。

1. 批发市场

批发市场是指集中各类批发商进行现货批发交易的场所。批发市场的类型很多，可以根据不同的标准进行分类。根据交易商品不同，可以将批发市场分为农产品批发市场、日用工业品批发市场和生产资料批发市场；根据专业化程度不同，可以将批发市场分为综合批发市场、专业批发市场；根据地理位置不同，可

---

① 张章. 贸易经济学［M］. 延吉：延边大学出版社，1997：125-126.

以将批发市场分为销地批发市场、产地批发市场和集散地批发市场；根据市场辐射范围不同，可以将批发市场分为全国批发市场和地方批发市场。[①]

2. 批发贸易中心

批发贸易中心是指在城市或集散地建立的，拥有相应服务设施，以批量期货交易为主的开放式、多功能的新型商品交易组织形式。它具有以下基本特点：[②]

（1）交易批量巨大。它集中了大规模的买者与卖者，严格限于批发交易。零售商及其他较小的批发商被排除在外。因此，批发贸易中心是更典型、更纯粹的批发交易服务组织。

（2）以远期合同交易为主，实施商品实物与货款交割。也就是说，由买卖双方签订在未来某一时期内进行某种商品买卖的合同以完成交易，交易的结果是进行商品实物交割与货款的支付。这是批发贸易中心区别于批发市场和商品交易所的重要标志。因为批发市场以即期批发贸易为主、短期合同交易为辅，商品交易所主要进行期货交易，极少进行商品实物交割。

（3）吸引力强、辐射面广。批发贸易中心交易批量巨大，且以远期合同交易为主，因此易于突破交易的空间与时间限制，吸引各地客商及商品，服务广大地域。

批发贸易中心作为批发交易组织的重要类型，[③] 其作用体现在以下三个方面：

（1）贸易中心的存在和发展可以促进商品市场体系的完善。商品市场体系按空间范围与辐射能力，可以分为地方市场、区域市场、全国市场与国际市场。贸易中心凭借其交易量与辐射力，往往是区域市场或全国市场的支柱，而且通常与国际市场接轨，成为沟通国内市场与国际市场的中心环节。商品市场体系按发育状况与组织化程度，可以分为初级市场、中级市场与高级市场。贸易中心以其相对完备的功能与比较规范化的远期合同交易形式，成为了中级市场的主体，它不仅担负着为多品种、大批量的商品流通服务的任务，也是市场发育中的一个承上启下的关键阶段，为商品交易所等高级交易组织形式的出现奠定了基础。

（2）贸易中心有利于建立相对稳定的购销关系，增强商品流通的有序性，为商品生产的发展创造条件。贸易中心以远期合同交易为主，且交易批量巨大。这对于生产者来说，便于有计划地组织生产，易于核算成本费用，避免积压浪费，减少市场风险。对经营者而言，便于组织商品货源，积极开拓市场，强化销

① 陈淑祥，张驰，陈玺岚. 贸易经济学［M］. 成都：西南财经大学出版社，2019：57-60.

② 张春法，高觉民，宗颖，等. 批发贸易——演进、业态与管理［M］. 南京：南京大学出版社，2021：78.

③ 祝合良. 现代商业经济学［M］. 北京：首都经济贸易出版社，2001：284.

售，易于赢得竞争优势。生产者与经营者之间或经营者与经营者之间的这种巨额合同交易，使它们彼此了解、互相信任，有利于建立相对稳定的购销关系，从而既可以增进双方的利益，又可以提高流通的效率。

（3）贸易中心可以提供公开、公平与公正的交易场所。贸易中心是开放型的，人不分公私，货不分南北，一视同仁，平等相待。贸易中心又是鼓励竞争的，众多的买者与卖者集中交易，且交易数额巨大，供求信息量大，促进了平等、公正的市场竞争。贸易中心具有较高的组织化程度，以远期合同交易为主，且服务设施完善、服务功能齐备，有利于增强市场交易的有序性。

由于贸易中心具有上述三方面的作用，因此，在我国流通体制改革的过程中，贸易中心曾经充当过打破原有的行政式、垄断式、封闭式、分配式旧体制的急先锋，并获得了迅速发展。

贸易中心的基本性质与批发市场相同，但在业务经营上有一定的区别：①贸易中心是大的买者与卖者进行大批量集中批发交易的场所，而批发市场内虽然也是批发交易，但批量并不大，而且还有少量零售交易夹杂其间，批零分离并不彻底；②贸易中心内的批发交易，主要是以远期合约交易方式进行的，现货交易只居于次要地位，而批发市场的交易方式，一般是现货交易与远期合同交易相结合，且以现货交易为主，成交后立即进行商品实物分割。①

3. 商品交易所

商品交易所是参加期货交易者买卖期货合约的交易场所，它是为生产、经营或代理买卖同类或几类商品的企业和个人进行期货交易而设立的服务组织。它的主要作用有：①提供一个有组织有秩序的交易场所。保证期货交易在"公正、公平、公开"的原则下顺利进行。②提供公开的价格。③提供统一的交易规则和标准，保证交易有序进行。④提供良好的通信设施和服务。⑤提供交易担保和履约保证。

商品交易所一般具有以下功能：②

（1）供求调节功能。供求调节功能是商品交易所的首要功能。由于商品交易所不仅集中了大量的上市商品的实际供求，而且集中了大量的上市商品的投机供给与投机需求。因此，不论是实际供求还是投机供求，都可以在交易所得到有机的结合。因而，商品交易所具有调节供求平衡的功能。

（2）价格形成功能。由于上市商品的实际供求与投机供求是通过商品交易所的大量交易得到结合的，从而也必然伴随着交易价格的形成。商品交易所形成

---

① 柳思维，刘天祥. 贸易经济学 [M]. 长沙：湖南师范大学出版社，1998：104.
② 冯明明，顾玉明，刘增芹，等. 商品流通概论 [M]. 天津：南开大学出版社，2005：103.

的价格是一种公正的价格，它是通过公开自由的竞争形成的价格，它也是在吸纳、消化所有信息的过程中形成的价格。因此，这一充分反映了各种信息和大量交易的价格既是公正的价格也是合理的价格。

（3）规范市场交易秩序的功能。商品交易所是组织化程度最高的批发商品流通服务组织。它严格地规定了交易的主体、客体、方式和保障制度等，使商品交易高度定型化。商品交易全过程都是按照交易规则进行的，透明度极高。这种规范的交易秩序也影响了交易所之外的市场交易，促使其不断提高市场交易的规范化和有序化。

（4）风险转移或风险规避功能。这种功能主要是通过套期保值交易来实现的。所谓套期保值交易是指商品交易者通过商品交易所买进或者卖出与现货交易数量相当但交易方向相反的期货合约，以期在未来某一时间通过卖出或买进期货合约来规避价格风险的交易。具体来说就是，如果在现货市场上购进商品的话，就在商品交易所卖出相当数量的该种商品的期货合约；如果在现货市场上卖出商品的话，就在商品交易所买进相当数量的该种商品的期货合约，这样可以有效地规避现货交易中因价格波动而产生的风险。

第三节　批发贸易面临的挑战与机遇

一、批发贸易的发展趋势

（一）规模化、集团化

按照经济发展规律，批发贸易的竞争必将推动批发企业资本的积聚和集中，批发企业的规模将不断扩大。近年来，国际上大型跨国商业集团纷纷进入我国批零行业，对我国批发企业的发展形成了严峻的挑战，国内贸易企业走向联合，规模化和集团化是必然趋势。随着资本市场的不断完善和贸易环境的不断改善，跨地区、跨部门、跨所有制的贸易企业间的重组、兼并将促进贸易资本的集中，形成一批具有国际竞争力的贸易企业集团，造就国际大买家。批发贸易以资本为纽带的商业资源整合，将形成一批工商结合、农商结合的新型商贸集团。今后，连锁经营的方式将更多地被引入批发贸易。

（二）经营形式多样化

面对来自制造业和零售业的竞争，批发贸易经营形式也日益呈现出多样化的发展态势。其中，订单型批发、展示型批发、配送型批发、电子商务型批发等多种批发形式得到了长足的发展。订单型批发是指接受客户的订单，代为其施行采购或派发加工业务的批发形态。这种批发形态已经在上海得到较快的发展，成为上海国际贸易中心建设的重要内容。配送型批发是以物流配送中心的形式开展批发贸易业务的批发形态。展示型批发由于场所集中，品种繁多，可供客户进行充分的比较选择，所以很受采购商的欢迎。随着我国会展业的发展，展示性批发将会有较快的发展，成为批发贸易中的又一种重要形态。

（三）联盟化、一体化

批发企业利用自身优势，整合贸易渠道资源，加强供应链管理，是批发贸易发展的重要趋势。批发商通过不断与制造商、零售商结成战略联盟，在互利互惠的基础上实现了共同发展。一方面，批发企业通过与零售企业签订长期合作协议，规定零售企业的产品销售数量、价格标准和服务质量，将零售作为自己的终端和窗口。批发企业除了向零售企业转售商品外，还为零售企业提供促销策划、营业指导、信息数据库等，为零售企业提供全方位的服务。批发与零售一体化是批发商延长价值链的需要，也有利于降低零售商的运行成本。另一方面，批发商向生产领域的延伸也是必然趋势。一些专职批发商以多种形式向生产领域延伸，将生产环节纳入自己的经营体系，比如，通过自己的商业品牌，向制造商定制加工产品；或在企业内部自主设立产品开发部，进行产品设计，然后向生产企业下订单，组织加工再批发销售；或者由批发商直接向企业参股，让生产为批发销售服务。

（四）品牌化、国际化

近年来，我国一批传统的批发市场转型升级速度较快，从原来的规模扩张向质的提升转变，更加注重市场功能升级和品牌建设，正在向现代展销中心和采购中心转型。现代批发商不管是独立批发商还是制造批发商，均更多地把注意力放在创建品牌和获得持续的竞争优势上，以争取获得流通渠道的主导权，保持持续的发展。国际品牌批发商对我国批发商产生的示范效应，将促使我国批发商不断创新营销手段，向品牌化方向发展，打造世界级的品牌批发商。

（五）信息化

随着信息时代的到来，各行业都面临着信息化的冲击，批发贸易也不例外。批发商的信息化建设主要包括两项内容：一是构建高效率的信息收集、加工和处理系统。二是向用户提供高质量的信息。从现状来看，许多批发商都拥有能够与用户进行自动交互的电子数据交换系统与自动订货、补货系统，从而大大方便了用户的订货与补货。另外，许多批发商都在致力于为用户提供包括商品信息和经营信息在内的各种信息，以满足用户的信息需求。从发展趋势来看，全社会的信息化程度越高，用户希望批发商提供的信息量越大、内容越多、质量越好、速度越快，这就要求未来的批发商不仅要进一步改进、完善以计算机为基础的信息管理系统，还要进一步提高信息的质量。因此，信息化是批发贸易的重要发展趋势。

（六）物流化

从发展趋势来看，用户对于物流服务水平的要求越来越高，也越来越苛刻，因此，批发商必须在提高物流服务水平上做出更大的努力，特别是随着电子商务的兴起，批发商更应该将工作重点转向物流，将提高物流服务能力作为自己的核心竞争力来培育。因为电子商务越发展，就越需要高效、快速、安全的商品配送系统与之相适应。对于当前我国的许多批发商来说，具有很多发展物流的比较优势，电子商务的发展为批发商发展物流、强化物流功能创造了很好的机会，从而促使许多批发商由传统的商品批发向现代的物流批发转变。[①]

二、批发商业面临的挑战

（一）生产方面的变化对批发商业的挑战

1. 生产集中程度的提高对批发商业的影响

随着现代市场经济的发展，生产的垄断趋势进一步增强，即少数大企业通过不断兼并中小企业而迅速膨胀，控制了大部分产品的生产，操纵着产品的产量和价格，从而对批发商业形成压力。

2. 生产的纵向一体化程度的提高对批发商业的影响

（1）随着生产的纵向一体化程度的不断提高，原来在相关的生产者之间发生的大量市场化交易转变为了组织内部的交易，从而使得批发商业作为商品交换中介的作用大大降低。

（2）生产的产品范围的扩展对批发商业的影响。许多生产者尤其是资本雄厚、规模庞大的垄断厂商，为了分散风险，增加竞争能力，获取高额利润，往往有扩展商品范围的趋势，或者使产品系列化，增加品种、规格、花色，最大限度地占领市场，或者生产若干种彼此相关或互不相关的产品。生产者的产品范围的扩展增强了其与零售商或最终消费者直接打交道的能力，这也威胁着批发商业在商品集散、编配、分类、备货等方面的传统优势。

（3）生产向销售的前向一体化扩张对批发商业的影响。生产者为了推出新产品、掌握市场动态、节约流通费用、服务最终消费者，往往自己设立销售机构，绕过批发商业，与零售商或消费者建立业务联系，从而对批发商业构成了一定的竞争压力。

---

① 陈淑祥，张驰，陈玺岚．贸易经济学［M］．成都：西南财经大学出版社，2019：63-69.

（二）需求方面的变化对批发商业的挑战。

需求者需求规模的扩大，使其与生产者直接打交道的能力增强，从而有可能绕过批发商业。需求者组织化程度的提高，如零售商业中的连锁商店与零售商合作组织、业务用户中的购买服务组织可以向生产者集中采购商品甚至自办批发机构，对批发商业形成了强有力的冲击。需求专业化趋势的增强，如专业商店的崛起与兴盛，对综合批发商业提出了挑战，这就要求批发向专业化方向转化，否则批发商业将面临生存危机。

（三）流通方面与技术方面的变化对批发商业的挑战

现代金融业与保险业的发展，为商品流通提供了强大的资金支持与风险保障，从而降低了批发商业在融通资金与承担风险方面的作用。贸易中心、商品交易所等组织化程度较高的批发商品流通服务组织的存在，使得批发交易更为集约化、公开化、社会化，从而对于批发商业在调节供求与沟通信息方面的作用构成了一定的冲击。物流技术的日益发达也影响了批发商业传统的商品整理作用的发挥。网络技术的发展使得批发商业所具有的信息功能大大降低。[1]

三、批发贸易面临的机遇

社会经济环境的变化对批发商的影响是双重的，不仅使批发商面临许多挑战，同时也使批发商面临许多发展机遇，因为挑战与机遇总是并存的。

（一）提高商业批发企业的科学技术水平

流通现代化是以现代科学技术尤其是现代管理技术为支撑的。在现代批发业中，无论是商流方面的订货、发货、结算处理，还是物流方面的进出库、分拣、分类、再包装，或是信息流方面的情报收集、分析、传递等，都广泛使用了现代计算机技术、通信技术、自动化技术。在经营管理上，要大力推广计算机信息技术的应用，实现管理的信息化，加快流通技术革新的步伐，提高行业的科学技术水平。

在商品采购、销售等商流作业和仓储、运输等物流作业上，要进一步实现自动化和现代化，商流方面的订货、发货、结算处理等，都应由企业内部或共同的信息处理中心控制，物流方面的进出库、分拣、分类、再包装、倒库、显示库存量、出库时间安排、库存预警等，都应由计算机系统自动显示、控制和指挥。只有广泛采用现代化的技术，才能提供现代化的服务，从而争取到更多的客户，赢得市场。

---

① 祝合良．现代商业经济学［M］．北京：首都经济贸易出版社，2001：288．

（二）制造商与零售商的"两极化"为批发商提供了生存空间

与前面的挑战相对应，制造商与零售商虽然有明显的大型化、集中化趋势，从而对批发商提出了严峻的挑战。但是，从整个市场来看，小型化、分散化的制造商与零售商仍然占多数，小型化、分散化的制造商与零售商的大量存在为批发商的生存与发展提供了广阔的空间。不仅如此，不论是大型制造商还是大型零售商，其纵向一体化或横向集中化的规模与速度往往要小于社会分工的规模与速度，因此，即使原有的迂回生产与水平分工已被大型制造商或大型零售商的一体化或集中化经营所减少甚至消灭，但新的社会分工又会再度恢复甚至加剧迂回生产与水平分工的水平，从而又为批发商开辟了新天地。[①]

（三）消费需求的多样化增强了对批发商集散商品的需求

消费需求的多样化，一方面要求制造商生产制造出品种更多、规格更全的商品或服务，另一方面要求零售商提供相应的商品组合，从而增强了对批发商集散、编配商品的需求。在现代社会，消费需求不仅多样化，而且还是瞬息万变的，商品的市场寿命周期不断缩短，从而要求制造商或零售商要随时改变产品结构或商品组合，这意味着制造商或零售商的生产经营方式将由原来的"投机生产"转变为"延期生产"。所谓"投机生产"是指根据对消费者需求的预测而进行生产或采购，即根据预测完成产品的最终形态，然后准备销售；所谓"延期生产"是指根据用户的实际消费需求而不是生产者的需求预测进行生产。显然，"延期生产"是一种快速反应的生产经营方式，要求原材料或半成品的快速供应，否则就无法满足用户的需求。"延期生产"方式是适应消费需求变动的生产方式，它要以"小批量、多品种、高频度"的快速供货系统为前提，而批发商在这方面是具有优势的，因此，制造商或零售商生产经营方式的这种变化，为批发商的发展提供了广阔的空间。

（四）零售业态为批发商的发展提供了机会

1. 向零售领域渗透

目前批发和零售的界限正在逐渐淡化。对于我国的批发企业来说，应该充分利用自己的信誉优势、渠道优势和人才优势等自办零售。通过向零售领域的拓展，可以直接了解零售企业和消费者需要，有助于科学地组织货源，提供优质服务，扩大销售。批发企业向零售领域延伸还可以将批零交易内部化，进而节约交易费用。特别是对于小型批发企业而言，避开与大型批发企业的直接竞争，向零售领域发展不失为一种摆脱困境的好办法。

[①]　夏春玉. 流通概论［M］. 北京：中央广播电视大学出版社，2002：168.

2. 开展零售支援

零售企业的经营状况直接决定着批发企业的效益。批发企业必须强化为零售服务的观念，努力使自己具有独特的信息价值，建立数据库，为零售业提供全面的支援。除了向零售企业转售商品外，还应向零售企业提供全方位的服务，比如，为零售企业提供市场信息，帮助零售企业进行市场调查，提供商品结构调整方案等。

3. 开发适合特定零售业态的批发机能

零售企业是批发企业的主要交易方，不同的零食业态要求批发企业提供的服务是不同的，即使在同一业态中，企业不同，对批发企业的要求也是不同的。因此，要求批发企业在提供综合性服务的同时，还要在对不同业态特点进行充分调查的基础上，了解不同业态的交易条件或配送服务要求，根据特定的零售业态，开发适合特定零售业态的批发机能，并建立与零售业一体化的体系。

（五）线上批发电商平台的发展为批发商提供了广阔的发展空间

线上批发电商平台充分利用了电子商务跨越时间和空间的特点，最大限度地获取客户资源，B2B 的模式使批发商与上游及下游的交易成本更低，交易也更加便利。同时，批发电商平台可以利用交易平台产生的"批发大数据"为制造商、批发商和零售商提供及时的有关市场供求的具体信息，更好地发挥其信息传递作用，也可以利用所拥有的数据资产开展金融服务。通过对交易数据进行分析，线上批发电商平台可以为业绩优良的批发商和制造型小企业提供无抵押的小额贷款，以提高批发市场的金融服务能力，加强批发市场对于供应链上游和下游的吸引力和控制力。

（六）创新供应链管理模式，建立和完善批发商主导型的供应链管理模式

以供应链管理思想再造中国批发业，建立和发展批发商主导型的供应链管理模式。所谓批发商主导型是指批发企业凭借其资金、信息、渠道等优势，对整个供应链的建立和运转起着强有力的组织、管理、协调作用，并拥有主导权，而其他参与方如生产商、零售商等则处于从属地位，各自承担一定的职责，共同努力以满足消费者的需求。建立和发展大批发商主导型供应链管理模式，主要在于运用现代信息技术将商品流通中的供应商、生产商、零售商联结起来，形成一个相互依赖、紧密合作的利益共同体。而其中的关键是要有一批对市场具备较强的控制能力且具备较强的经营管理和财务结算能力的现代大批发商。

□□■ 本章小结

批发是商品流通的重要环节。批发是指将商品销售给以转卖为目的或以商业用途为目的的购买者或用户的经济活动。贸易双方的卖者从生产厂商或其他经营

者手中采购商品，成批出售。贸易双方的买者为商业、生产或其他用户，成批购买商品并用于转卖或加工生产等商业用途。

所谓批发贸易组织，是指为批发交易提供场所和条件并为商品流通服务的机构，它具有自己独立的内涵、功能和类型。它的功能有：组织市场竞争，引导和实现资源配置；引导商品生产，繁荣地方经济；降低流通费用，节约交易成本；规范交易行为，建立市场秩序。

批发贸易的发展趋势呈现：规模化、集团化；经营形式多样化；联盟化、一体化；品牌化、国际化；信息化；物流化。

■ 关键术语

批发贸易；批发贸易特征；批发贸易组织；批发贸易发展趋势

■ 本章思考题

1. 什么是批发贸易？请结合现实论述批发贸易的特点与类型。
2. 简述批发贸易的历史演进过程。
3. 简述批发贸易的功能。
4. 批发贸易组织的类型有哪些？
5. 批发交易的组织形式有哪些？
6. 简述批发贸易中心的特点。
7. 简述商品交易所的特点。
8. 简述批发业态的划分。
9. 运用批发贸易理论，论述当前批发贸易的发展趋势及其面临的挑战和机遇。

第九章 贸易企业组织

第一节 贸易企业

一、贸易企业及其边界

（一）贸易企业是贸易经济主体

贸易主体即是贸易参与者。在贸易中从事活动的组织和个人，都是贸易的主体。贸易主体可分为自然人和法人。从整个社会来看，贸易主体包括企业、居民户、政府。贸易主体是贸易经济的决定因素，它既是市场需求者的集合，也是市场供给者的集合。贸易经济的运行正是在市场供求矛盾的运动过程中得到不断发展的。贸易主体的行为决定着贸易经济的发展规模和发展方向。

作为贸易主体的贸易企业，是能为自身生存和发展而投资，具有独立法人地位，产权关系明晰，能够自主经营、自负盈亏的实体。它包括国有贸易企业、集体贸易企业、个体贸易企业、私营贸易企业、合营贸易企业和外资贸易企业等。个体、私营、外资和大部分集体及少部分国有贸易企业已成为贸易主体，它们适应市场经济的需要，在贸易经济活动中展现出了其勃勃生机。①

（二）贸易企业的性质

主流经济学在对企业的研究中，将研究对象默认为生产企业，往往忽略了贸易企业的独特经济性质。实际上，生产企业专职于生产，谋求生产的专业化利益。贸易企业专职于交易，谋求交易的专业化利益化②，两者有本质的区别。

---

① 王德民. 贸易经济学［M］. 北京：中共中央党校出版社，1994：117-118.
② 李陈华，文启湘. 流通企业的（规模）边界［J］. 财贸经济，2004（2）：43-48.

分工与交换的两难冲突是贸易企业产生的经济根源。人们为了得到专业化生产，提高劳动生产率的利益而选择了分工，为了满足多样化的消费需要又不得不选择交换，这导致了交易依赖性风险和交易成本的产生。贸易企业作为降低交易依赖性风险和交易成本的一种组织安排，是经济演化的一种必然选择。

在经济发展初期，生产企业规模比较小，生产出来可用于进行流通交换的产品数量也相对较少，产品处于供不应求的状态，消费者会主动地向企业购买，交易的频率较低，生产企业发现交易机会的成本和签约成本很低，可以在一定程度上自我承担流通职能，完成与最终消费者的交易。

但是随着经济的不断发展，产品市场逐步由卖方市场转向买方市场，这时生产企业不仅需要面临企业内部庞大的生产组织管理，还需要面对不断扩大的最终消费者群体，交易范围与对象跨越了时间与空间，企业为发现交易机会，需要投入大量的人力、物力、财力对市场信息进行处理，交易成本快速上升。在此前提下，出于追求利润的本性，生产企业会将原来内化于企业的流通职能"外包"给专业化的交易者——贸易企业，作为专业化交易者的贸易企业就会进入交易过程。由此可见，贸易企业的本质是交易的专业化生产者/提供者。

作为专业从事交易活动的组织，贸易企业完全能专业化于"交易的生产"，降低了市场交易成本，提高了交易效率。这体现在：①贸易企业与生产企业之间的集中交易替代了生产企业与消费者之间的分散交易，减少了交易次数；程序化的多次交易替代了偶尔的单次交易，降低了交易风险。②贸易企业以合理的网点布局缩短了交易距离，以市场的中间层组织形式节约了搜寻、谈判等交易费用；以大批量的集中采购、集团化物流等"生产"行为降低了进货成本，从而充分实现了交易的规模经济。③贸易企业通过专业化交易活动，积累内部隐性知识和交易技能，不断完善交易技术，发挥学习曲线效应，逐步扩大流通网络并使之趋于完善，大大提高了交易效率。[①]

（三）贸易企业的边界

1. 贸易企业的规模

由于贸易企业的经济本质是交易专业化，因此，对于贸易企业的边界，我们主要从组织交易成本的角度进行分析。假设经济系统中有生产企业、贸易企业和消费者三类主体，基于商品由生产企业转移到消费者手中得以最终实现的方式不同，三者各自需承担不同的成本：一是生产企业自行进行产品销售，支付与销售商品相关的人员、场地、资金占用、寻求市场等费用，即生产企业支付组织交易成本 X_1。二是由贸易企业从生产企业那里购买商品后再转售给消费者。贸易企

---

① 徐从才. 贸易经济学［M］. 北京：中国人民大学出版社，2015：127-128.

业为组织销售商品支付必需的人员、场地、资金占用寻找市场等组织交易成本 X_2。三是消费者自己购买，需要花费一定时间搜寻、比较和分析与价格相关的信息，需要对商品的功能、质量和厂家的信誉等进行基本判断等，消费者如果与贸易企业交易，需支付交易成本 X_3，直接到生产企业购买，需支付交易成本 X_4，在不考虑商品的销售价格差异的前提下，贸易企业的存在必须满足以下条件：

（1） $X_2 \leqslant X_1$，即在完成相同的商品销售工作时，贸易企业的组织交易成本必须小于等于生产企业的交易成本，也就是说，贸易企业的存在必须有利于生产企业。

（2） $X_2 + X_3 \leqslant X_1 + X_4$，由贸易企业作为中介进行的市场交易成本小于消费者从生产企业直接购买的市场交易成本，只有满足这一条件，贸易企业的存在才是有利于消费者的。

由此可见，专业化于交易活动的贸易企业存在于组织交易的成本比较优势前提下，只要其中介组织交易的成本小于生产企业的直接交易成本，贸易企业的规模就存在扩张的动机，直到二者相等时，其组织规模得到确定。贸易企业根据期望获得的利润来寻求最佳的交易活动，其利润来自交易成本的节约。该利润水平必须达到社会的平均利润水平，否则，会影响资本进入流通行业。

2. 贸易企业的规模约束

现代贸易企业的快速扩张引发了人们对强大的渠道势力的担心。但是，我们必须看到的是，贸易企业的规模扩张事实上会受到多种因素的限制。

（1）市场规模约束。斯密定理强调的"分工受市场范围限制"在贸易企业规模扩张的影响因素中起到基础性作用。流通产业供求的地理集中度和城市化有关。小城镇中也会有许多专门做买卖的小商店出现，但在有限的市场交易容量下绝不会产生现代意义上的大商场。只有小城镇演变为大城市，大量的交易需求汇集在一个相对较小的地理范围内的时候，才有可能产生大型贸易企业。这说明，商业发展满足了城市的交易需求，而城市规模会对贸易企业规模施加限制。

（2）组织成本约束。贸易企业作为一种经济组织，其内部必然发生各种各样的组织成本，如管理成本、监督成本、信息成本、协调成本、影响成本、代理成本等，它们的共同特征是，都不属于纯粹生产成本的范畴，而是起源于经济活动参与人之间的利益冲突。随着企业规模增大、雇员人数增加、经营范围加宽、经营环节扩展等，企业内部的组织问题会逐渐出现并日益严重。但是，对于贸易企业规模的扩张来说，组织成本最突出的问题不在于单个商场的管理，而在于分店扩张中的控制效率。因为异地增设分店往往是贸易企业规模增大的主要方式。贸易企业经营成功与否取决于对异地分店的控制效率。比如，能否全面、准确、及时地了解分店的经营信息，针对分店设立恰当的激励和约束制度，并在集权与分权之间实行恰当组合等。①

（3）单体企业规模扩张的限制。单体企业是贸易企业组织形式的初级形态，单体企业增大是贸易企业规模扩张最基本、最简单、最直观的一种方式。例如，单个商店可以通过增大营业面积、增加商品种类、扩大经营范围而实现规模扩张。单体企业规模扩张的初始激励源自对规模经济的诉求，但这只在贸易企业成长初期表现得较为有效，随着企业的增大，规模不经济的临界点会很快出现。限制单体企业规模扩张的原因包括：第一，消费者购物便利程度的限制，城市的道路、交通、地价及建筑布局等因素会增加单体企业为吸引顾客而分担的购物成本（如免费购物班车、广告投入、免费送货等）。第二，特定购买力的限制，某一特定城市有限的人口、人口密集度和购买力限制了贸易企业的扩张。第三，竞争条件的限制，商业竞争程度与单体企业规模之间呈负相关关系。②

二、贸易企业的结构

（一）贸易企业结构内容

在社会化的生产体系中，商品流通首先表现为企业循环，其次通过各个企业开放系统构成商品流通的循环圈。为适应商品流通的大循环，各个贸易企业必须凭借不同的规模、按照不同的方式实现经营要素的相互结合，并在一定的空间范围内形成各类贸易企业的合理布局，从而出现不同的企业结构。所以，贸易企业结构的基本内容包括以下两个方面：

1. 企业规模结构

企业之间在经营要素量上的不平衡形成了各类企业在经营要素构成上的差别，表现为各种不同的贸易企业规模。贸易企业规模结构，就是指商品流通领域中具有不同经营规模的各类企业之间的比例性和关联状态。一般来说，根据企业职工人数、年销售额和主要的物质技术设施指标，企业规模可分为三个等级：大型企业、中型企业和小型企业。贸易企业的规模结构就是由各具数量的大中小型企业构成的。

生产、消费和市场因素是形成企业规模结构的基本制约条件。流通中各类企业与上述三方面的因素都存在着各种不同程度的联系，其中与贸易企业有着直接联系的因素则在较大程度上制约着商业企业的规模：

（1）直接受生产制约的贸易企业在大批量的社会化生产中必须扩大购销规模，而收购业务和销售业务又不可能在时间上同步进行，从而必须强化储运设施，这就要求多方面地增加经营要素，扩大企业规模，形成批发领域的大中型

---

①② 徐从才．贸易经济学［M］．北京：中国人民大学出版社，2015：128-129.

企业。

（2）由人口聚集和分散决定的购买力城乡分布状况，要求大中小型贸易企业并存。在一个地区中购买力投向比较集中的空间，需要少数零售商业企业作为购买中心，发挥多功能综合经营的优势，以满足高层次多样化的购买需求。它必然要求有关的贸易企业拥有较多的商品资金，扩大企业规模，设置大中型零售贸易企业。而人口居住分散的农村，购买力也很分散。购买力分布的这种状况，既可为贸易企业布点提供广阔的空间，又限制了农村商业网中每一个门店的规模。因为具有独立经济利益的贸易企业，一方面需要利用呈各种状态分布的市场容量，以取得相应的经济利益；另一方面必须以本企业的市场辐射范围为客观依据，确定经营规模，从而形成众多的小型零售贸易企业，与城镇的大中型贸易企业并存。[①]

（3）消费的细分化，需要大量的小型零售贸易以灵活的经营方式适应消费者需求。细分化的消费需求固然可以通过品种齐全的大规模综合经营得到实现，但是大型贸易企业单一的决策系统难以适应多种商品尤其是流行消费商品的市场变化。另外，满足人口居住区的普通的基本的消费也不需要大量的大中型贸易企业。

2. 企业布局结构

生产和消费不同的空间存在形式，要求不同类型的贸易企业在特定的地区范围内同时并存。各类贸易企业在某一地区按照一定数量比例、分布方式构成结合形态就形成了企业布局结构。企业布局结构要求合理确定大中小型商店的比例、专业零售商店与综合零售商店的比例，以及批发店和零售店的比例，使之共同构成布满城乡的贸易网络。

贸易网络应由各种类型的贸易门店构成，并在一定的空间或地区范围内实现合理配置，从而构成贸易企业结构的多方面内容。贸易企业布局结构就是在以下三方面内容的相互联系中形成的：

（1）在贸易企业的布局中，企业规模尽管是企业本身经营要素的数量表现形式，但不同规模的企业在专营业务的性质或主管商品品种的范围上存在着较大的差异。所以，大中小型企业之间存在着固有的外部联系，它们能否按照恰当的比例实现协调组合，制约着市场功能的完善程度。

（2）生产的社会化和商品化程度不同，要求各类贸易企业实现程度不同的综合式专业经营。在生产社会化、商品化程度较低的地区，综合经营的企业占大多数，以适应普遍的大众的购买需求。在城市一般居民聚居区，需要设置较多

---

① 谷克鉴. 贸易经济学［M］. 北京：中国经济出版社，1994：137-138.

的、带有综合经营特色的零售商业企业，以适应层次选择并不十分明确的商品需求。而在城市中心，在购买力比较集中的地区，需要设置具有专业经营特色的贸易企业，以满足包括个别档次较高的购买需求在内的特定商品消费。

（3）在一个地区范围内，零售企业在勤进快销原则的规范下，力求以较少的商品资金实现更多的商品销售额。同这一要求相适应，需要批发企业相互配套设置，形成纵向的业务分工，实现经济效益最大化。①

（二）贸易企业结构的特点

贸易企业结构作为各种流通要素，以企业为基本经济单位实现结合的表现形式，与生产部门的企业结构具有很大的不同，表现出许多重大的差别或特征。这主要表现在以下三个方面：

1. 企业布局分散化

商品消费的普及和增长主要应通过流通领域中贸易的增加而最终实现，贸易企业的布局体现了分散化的必然趋势。它与生产过程形成鲜明的反差。在工业生产过程中，工厂区位是相对集中的，形成生产企业布局中的集聚现象。因为工业生产对投资环境、基础设施要求十分严格。各个地区在上述两个因素上所表现出来的比较优势强化了生产者对工厂区位的选择倾向。而产品生产的投资环境和基础设施往往依产业性质和技术特点而集中在一个相当狭小的空间范围。

在商品流通领域，贸易企业的布局则体现了与生产企业完全不同的变动趋向，即企业布局的分散化，它是消费者商品需求及其变化的必然反映。消费需求变化的主要特点，是在购买需求的层次选择越来越鲜明的同时，消费出现普遍性趋势。一方面，这一趋势使已有的商品消费数量持续增长，提高了消费者购买商品的频率，消费需求的实现要求就近增设网点。另一方面，这一趋势使得新的商品消费不断地增加，把地域更加广阔的消费者和消费项目纳入商品交换。从而要求提供相应的购买便利，企业通过实现这些消费，可获得较多的经济利益，也可避免同行竞争的威胁，贸易部门客观上应在更加广阔的地域摆布商业网点，这就必然使贸易企业呈现出分散化特色。

2. 企业规模轻型化

在商品流通领域，小型贸易企业居于数量上的优势地位，这是商品经济发展各个阶段贸易企业结构的共同特征，在零售环节表现得更为明显，它与生产过程形成了鲜明的对比。在生产过程中，企业经济效益的高低，大多取决于大批量生产所表现出来的规模效益，加上提高劳动生产率需要不断地采用各种技术，从而

---

① 谷克鉴. 贸易经济学 ［M］. 北京：中国经济出版社，1994：138-139.

要求扩大生产资料的共同使用规模，实行大规模的企业经营。

相反，在流通过程中，规模经营的必要性除了在直接衔接产销关系的贸易企业，通过不同的批发起点有所体现以外，零售环节的企业面对细分化的消费需求及其在空间形式上的平衡发展，通过小本经营战略，在广泛的活动空间布点，就近吸引消费，以获得丰厚的经营利润。这些企业本身的组织因素，限制了规模经营的必要性。再者，贸易企业技术开发与应用的速度比重很低，在一定的程度上减弱了大规模使用同一经营设施和经营工具的必要性，从而要求零售贸易企业实行小规模经营。

商品流通额的绝大多数都要通过零售环节才能进入消费，与贸易企业结构的分散化相联系，实现同样的商品销售额，所需要的零售贸易企业数大大多于批发企业。所以，在贸易企业结构中，零售贸易企业所占比重居于优先地位。大量的小型贸易企业，使得贸易企业的结构呈现出轻型化的特点。[①]

3. 企业配套有序化

贸易企业有效地发挥媒介作用，必然体现为企业配套的有序化。在社会化的生产条件下，承担生产职能的各个经济单位之间，必然存在着程度不同的经济联系，选择经济联系的实现方式，应将各种方式所产生的流通费用水平加以比较。生产者的经济联系可采取两种实现方式：一是运用生活企业的组织功能，即生产者通过建立统一的经济实体或其他类型的横向经济联合体的形式，形成企业之间的直接供货关系，以及动用本企业的销售组织向销售者直接销售，实现生产者的外部经济联系。二是运用贸易企业的媒介功能，即通过贸易企业的媒介作用，实现生产者之间以及生产者与消费者之间的商品交换关系。

一项产品的交换或一个地区居民消费的实现过程所需要的贸易媒介功能，必须依靠相关的贸易企业共同实现。各个企业间组织的有序化，决定着贸易媒介功能的完善程度，以及能否保持低廉的流通费用水平，这就要求贸易企业的相互配套真正体现商品经济的有序原则，使有关的系列企业保持协调，减少内耗，提高效率，并通过较低的流通费用水平，显示贸易企业存在的经济合理性，从而形成贸易企业结构的一大特征。

贸易企业配套的有序化表现在两个方面：一是纵向的有序化，批发企业与零售企业按照商品经济的原则相互配套，根据商品经济的合理流向配置批零环节，使企业能够正确地选择进货渠道。二是横向有序化，商品交换纵向系列各个层次中，综合经营与专业经营的各类商品经营企业的合理配置。

---

① 谷克鉴. 贸易经济学 [M]. 北京：中国经济出版社，1994：139-141.

三、贸易企业组织的基本结构

（一）贸易企业的产权形态

1. 独资贸易企业

最早出现的资本形态是个体资本，在组织形式上表现为独资企业。[①] 一般来讲，独资贸易企业的设立需要具备以下条件：要拥有一定数量的从事贸易活动和提供贸易服务的劳动力，并按照一定的原则和形式，组成一个共同劳动的集体，同时有自己的名称或字号；拥有一定数量的专门用于贸易活动的货币资本，有独立的经济利益，对经营成果具有独立的支配权；拥有一定的劳动手段。包括店堂、固定的经营场所以及相应的工具和设备等，并依照法定条件和程序成立，有自己的章程，能独立完成贸易活动；独资贸易企业的出资者是企业的所有人，出资者以全部财产对企业债务负责。独资贸易企业分为私人投资的独资贸易企业、外商投资的独资贸易企业以及极少量的国有独资贸易企业三种形式。[②]

独资贸易企业有以下优点：①利润全部归个人所有（或国家所有），不需和别人分摊；②经营上制约因素少，企业主自行决定，自由度大，处理问题机动、敏捷；③保密性好，除了所得税表格中需填报的事项外，企业其他情况，如商业秘密、财务状况等均可保密；④能得到个人满足，企业按照企业主的意愿、方式经营，企业追求的目标就是企业主个人的目标。

独资贸易企业有以下不足：①责任无限。这种企业的全部资本和财产属于个人，是个人总财产的一部分。虽然出资人可以在账目上把他所经营的企业财产和他的其余财产加以划分，但是在法律上这些财产都构成他的总财产。由于企业不具有法人地位，企业与出资者个人在法律上是一体的，一旦经营失误，他的一切个人财产，除极少数量外，在法律上都可以被用来抵偿债务。②规模有限。因为是个人出资经营，一般来讲，出资终归有限。从经营角度来讲，在一般的独资贸易企业中，企业主一人要承担经营管理的全部职能，客观上也限制了其规模，因而在经营竞争中往往处于相对劣势地位。③风险较大。独资贸易企业的存亡完全取决于企业主个人的努力及命运，往往使员工和债权人承担很大的风险。

2. 合伙贸易企业

合伙贸易企业是由两个或两个以上自然人通过签订合同，共同出资、共同经营、共负盈亏责任而建立起来的从事贸易活动和服务性活动的企业。它可以由部

---

① 徐从才. 贸易经济学 ［M］. 北京：中国人民大学出版社，2015：129.

② 柳思维，刘天祥. 贸易经济学 ［M］. 长沙：湖南师范大学出版社，1998：141-142.

分合伙人经营，其他合伙人仅出资并共负盈亏，也可以由所有合伙人共同经营。① 合伙企业在流通领域发展得较为广泛，在现代市场经济条件下仍然有一定的生命力。这是因为：首先，贸易合伙企业组建方便，筹资方式灵活，比较适合流通业经营的特点，与流通领域里存在的多种市场机会和市场容量规模相适应。其次，合伙的短期性对于市场不甚完善、信用制度不健全的环境来讲是有利于分散风险的。不过，尽管如此，合伙企业与其他类型的贸易组织相比，其数量及销售量在各种组织形式中所占的比重还是在下降的。②

合伙企业的优点在于：①可以从众多的合伙人处筹集资本，扩大企业资本金来源，有较多的合伙人对企业债务负责，使债权人感到比独资贸易企业安全，风险小，从而能获得债权人更多的信任，扩大了企业的信用能力。②提高了决策能力。合伙企业人数多，如能同心同德，集思广益，决策水平将高于独资企业。特别是如果每个合伙者各有专长，这个优点将更加明显。③增加了企业扩大和发展的可能性。上述资金筹措能力和管理决策能力的增强，给企业带来了进一步扩大和发展的可能性。④有明确的法律地位。合伙企业在西方已有几百年历史，有关立法及司法的实践经验比较丰富。③

合伙贸易企业也有明显缺点：①责任无限。除有限合伙人外，普通合伙人对企业有无限责任，因此，风险较大。当普通合伙人不是一人时，他们对合伙企业债务要负无限连带清偿责任，普通合伙人中谁的财产最多，可能最终付清债务的责任就落在了他一人身上。②企业寿命有限。一个合伙人死亡、退出或犯法入狱，都将导致合伙契约重新调整，因而合伙企业容易夭折。③管理权难于集中。所有普通合伙人原则上都参加经营管理，都有决策权，重要事项要相互商量，难以取得一致，很容易造成决策上的拖延和差错。④规模有限。它虽然比独资企业规模大，但与公司企业相比，其资金毕竟仍然有限，很难与公司竞争。⑤一般来讲，合伙企业也没有法人资格。英国、美国等英美法系国家就不承认合伙企业为合法企业，法国、德国、日本等大陆法系国家，以无限公司形式出现的合伙企业仍被承认为法人企业。

3. 贸易公司

公司是贸易企业的一种组织形式，是指依照法定程序设立，以盈利为目的的企业法人。公司是社会生产力和市场经济发展的必然产物。前资本主义时期的贸易，其经营组织主要采用个人或家庭共同经营的组织形式，随着市场经济的发展

---

① 柳思维，刘天祥. 贸易经济学 [M]. 长沙：湖南师范大学出版社，1998：141-142.
② 徐从才. 贸易经济学 [M]. 北京：中国人民大学出版社，2015：130.
③ 柳思维，刘天祥. 贸易经济学 [M]. 长沙：湖南师范大学出版社，1998：143.

和贸易规模的扩大，经营者所负责任加重，所需资本增加，传统的贸易组织形式很难适应需要，公司制经营组织形式应运而生。① 由于公司具有容易筹集大量资本，分散风险，能够举办单一资本无法从事的经营等优势，因此，自从有了公司这种组织形式，贸易得到了快速的发展与增长。当今公司已是世界各国普遍采用的企业组织形式。规范的公司能够有效地实现出资所有权与企业法人财产权的分离，有利于政企分开，转换经营机制，企业摆脱对行政机关的依赖，国家解除对企业承担的无限责任，也有利于筹集资本、分散风险。②

4. 合作社

合作社是以合作经济实体内的劳动者自愿集资、平等持股、合作经营、共同承担权利和义务、股本和劳动共同分红为特征的企业制度，是劳动者自愿、自助、自给的合作制经济组织。通常有供销合作社、消费合作社、信用合作社等形式。合作社作为一种经济组织，有以下主要特征：

（1）合作社经营目的是改善社员生活，促进社员经济发展，而不是为了实现利润最大化。合作社的这种经营目的，一是由组建合作社的目的决定的。合作社的组建目的是反对垄断，增强中小企业或农民的竞争力，为改善社员生活和促进社员经济发展服务。二是由社员的双重身份决定的。合作社成员既是合作社的出资者，又是合作社生产与经营的参与者，既是商品供应者，又是自己商品的消费者。

（2）社员进退自由。合作社的基本组织原则是入社自愿，退社自由。如果社员接受合作经济组织章程，愿意集资，参与经营活动，便可加入合作社；如果合作社违反社员意志经营，社员便可要求退出合作社。退社自由反映了合作社的互助性和对劳动者的开放性，是合作社按照社员意志组织生产经营活动的保证，也是区别于股份制企业的一个重要标志。

（3）实行民主管理。在合作社企业中，社员管理企业的权利不是以资金股份的数量而得到的，而是人人拥有同等的企业管理权。社员管理企业是通过社员大会来进行的，社员大会是合作社最高权力机构，决定合作社一切重大事项，通过社员大会选举产生理事会、监事会，理事会、监事会对社员大会负责。

（4）税后利润按双重标准进行分配。合作社的税后利润，在留足企业扩大再生产等专项基金以后，一部分根据按劳分配标准分配给企业内部社员，另一部分则按资分配进行股金分红。按双重标准进行分配的方式在企业内部实现了两个结合：一是按劳分配与按资分配相结合，二是劳动者与所有者相结合。

---

① 柳思维，刘天祥. 贸易经济学 [M]. 长沙：湖南师范大学出版社，1998：143-144.
② 谷克鉴. 贸易经济学 [M]. 北京：中国经济出版社，1994：169-170.

（5）互利互助。互利互助是合作社的出发点和归结点，也是合作社与其他类型企业的基本区别之一，互利互助是处理社员之间、社员与合作社之间、社员社与联合社之间经济关系的准则。从合作社组织与社员个人关系来讲，合作社要为社员服务，使社员从合作社真正得到实惠；从社员与社员、社员社与联合社之间的关系来讲，就是要互利，物质按价值作价入股，资金按股份计算，不能平调，不能损害一部分社员利益而有利于另一部分社员利益等。①

5. 贸易企业集团

贸易企业集团是以贸易活动为中心，以获取最大市场和最高效益为目的，以资本联结为纽带，以大型贸易企业为核心，联合若干个独立的贸易企业、生产企业，在"自愿、互补、互利"的原则下有机结合而成的一种具有多层次结构、多功能的大型稳定的流通企业群体。②

贸易企业集团是现代市场经济发展的产物。一方面随着现代市场经济的发展，生产的规模化、专业化、市场化进一步发展，投放市场的商品数量、品种和范围进一步扩大，迫切要求商品市场上的贸易组织不断扩大组织规模，不断提高商品流通社会化程度，以大规模吞吐商品，大范围拓展市场，适应商品生产发展的需要。另一方面现代市场经济迅速发展会导致市场竞争日趋激烈，许多中小企业深感势单力薄，出于生存、发展的考虑，他们也要求联合起来，以便在竞争中求生存、求发展、求效益，在这种条件下，各种形式的贸易企业集团便应运而生。同时，竞争的发展也必然出现企业之间的优胜劣汰，企业间的相互兼并、联合、收购也会导致贸易企业集团的产生。③

贸易企业集团除了具有一般企业集团的共同特征外，还具有贸易行业的独有特性。表现在：①以贸易企业为主体，这是区别于一般企业集团的主要标志。贸易企业集团的核心企业，可以是大中型批零企业，也可以是饮食、服务、储运、加工企业等，在此前提下以资金为纽带，吸收生产、科研、金融等诸多领域的单位参加，形成多元主体复合型企业。②以贸易活动为中心。贸易企业集团既然以贸易企业为龙头，那么，在商品流通领域里开展购销、储运、饮食、服务等活动，自然为其基本业务。随着商品经济的发展，适应市场扩大和消费水平提高的要求，贸易企业集团也可以按照"一业为主、综合经营"的原则，开拓新的市场，拓展新的经营领域。但是，这种开拓经营应维持、围绕主业，尤其是在目前阶段，不能喧宾夺主，要有利于充分发挥企业优势，达到预期目的。③实行多角经营。在以贸易经营为中心的前提下，实行多角经营，具体表现形

---

① 柳思维，刘天祥. 贸易经济学 ［M］. 长沙：湖南师范大学出版社，1998：147-148.
②③ 柳思维，刘天祥. 贸易经济学 ［M］. 长沙：湖南师范大学出版社，1998：151.

式为：以商品购销活动为主的企业集团，可辅以服务、房地产、加工、储运、信息等多行业的经营；以饮食或服务为主的企业集团可以从事一部分商品购销活动；根据主营业务的需要，逐步向生产、包装、广告、旅游、金融等社会经济领域延伸，走综合发展之路；利用集团优势，发展外向型商业，参与国际商品市场竞争。①

（二）贸易企业组织结构

企业组织结构是指企业内部的机构设置和权力的分配方式，根据按企业内边界考虑的企业管理组织和作业组织的组织形式，贸易企业的组织结构主要有直线制、直线职能制和事业部制。②

1. 直线制

直线制是小型独资贸易企业通常采用的一种简单的组织结构，它实行直线领导，不设专门的职能机构（见图9-1）。在这种组织形式中，领导机构是综合性的，店主常常既是所有者又是管理者，集直线指挥与职能管理于一身。这种组织结构的优点是：结构简单、权力集中、指挥统一、决策迅速、权责明确、易于监督和组织费用低。其缺点是：①直线组织注重上意下达，下情上达和横向联系较差。②由于直线指挥与职能管理不分，必须有一个全能型的管理者。③领导机构实行综合管理，无专业化分工，不易提高专业管理水平。

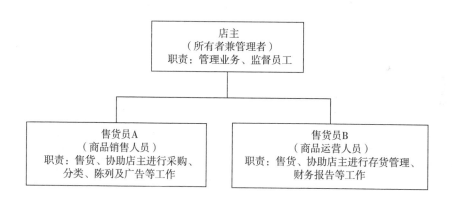

图9-1　小型独立零售商场直线制组织结构

2. 直线职能制

直线职能制是以直线制为基础，在组织内部按经营活动的职能划分部门，即

①　柳思维，刘天祥. 贸易经济学［M］. 长沙：湖南师范大学出版社，1998：153.

②　徐从才. 贸易经济学［M］. 北京：中国人民大学出版社，2015：131.

在保持直线制统一指挥的原则下由各级职能机构发挥作用。贸易企业按职能划分的部门通常是采购、销售、广告促销、财务、人事等，各部门在自己的业务范围内，有权向下级下达命令和指示，直接指挥生产经营活动。部门负责人直接受高层经理领导，并直接向总经理负责，部门的经营决策必须有高层经理人员的介入才能做出。

直线职能制组织结构是一种高度集权的一元结构，即U形模式（见图9-2）。这种结构的优点是：兼收了直线组织和职能组织的优点，使组织既能保持统一命令的效果，强化高层主管人员对组织的控制，又能发挥职能部门的作用，有利于专业化技能不断提高和有效利用。其主要缺点是：如果给职能部门的权限过大，会扰乱直线指挥系统；如果不能重视职能部门的建议，会影响中层管理者的积极性的发挥；集权式的管理，增加了高层领导人的协调工作量，与直线制组织结构相比，增加了管理费用。[①]

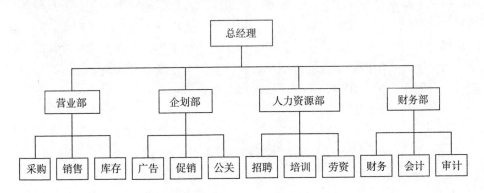

图9-2 小型百货商场直线职能制组织结构

3. 事业部制

事业部制是在大型企业中，实行分权式的多分支单位的组织结构形式（见图9-3），又称M形组织结构。其特点是：按地区、市场或商品设立经营事业部，各事业部有相对独立的责任和权利，每个事业部作为一个利润中心，在总公司领导下，实行独立核算，自负盈亏。此种组织结构，其业务营运是分权化的，但政策管制是集权化的，各事业部在不违背公司总目标、总方针和总计划的前提下，充分发挥主观能动性，自主处理日常经营事务。

---

① 徐从才. 贸易经济学 [M]. 北京：中国人民大学出版社，2015：131-132.

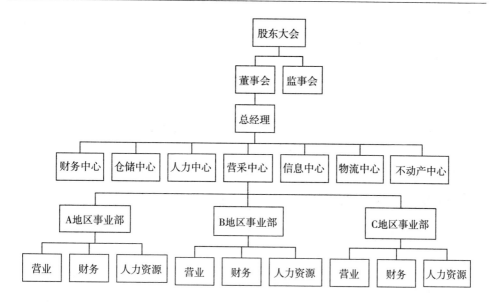

图 9-3　大型连锁企业事业制组织结构

事业部制结构的优点是：集中决策和分散经营的结合既有利于最高管理层摆脱日常经营管理事务，成为强有力的决策机构，又有利于调动各事业部的积极性和主动性。其缺点是：各事业部的独立经营会影响彼此间的协作，削弱统一性，总公司与事业部的职能机构重叠，导致资源浪费。

四、现代贸易企业的分店复制

（一）现代贸易企业的分店复制

1. 贸易企业分店复制的主要内容：企业的制度安排

企业一旦形成了有效的制度运行模式，如工资、奖惩、工艺规范等正式制度安排，以及文化、信任、默契等非正式制度安排，在新建、并购分店或分厂实现规模扩张的时候，就可以将这种制度用于新单位的组织改造，使新单位在短期内建立与总部具有类似效率的组织运行模式。但是，不是所有的企业制度都可以同样地复制。

对于贸易企业来说，其活动属于一种类似活动，不涉及复杂的专有技术和高度专业化的加工工艺，从而信息的个性化程度较低。从这个意义上来说，贸易企业能够以更低的成本掌握和汇总局部信息，减少企业内部的信息非对称。这种信息成本低的优势不仅是贸易企业建立高效率经营管理制度的重要条件，也是贸易企业分店复制不严重失真的重要保障。比如，条形码技术在商品流通领域的广泛应用大大简化了复杂的管理程序，使总裁对商品交易的全过程都可以及时准确地加以了解和控制。

2. 贸易企业分店复制的基础：高效统一的经营模式

经营管理制度的高效率是贸易企业分店复制的基础。贸易企业的发展是一个历史过程，最初它可能只是一家本地商店、商场或超市，尽管经营规模不大，但本地经营的成功也需要一套高效率的管理制度和经营模式。更重要的是，这套管理制度和经营模式是企业发展壮大后实行异地分店复制的基础。

对于一个贸易企业来讲，知名的贸易企业品牌就意味着一个高效统一的经营模式和商业模式，而要把这种统一的经营模式进行异地复制，品牌影响力至关重要，如果没有强势的品牌，市场无法打开，分店复制就难以实现，同时，还必须将这种经营模式所涵盖的商品经营要素加以程序化、标准化、简单化，以保证分店复制的实现。[①]

3. 贸易企业分店复制的组织表现：连锁经营

现实中生产企业的规模扩张多采取垂直一体化的形式，贸易企业的规模扩张则多采取连锁商店的形式，在一个中心总店指挥和控制下由若干采取同一经营政策、使用同一商号的商店组成零售店群体。连锁经营的经济性来源于将复杂的商业活动中的要素标准化，将企业内部的经营管理职能专业化，从而通过商流、物流、资金流和信息流的集中化、程序化、简单化，最终体现出连锁经营的规模经济效益。

（二）现代贸易企业的融合

在现实的贸易活动中，不但存在众多的单体企业，还存在大量在单体企业的基础上衍生出来的企业组织体系。而且，这种通过企业融合衍生出来的企业或企业组织体系更贴近商品流通的现实，对于商品流通具有决定性意义。

流通领域是各种社会经济关系集中作用并得以实现的领域，社会经济关系的复杂性决定了流通活动的复杂性。各种社会经济关系互相交汇并且各自的要求不同、作用方向不同，由此对流通活动提出了不同的要求。这种要求不可能在简单、分散、孤立的流通活动中得到满足，只能在互相联系的贸易组织体系的融合中得以实现。就融合的密切程度和稳定性而言，现代贸易企业的融合可以是紧密的，也可以是较为松散的；可以是契约形式的，也可以是资本形式的。

粗看起来，企业融合有一种反分工的性质，似乎是与社会分工原理相矛盾的。社会分工原理本身建立在一定的客观经济环境和社会技术、管理水平之上，因而是有边界的。从客观经济环境来看，分工的程度与社会对同一产品的需求规

① 徐从才，高觉民. 贸易经济学 ［M］. 北京：中国人民大学出版社，2015：133-134.

模相关，当需求规模较小时，分工难以实现规模经济的优势。只有当需求及其引致的生产规模较大时，才能保证各个分工环节达到较大的经营活动量，通过分工提高生产效率。从社会技术和管理水平来看，当社会的技术和管理水平较低时，一个企业所能进行有效管理的活动规模和范围也较小，因而不得不较多地利用市场机制从外部实现经济联系并对相应的活动进行协调。但随着科技水平的提高和管理能力的增强，企业能够进行有效管理的活动规模和范围将会增大，因而有可能在更广的范围内以企业内部的协调代替市场机制的协调。随着消费日益多样化和个性化，客观经济环境中对同一产品的需求规模变小的现实趋向于使企业的经营规模变小，降低了社会分工的程度。但随着科学技术的发展，特别是信息技术和自动化生产技术的应用，有效管理外延的增大趋向于使企业的经营规模变大，使社会分工趋于粗化或浅化。这两方面因素共同作用，在不违背社会分工原理的基础上促进了贸易企业的融合。①

第二节　贸易组织形式

企业边界包括横向边界和纵向边界。横向边界指企业提供产品或服务的数量和种类，由横向分离和横向一体化程度决定，表现为企业对单一产品分散经营与多种产品混合经营的比较。纵向边界指价值链上的活动在一个企业内部的执行程度，由纵向分离和纵向一体化程度决定，表现为企业将纵向链条中的环节置于市场还是企业内部的选择。现实中，互相联系的横向和纵向关系在贸易组织体系中通过网络组织的形式得以实现。

一、横向分离与横向一体化

（一）横向结构的决定

企业的横向边界决定了企业提供产品或服务的数量和种类，企业对规模经济与范围经济的追求不仅会影响到企业横向边界的决定，而且会影响到企业关键战略决策的形成，进而影响到市场结构。如果一体化发生在同一行业的同一环节上，那么规模经济性的追求是横向一体化的直接动因。规模经济指随着企业自身内部规模的扩大，单位产品成本递减，效率提高的情况。如果横向一体化发生在不同的行业，那么一体化的结果将不是同一商品经营规模的扩大，而是经营范围

---

① 徐从才. 贸易经济学［M］. 北京：中国人民大学出版社，2015：134-135.

的扩展，进而实现经营的多元化。①

（二）横向一体化的实现形式

横向一体化，也称为水平一体化，是指与处于相同行业、生产同类产品或工艺相近的企业实现联合，实质是资本在同一产业和部门内的集中，目的是扩大规模、降低产品成本、巩固市场地位。横向一体化战略可以通过契约式联合、合并同行业企业等形式实现。② 横向一体化可从以下三个方向进行：一是扩大原有产品的生产和销售；二是向与原产品有关的功能或技术方向扩展；三是与上述两个方向有关的、向国际市场扩展或向新的客户类别扩展。③

实现横向一体化的主要途径有：一是联合，即两个或两个以上相互竞争的企业在某一业务领域进行联合投资、开发或经营，共同分享盈利，共同承担风险。二是购买，即一个实力雄厚的企业购买另一个与自己有竞争关系的企业。三是合并，即两个实力相当的有竞争关系的企业合并成一个企业。四是集团公司，即由业务相互关联、有竞争关系的一群企业共同以契约形式组成具有经济实体性质的联合体。在这个联合体内部，经济关系的密切程度不一样，集团公司的主要任务是协调内部各子单位之间的关系，承担一些单个企业无法进行或虽能进行但经济效果较差的项目，进行资源的合理调配等。④

按照一体化的产业范围，横向一体化可分为产业内的横向一体化和跨产业的横向一体化。产业内的横向一体化使产业内的相似环节整合到一个企业中，如在同一行业产品的再生产中处于同一阶段的商品经营者之间的并购。跨产业的横向一体化使不同产业的相似环节整合到一个企业中，如不同行业的商品经营者的一体化。

按照一体化的对象，横向一体化可分为相关业务一体化和不相关业务一体化。相关业务一体化指业务活动相似的企业之间发生的并购行为。如并购双方或多方同属零售企业，或同属仓储物流配送企业等。由于一体化涉及的企业处于再生产活动的同一阶段或环节，这就决定了它们之间在并购之前存在争夺顾客或货源的竞争关系。不相关业务一体化是指在其现有的业务领域基础上增加新的产品或业务。如原来只从事单一家电零售的企业逐步进入百货零售领域，同时开展多种业务。涉及这类一体化的企业之间既不存在直接的购销关系也不存在直接的竞争关系。与上述分类相适应，横向一体化主要有以下三种实现形式：

---

① 徐从才. 贸易经济学［M］. 北京：中国人民大学出版社，2015：135-136.
② 张国良. 企业战略管理［M］. 杭州：浙江大学出版社，2011：122.
③ 裴中阳. 战略定位［M］. 北京：中国经济出版社，2014：155-156.
④ 徐大勇. 企业战略管理［M］. 北京：清华大学出版社，2019：204-205.

1. 交叉持股

同一行业的相同经营环节或不同行业的企业相互投资、持股、控股，扩大同一资本的经营规模或范围，达到增强竞争实力、分散风险的目的；或实现不同资本的聚集、融合、协作，达成利益关系与制约机制的多元化，减少无效的过度竞争，提高共同抵御风险的能力。

2. 横向兼并

横向兼并也称水平兼并，是两个以上生产或销售相同、相似产品的企业间的并购。如 2009 年 6 月，苏宁电器宣布以每股 12 日元的价格认购日本家电连锁企业 LAOX 公司 6667 万股定向增发股份，总投资 8 亿日元，持有 LAOX 公司27.36% 的股权，成为其第一大股东，进入日本家电连锁业。2009 年 12 月，苏宁电器又出资 3500 万港元收购香港镭射电器的品牌、业务、网络，进入香港家电连锁业。

3. 行业协会

在同一行业内建立行业协会，协会为成员提供管理、信息、咨询、技术等多方面的服务。这种融合是较为松散的，严格来说只是协作而不是融合，但却是市场经济条件下普遍存在的形式，并且对相应行业的运行起着重要的作用。行业协会可以根据具体情况和特点制定本行业的行规，但不得联合限制竞争、损害顾客利益、为会员谋取垄断利益。[1]

二、纵向分离与纵向一体化

（一）纵向结构的决定

纵向一体化又称垂直一体化（Vertical Integration），意味着公司自行生产其投入（向后或向上游整合），或自行处理其产出（向前或向下游整合）。钢铁公司将铁矿供应整合进来，是向上游整合的例子；汽车制造商建立销售网络，是向下游整合的例子。[2] 纵向分离指企业将纵向链条中的业务活动从企业内部转为市场进行。纵向一体化是对纵向链条的整合，纵向分离是对纵向链条的解构，两者表现为对立统一的关系。19 世纪末到 20 世纪中后期，企业出现纵向一体化的趋势，热衷于控制产业链条中的上游和下游的各个环节，纵向一体化的生产组织形式成为当时企业扩大规模、积累财富的最主要途径之一。20 世纪 80 年代后期，企业更重视核心能力建设，纵向一体化的生产组织形式受到挑战，企业出现了业务外包等纵向分离趋势。

---

① 徐从才．贸易经济学［M］．北京：中国人民大学出版社，2015：136-137．
② 李陶然．现代生产运作管理实务［M］．北京：北京大学出版社，2010：31．

在同一行业的不同环节上由独立的企业承担职能是社会分工发展的产物，通过企业在某个环节上的专业化，社会分工使各个环节的经营效率大大提高。不过，这种分工并不能改变再生产过程不同环节之间的内在联系，因而还必须有另一个方面——社会合作对社会分工加以补充和连接。在市场经济条件下，社会合作是通过市场的交易联系实现的，而市场交易联系必然要付出相应的交易费用。通过纵向一体化，密切再生产各个环节之间的联系，从而大大提高效率，显著地降低交易成本。

以科斯为代表的制度经济学派认为，纵向一体化的动因源于市场交易存在的交易成本。斯蒂格勒根据亚当·斯密关于分工受市场程度限制的命题，提出了对纵向一体化的解释。他认为，企业之间是否实行纵向一体化取决于以下两种方式的成本和收益比较：一种是在企业内部管理各种纵向关联行为；另一种是通过市场来实现上述关联行为。①

威廉姆森列举了纵向并购中五个节约交易成本的源泉：第一，通过纵向一体化可以避免双头垄断或寡头垄断下的交易成本。第二，对于那些技术上很复杂或者要求定期设计或改变产量的产品，存在契约的不完备性，一体化可以协调各方利益与分歧，进行有效的决策。第三，在一些行业中，由于不确定性而导致战略性错误的风险很大，一体化削弱了出于机会主义目的而企图利用不确定性的动机，降低了道德风险，并能有选择地运用控制机制。第四，一体化可以改进信息的处理过程。第五，一体化增强了企业在规避法规限制以及避税等方面的适应性。

（二）纵向一体化的实现形式

完整意义上的纵向一体化应包括两个方面：一是资产的完全一体化，二是两者交易的完全内部化。资产的一体化是以共同的所有权为纽带而联结，并受控于一个管理集团。交易的完全内部化是指除了两者之间的内部交易外，各方不存在其他任何交易。在资产完全一体化和交易完全内部化之间，对于两个具有投入产出关系的上下游企业之间的纵向联系来说，它们可以采用一般的市场交易，也可以采用不完全的资产一体化和交易内部化，后一种情况即所谓准一体化。纵向联系的多样性，说明纵向战略并非是在自制或购买之间做出简单的选择，而是有着更丰富的内容。②

纵向一体化战略是指企业在业务链上沿着向前和向后两个可能的方向，延伸、扩展企业现有经营业务的一种发展战略。具体又包括前向一体化战略、后向

---

①　徐从才. 贸易经济学［M］. 北京：中国人民大学出版社，2015：137.

②　李杰. 企业战略［M］. 北京：机械工业出版社，2016：246-247.

一体化战略和双向一体化战略。前向一体化战略是指以企业初始生产或经营的产品（业务）项目为基准，生产经营范围的扩展沿其生产经营链条向前延伸，使企业的业务活动更加接近最终用户，发展原有产品的深加工业务，提高产品的附加值后再出售，或者直接涉足最终产品的分销和零售环节。

后向一体化战略是以企业初始生产或经营的产品（业务）项目为基准，生产经营范围的扩展沿其生产经营链条向后延伸，发展企业原来生产经营业务的配套供应项目——发展企业原有业务生产经营所需的原料、配件、能源、包装和服务业务的生产经营，也就是企业现有产品生产所需要的原材料和零部件等，由外供改为自己生产。双向一体化战略是前述两种战略的复合。当企业在初始生产经营的产品（业务）项目的基础上，沿生产经营业务链条朝前、后分别扩张业务范围时，被称为双向一体化战略。①

纵向一体化的优点：①降低交易成本。企业可以通过纵向一体化来降低交易成本。例如，可以避免向其他企业进行购买或者销售的交易成本。②保证供给。企业纵向一体化或许是为了保证关键投入的稳定供给。为了达到这一目的，企业会走向一体化，购买或新建生产该投入的能力。这样可以减少配送问题，因为通常企业内信息的交换比在企业间进行更加容易。③纠正市场失灵。企业纵向一体化或许是为了通过内部化外部性来纠正由于外部性而产生的市场失灵。例如，通过拥有或控制所有的餐厅，麦当劳可以保证统一的质量，产生正面声誉（外部性）。无论消费者到哪里旅行，人们都知道可以在任何一家麦当劳连锁餐厅中得到某种有最低质量标准限制的服务。④避免政府干预。企业可以通过纵向一体化来规避政府的价格控制、管制和税收。⑤获得市场势力。企业可以通过纵向一体化更好地利用和创造市场势力。例如，唯一的关键投入品供应商可以前向一体化，通过购买制造企业来垄断最终产品市场，从而增加垄断利润。同样，试图购买唯一的投入供应商的企业可以增加组合利润。通过纵向一体化，企业可以通过价格歧视、消除竞争和前向进入关闭来创造或增加垄断利润。⑥消除市场势力。被另一家企业垄断势力损害的企业可以通过纵向一体化来消除该势力。②

纵向一体化的缺点：①成本劣势。当存在低成本的外部供应商时，纵向一体化的成本较高。②纵向一体化缺乏适应技术变化的能力。当技术变化剧烈时，发现技术已落后，由于自己的投资已形成包袱，因而一般会抗拒改变，导致市场占有率下降。③当需求不稳定时，纵向一体化有极大风险，协调也很困难。③

① 徐大勇. 企业战略管理［M］. 北京：清华大学出版社，2019：203-205.
② 杰弗里·M. 佩洛夫. 现代产业组织［M］. 北京：中国人民大学出版社，2009：380.
③ 李陶然. 现代生产运作管理实务［M］. 北京：北京大学出版社，2010：31-32.

三、网络组织

(一) 网络组织的内涵

信息技术的迅速发展与广泛应用催生了新型经济，也对贸易企业组织产生了深远的影响。近年来，虚拟企业、流通战略联盟、供应链体系、营销网络等跨边界的合作已成为经济实践中的新亮点，也引起了人们对网络组织的广泛关注。

按照市场、网络和科层这一组织形式三分法，网络组织是以独立个体或群体为结点，以彼此之间复杂多样的经济连接为纽带，在定义成员角色和各自任务的基础上通过交互式合作来完成共同目标的联合体。其中，网络节点可以是个人、企业、社会机构、企业联盟，甚至是一个分网络，节点间在跨边界的资源整合过程中所形成的各种经济社会联结成为彼此间联系的纽带。

网络组织是介于市场和企业之间的一种制度安排。市场以价格为中介协调活动，实现资源的重新配置。企业通过组织规章、程序利用资源，通过组织设计实现任务分工。在网络组织中，合作节点之间的交易是基于充分信任的互动合作，合作者必须遵守行业已建立的行为规范和其他合作者对他的期望。网络组织超越了传统组织的有形界限，它不是侧重于利用企业内部的既有资源，而是偏重于利用企业外部的"共享资源"，从而淡化了企业与其外部环境的界限，淡化了供应商、顾客、分销商和竞争对手之间的区别。因此，网络组织对经济活动的分析采取了一种更为广阔的视野，是对以往"内部化"理论的超越。[①]

(二) 网络组织的基本特征

网络组织的基本特征是指网络组织区别于其他组织形式的基本标志，网络组织的特征表现在：富有活力的节点、超越格栅的管理连接和自由灵活的动态调试机制，网络组织的基本特征主要有以下几个方面：

1. 网络组织是介于企业和市场之间的一种制度安排

网络组织最大的特点在于，以市场、网络和企业的三分法替代了企业理论的两分法。如果把企业层级制作为"有形之手"，市场作为"无形之手"的话，则网络组织可以被称为"握手"。对应于传统的企业科层制结构来讲，网络组织超越了传统组织的有形界限，是凌驾于企业之上形成的跨企业组织构架。其作用的发挥重点在于利用企业内外部的共享资源，而不仅仅是企业内部的既有资源，从而淡化了企业与其外部环境的界限，淡化了合作方和竞争对手之间的区别。与市场相比，网络组织有一定的无形边界，网络内各个主体之间具有内在的联系，构成有机互动的一个网络整体。网络组织对经济活动的分析采取了一种更为广阔的

---

① 徐从才. 贸易经济学 [M]. 北京：中国人民大学出版社，2015：139.

视野，是对以往"内部化"理论的大超越。

2. 网络组织主体的行为由相互之间的关系所决定

网络组织中的不同主体的行为与形成网络结构以前大相径庭。原来各类行为主体除了受法律约束和市场规则的约束以外不受其他的约束，彼此是完全独立的，而这种独立性在形成网络结构以后有了一定的限制，网络组织内的成员之间在享有网络带来的信息共享、知识流动等各种利益的同时，也应该承担维护整个网络组织的目标和利益的义务，并受到有形的或无形的网络规则和协议的一定约束。

3. 构成网络组织的每个节点都具有决策能力

网络组织的每个节点都具有获取"网络利益"的强烈冲劲，近年兴起的战略联盟可以视为网络组织的一种，因为构成这一网络组织的每个节点都具有决策能力，都具有活性。同时，每个节点成为网络组织成员的目的也非常明确，即通过联盟强化自己的核心竞争力，或谋取其他"网络利益"。这与同一个企业内部，不同的工序之间存在的密切协作关系不同，后者只能是一种网络关系，而不是网络组织，因为每个工序并不具有自己独立的"网络利益"，也不具有决策能力。

4. 构造有机互动的网络关系是网络组织作用发挥的关键

网络组织作为一种组织形式，其核心价值在于能够对资源进行最佳的配置，以达到网络整体的互动性。

5. 网络组织具有动态性

不同于传统的组织形式，网络组织具有动态性。作为一种未来的组织形式，处于网络组织中的节点是不断发生变化的，每时每刻都有新的节点诞生，也有新的节点消亡，通过不断优化，网络组织即可逐渐完成动态的创新与演化过程。

6. 网络组织的边界是模糊的

在网络组织中，无论是从地域角度来看，还是从节点数量来看，都是极其不确定的，即使在瞬间，也依然存在着不断的更新与变化。它不同于传统组织，传统组织具有清晰的边界，每一个特定的组织或者具有网络关系的团体，通过投入产出的变换，实现组织与外部环境的交流。但这个边界模糊的特征是有利于网络组织发展的，它适应了经济全球化的需要，能够突破具体的地域界限，在更广阔的区域内获取自身发展所需要的各类要素和资源，推动整个网络组织向"无边界"组织形态演变，从而为建立超组织模式（如战略联盟、虚拟企业等）提供契机。

7. 网络组织一般没有明确的法人地位

在网络组织内部，参与网络组织的成员企业一般都保留原来的法人资格，而网络组织本身却不一定具有法人资格。在地位不对等的网络组织中，核心企业对网络组织的运作具有主导和控制作用。而在地位对等的网络组织中，合作各方平等参与，共同管理，它们都不具备法人地位。网络组织作为一个整体，在能够为各个网络成员提供发展所需要的资源的同时，也面临着搭便车和机会主义的风险。只有在有股权参与并形成新的经营实体，企业之间的关系发生了实质性变化的时候，才能形成新的法人，形成"命运共同体"。①

（三）网络组织的分类

网络组织既包括一批对竞争起重要作用、相互联系的产业和其他实体，例如，零部件、机器和服务等专业化投入的供应商和专业化基础设施的提供者；也包括由这些实体向下延伸到的销售渠道和客户，并从侧面扩展到辅助性产品的制造商，以及与技能技术或投入相关的产业公司；许多网络组织还包括提供专业化培训、教育、信息研究和技术支持的政府和其他机构。如大学、标准制定机构、智囊团、职业培训提供者和贸易联盟等。可从以下角度对网络组织进行具体分类。

1. 按网络组织成员在价值链中的关系划分

（1）横向网络。横向网络即价值链中生产相同或者相似产品或服务的企业所形成的网络，如自组织型创新网络、政府干预型创新网络、企业集群等。

（2）纵向网络。纵向网络即同一价值链上游企业和下游企业所构成的网络，如外包网络、旗舰型创新网络、特许经营等。

2. 按网络组织成员之间的关系紧密程度划分

（1）强关系网络。网络各成员之间的合作关系非常密切，而且网络存在较高的进入壁垒，网络组织与外部的交流较少，外部成员也很难与网络内部成员进行交易。一般来说，当网络组织存在一个核心企业时，由于该企业对网络中的其他成员具有较强的控制能力，这时候形成的大多是强关系网络。强关系网络一般都是纵向网络。

（2）弱关系网络。网络各成员之间的合作关系比较松散，网络进入、退出壁垒较低，网络成员可以自由地加入或者退出，因而具有较大的流动性，在这种网络中，网络成员与外部成员的交流虽然不及内部成员之间的交流那么频繁，但也不可忽视。②

（四）网络组织的具体模式

1. 虚拟企业

虚拟企业指为抓住某一市场机会而将拥有实现相应目标所需资源的若干企业集结而成的网络。虚拟企业是企业从外部取得所需的资源，与其他企业结成伙伴或联盟关系，合作经营，共享利益。总之，虚拟组织是一种拥有以核心竞争能力为依托的坚固内核，以网络、市场契约为关联，利用社会资源构建的外壳柔性、

---

① 项枫. 网络视角下的产业集群形成与升级［M］. 北京：社会科学文献出版社，2013：77-87.
② 蔡锐. 公司治理学［M］. 北京：北京大学出版社，2018：235-238.

边界模糊的组织。电子商务在商业领域的应用，产生了一大批虚拟企业。虚拟企业通过网络形成了一个跨越空间的经营主体，生产者、中间商或零售商、物流企业、消费者围绕电子商务企业开展商品流通活动。

2. 流通战略联盟

流通战略联盟是两家或两家以上的企业为达到共同的战略目标，通过各种纽带联结而成的优势互补、信息共享、资源共用、要素相互流动的松散型流通网络组织。它包括三个基本要件：第一，联盟会涉及两个或更多的独立企业或区域市场。第二，联盟的目的是实现关联方的特定战略目标，并共享联盟所带来的利益。第三，联盟可以有多种组织形态，具体又分为非竞争性联盟和竞争性联盟。

3. 供应链体系

虽然贸易企业主要完成的是商品从制造者向消费者转移的最终环节的工作，但决定贸易企业竞争力和利润的不是最终产品的销售，而是以市场需求为起点，由供应商、经销商、生产商组成市场供给方的完整供应链。这个供应链上的企业并不靠产权关系或任何行政关系来维系，而是按照现代流通规律形成一个供应链体系。处于上下游的企业利用现代信息技术，通过改造和集成业务流程，使供应商、经销商以及客户建立协同的业务伙伴关系，真正成为以供应链为纽带的群体企业。

4. 营销网络

营销网络是以获得更广泛、更有效的地区市场为目的的一种发展战略。企业在国内外寻找"战略伙伴"或"同盟者"，并与他们结合起来，借助伙伴企业完善的分销体系，迅速接近目标市场，消除区域保护障碍，低成本、高效益地实现其"分销"和"进入新市场"的目标。早在1975年，日本企业就开始在全球范围内寻找贸易伙伴，建立营销网络。[①]

第三节　贸易企业盈利模式

一、贸易企业盈利模式的内涵、基本要素和特征

（一）贸易企业盈利模式的内涵

贸易企业的盈利模式是以自身核心竞争力为主体，以满足客户需求和利润为

---

① 徐从才. 贸易经济学［M］. 北京：中国人民大学出版社，2015：140-141.

导向，以自身资源整合能力为依托而形成的获取利润的方式，是企业在竞争过程中形成的特有的赖以盈利的商务结构和对应的业务结构。林德和坎特雷尔认为，盈利模式是创造价值组织的核心逻辑，是一个通过一系列业务过程创造价值的商业系统。它对企业的所有经营环境中存在的资源进行识别和整合，结合企业的生产过程，探寻盈利点。[①]

盈利模式是企业获取利润的方式。企业的利润来自整个价值链活动，是多层次和多水平的，与产品、服务、规模、顾客、渠道、资本、品牌等都相关。其中，企业如何有效利用自身资源，通过什么活动增加用户黏性，为顾客和自身创造价值是企业完善盈利模式的基础。[②]

（二）贸易企业盈利模式的基本要素

贸易企业的盈利模式都可以简化为 5 个基本要素：价值对象、价值主张、价值创造、价值实现、价值保护。盈利模式的各构成要素及其关系不是一成不变的，而是动态演变和相互作用的。几乎所有的盈利模式都是一个或者若干个要素的不同形式的组合，但是不论要素之间如何组合，以及组合所得的盈利模式是如何不同，它们都有一个共同目的：获得长期利润。

1. 价值对象

价值对象是指企业的客户，价值对象决定了企业的市场定位。企业可以使用市场细分来确定提供何种价值给顾客，并且要能提供差异化的价值，但是即使企业具有好的定位并提供价值给顾客，企业可能依然不盈利，其原因大概是由于供应商讨价还价能力、购买者讨价还价能力、现有竞争者威胁、潜在进入者威胁、替代品威胁的竞争力量和这些因素在市场上的相关定位等原因对企业利润的影响。企业在定位其市场位置时要先考虑这五种因素，然后决定是否提供价值给顾客。在决定这些事项之后企业的市场定位才会出现。

2. 价值主张

价值主张是企业盈利模式重要的组成部分，企业市场定位决定着其价值主张和盈利模式。企业根据其盈利模式和价值主张来提出与实施相关策略，使其客户知悉并了解其价值主张，从而使公司、客户和其他利益相关者获得利益。因此，企业的价值生产形式受其价值主张的影响

3. 价值创造

价值创造是指企业出于进行价值交换的目的而向客户提供价值。所有的盈利模式要想获得成功都必须拥有其核心业务，企业价值主张的创造和提供、与市场的对接、客户关系的维护和其超额利润的获得都有赖于企业的核心业务。企业的

---

①② 徐从才. 贸易经济学 ［M］. 北京：中国人民大学出版社，2015：141-142.

核心业务由盈利模式的价值结构决定。一般而言，企业的核心业务可能拥有一种或多种。

4. 价值实现

如果价值对象是盈利模式的心脏，那么价值实现就是大动脉。企业的收入来源于为每个种类的潜在客户群提供其确实想要为其买单的价值。一个盈利模式可以包括两个不同类型的收入来源：一是通过客户一次性支付获得的交易收入。二是经常性收入，是客户为了获得其长期价值而形成的持续支出。

5. 价值保护

价值保护是指企业所具有的阻止其客户资源被其竞争者抢夺的能力。企业只有同时拥有资源和能力才能在竞争中处于领先地位，二者缺一不可。企业间的竞争是通过产品和服务体现的，没有一定数量和质量的资源作为基础，企业的能力也就成为无源之水、无本之木。反之，虽然企业资源雄厚优越，但是没有能力，其聚集的资源也无法有效地转化为消费者需要的产品和服务，自然也就没有竞争优势可言。企业的资源和核心能力同步发展造就了其在行业竞争中的领先地位。核心能力能够使企业在竞争中占据领先地位，其所具有的难以模仿性和难以替代性则进一步形成了阻止竞争对手模仿和取而代之的障碍，进而巩固了企业在竞争中的领先地位。随着技术变化发展，电子商务网站的服务内容也在日新月异地发展。任何企业要想保持或者获得竞争优势通常需要三类策略的结合：阻塞策略、快跑策略、联盟策略。

（三）贸易企业盈利模式的特征

1. 以消费者需求为导向

贸易企业，特别是零售企业直接面向消费者，企业能否获利，取决于消费者是否购买企业的产品或者服务，因而应以消费者需求为导向。企业首先应该把追求消费者满意放在第一位，其次要努力降低消费者的购买成本，再次要充分注意到消费者购买过程中的便利性，最后还应以消费者为中心实施有效的沟通。

2. 以服务创新为手段

贸易作为一种典型的服务行为，对其传统盈利模式探索转型的过程就是贸易企业服务创新的过程。服务创新不仅直接影响贸易企业的盈利模式，而且能在增加供应链价值和消费者价值的基础上，保证盈利模式的可持续性和不可模仿性，增强长期盈利能力。但盈利模式的转变是一个系统工程，它是服务概念创新、顾客界面创新、服务交付系统创新、零供关系创新和技术创新的集成。

3. 以信息技术为保障

随着以物联网、云计算、冷链物流等为代表的新技术的开发与应用，能够促进贸易企业发展的技术支持条件将会进一步改善。这就要求贸易企业努力提高技术应用水平，促进行业发展从传统的劳动密集型向技术密集型转变，从单纯依靠扩大规模向主要依靠科技进步、劳动者素质提高、管理创新转变，由规模扩张型向注重效率型转变，加快贸易企业商流、物流、资金流以及信息流的运转，开辟新的盈利空间。

4. 以供应链管理为基础

流通领域的竞争正在从企业间"点对点"的竞争逐步向供应链间的综合竞争转变，贸易企业不仅要注重自身管理，更要注重供应链管理，从而实现供应链价值最大化。供应链长度、宽度和供应链控制是供应链管理的核心要素。[1]

二、贸易企业盈利模式分析

（一）基于专业化的盈利模式

1. 进销差价模式

集中采购外加一定的仓储运输等简单的附加服务可以获取进价和销价的进销差价，这是流通业最原始的盈利模式，现在仍然是各流通企业盈利的基础。进销差价模式的利润主要来自进销间的价格差，其获利的关键在于成本控制，成本控制能力的核心在于交易流程的高效率和供应链系统的高增值，特别是运营和物流费用的控制。此外，贸易企业越是规模大，越有采购的谈判优势。随着企业经营规模的不断扩大，市场份额的不断增加，有能力迫使厂商进一步降低采购价格，在将好处部分转移给顾客的同时也可以增加自己的利润。此外，贸易企业还通过提供仓储运输等简单的附加服务来获得收入。

进销差价模式的典型代表是沃尔玛，沃尔玛通过大规模采购和销售来获得较高的毛利率，其在食品、影像制品、日用品、药品等的美国市场销售份额已占到15%～30%，在露华浓、宝洁、戴尔等公司产品的销售中也占到20%～30%的份额，可以在一定程度上影响甚至决定采购价格，做到一些产品的销售价数倍于采购价。通过建立先进的信息管理和物流配送系统控制成本，使其销售成本比同行平均水平低2%～3%。其高毛利率不是高零售价格的结果，而是压低进货价格的结果。这种零售盈利模式需要具备两个条件：一是零售企业规模足够大，可以支配厂商的价格行为；二是零售企业可以通过大量销售降低厂商的生产成本，使他们在降低零售商采购价格后还有利可图。但是，仅靠这一方式获取收入是没有竞争力的，这是因为利润来源单一、缺乏核心竞争力、可以预见，这种方式未来无法成为贸易企业的主要利润来源。

① 黄倩. 数字化转型视角下沃尔玛盈利模式研究［D］. 济南：山东大学，2023.

2. 渠道控制模式

渠道控制模式指贸易企业凭借强大的分销网络和分销能力，对上游生产企业实施控制，迫使生产企业做出妥协，让渡更多的生产利润给贸易企业的一种盈利模式。渠道控制模式的利润来源包括通道费，以及将延期支付的采购货款投入资本市场或房地产市场获取的高额利润。

由于绝大部分生产商没有强势的品牌和差异化显著的产品，也没有完善的分销体系，同时还面临市场上同类商品的激烈竞争，因此在商铺的铺货率就成为其成功甚至是生存的关键。如果进入某连锁经营商店系统，铺货率将大为提升。这造成拥有强大分销能力的流通企业具备了一定程度上控制上游生产企业的能力，并因此向进入卖场的厂家收取"渠道费用"。这样的渠道费用有很多的种类，例如，新商品进场费、购货折扣、物流费、仓储费、节庆赞助费、新店赞助费、促销费、场地使用费等。这种方法虽然短期内能够增加贸易企业利润，但实际上把供货商放在了对立面，竞争大于合作。过度地使用这一模式会削弱贸易企业的经销职能，导致供应商和贸易企业矛盾冲突不断升级，引发经营风险，造成产业生态变坏甚至恶化。因此，长期以来渠道控制模式一直备受争议，需要谨慎使用。[①]

（二）基于规模化的盈利模式

1. 连锁经营模式

连锁经营是一种相对比较成熟的商业模式，通常指售卖相同的服务或产品不同的企业或隶属于共同集团的加盟店铺，依据合约、加盟等形式，组合为利益上的共同体，相关企业的运营要按照统一的规范实行一定程度的分工，同时它们各自的商圈独立，各个分支进行集中化管理，整合独立经营形成规模，最终获得规模效益。

连锁经营方式在规模经济规律的内在驱动下逐渐普及，形式也日趋多样，主要的形式有直营连锁、自由连锁和特许连锁。其中，直营连锁和自由连锁盈利模式都是通过规模化采购降低采购成本和运营成本，主要区别是前者是隶属关系，后者是合作关系。这两种方式主要靠自有资本和金融资本扩大规模。特许经营的扩张采取特许加盟的方式使自己的分销渠道得以迅速扩张，因为拥有如品牌、商标、商号、专利产品、技术以及经营模式等特殊资源，总公司可以通过收取加盟企业的加盟费以及加盟企业的特许经营费作为企业的主要利润来源。这种方式在扩张的前期可以使利润不断扩大，但市场趋于饱和时，利润来源逐渐平稳。连锁经营模式一般可以通过以下两种方式实现盈利：一是传统的单体卖场规模的扩大；二是通过广泛布点、组合经营、分散销售等来实现规模经营，以此来扩大群

---

① 徐从才. 贸易经济学 ［M］. 北京：中国人民大学出版社，2015：143-144.

体经营规模。①

2. 供应链管理模式

供应链管理是在满足消费者需求的前提下，将供应链涉及的各个部门如供应方、厂家、物流提供方、销售方等进行集中化管理，对商品的生产制造、运输及销售进行统筹配置，从而尽可能地压缩成本。最终目标是优化配置供应链涉及的各项资源，进行科学的分工合作。贸易企业利用供应链管理模式通过与上下游客户之间建立战略合作伙伴关系，以客户需求为导向，运用供应链管理技术，从生产和流通两个角度降低成本、提高盈利空间并且利益共享。

企业运用"供应链管理"模式获取的利润包括：一是通过为消费者和客户创造价值增加收入。二是运用供应链管理技术，对流程进行再造，降低在供应链各个环节上的成本。三是通过设备共享、降低库存，减少资产的占用（如资金、设备和存货等），以提高资源利用效率。随着竞争的加剧，竞争已经不是企业之间的竞争，而是商业模式之间的竞争甚至产业链之间的竞争，在这样的竞争形势下供应链的管理成为行业获取利润的关键。同时，处于行业领头的大型零售企业顺理成章地承担起这一任务。在这个阶段零售业利润主要来源于提高供应链的效率，在这些需求的影响下流程再造、订单驱动、组织再造等新理论也不断出现。这一模式通过及时反馈顾客信息创造顾客价值、对供应链环节进行流程再造降低供应链各个环节成本来增加利润，是一种双赢甚至多赢的模式。

（三）基于差异化的盈利模式

1. 增值服务模式

增值服务模式是指在产品或服务的基础上，为用户提供一系列附加的、个性化的服务，从而提高用户满意度和购买意愿。它可以有多种形式，如提供定制化产品、提供售后服务、增加延保期限、金融服务等。定制化服务是指根据用户的个性化需求，为其提供特别定制的产品或服务。例如，在购买汽车时，用户可以选择不同的车身颜色、配置、内饰等，以满足个性化的需求。售后服务是指在用户购买产品后，为其提供一系列的服务支持。例如，为手机用户提供免费的维修服务、为电器产品提供上门安装和调试服务。延保服务是指将产品的保修期限从标准保修期延长一段时间。通过提供延保服务，企业可以增加用户的购买信心，同时提升自身品牌形象。增值卡、会员服务是指用户在购买产品或服务时，可以额外获得的积分、折扣、礼品或优先服务等特权。金融服务是指为客户提供如融资、信用评估、保险等服务，以提高客户的融资能力和经济效益。

增值服务拓展了销售服务的内容、密切了和客户的关系，通过提供独特的增

---

① 姬生龙. 连锁餐饮企业经营管理创新研究［D］. 长春：吉林大学，2020.

值服务，企业可以吸引更多的潜在客户，并取得竞争优势，从而扩大市场份额、增强贸易企业的盈利能力。但增值服务需要充分利用贸易企业的品牌信誉，与相关部门协作进行员工培训等。在当今竞争激烈的市场环境下，企业需要不断寻找增长的机会和提升客户满意度的方法。除了提供基本的产品或服务外，增值服务可以为企业带来额外的收入，同时也能够增强客户黏性和品牌忠诚度。因此，合理利用增值服务模式为贸易企业创造价值具有重要意义。

2. 电子商务模式

电子商务模式是企业确定细分市场和目标顾客之后，通过企业内部特定的组织结构和在价值网中的定位，运用网络信息技术，与价值网上的各合作成员整合相关的流程，最终满足顾客的需要，并给企业带来盈利的方式。其中的关键点是电子商务模式应指出价值的创造过程及各参与者在此过程中扮演的角色和收益来源。以交易参与者的特征作为划分的依据，将电子商务模式简单地分为 B2B 和 B2C 两类。随着互联网技术的不断进步，电子商务形式不断丰富，关于电子商务模式的分类，根据不同的划分标准，有不同的电子商务模式。根据交易对象的不同可分为 B2B、B2C、C2C、B2G 等电子商务模式；根据网络运用的不同可分为因特网电子商务和非因特网电子商务。

从商务模式的定义来看，不论传统商务模式还是电子商务模式，简单来说，它们都是关于产品、服务以及信息及其价值创造的一种运作机制。但是，这种运作机制有些不同，从产品流和服务流来看，传统商务模式一直处于交易实物化的状态，而电子商务模式则不同，交易的主体、客体以及经营活动都呈现虚拟化的特点，贸易双方从贸易磋商，签订合同到支付等，无须当面进行，均通过计算机互联网来完成，整个交易虚拟化。对卖方来说，可以到网络管理机构申请域名，制作自己的主页，组织产品信息上网，而虚拟社区，网上广告能使买方根据自己的需求做出选择，并通过电子邮件等手段将信息反馈给卖方，通过信息的推拉互动，签订电子合同，完成交易并进行电子支付；从信息流来看，在电子商务模式中，买卖双方从交易的洽谈、签约以及货款的支付、交货通知等整个交易过程都在网络上进行，通畅快捷的信息传输可以保证各种信息之间互相核对，透明度也大大提高，这同样是传统的信息流所无法比拟的。

电子商务模式的利润来源相当广泛，包括在线销售产品收入、在线提供服务收入、提供交易平台收入、网站注册收入和网络广告收入等。电子商务模式集商流、物流、信息流、资金流于一体，打破了传统贸易的时间和空间限制，可以实现实时经济，提升企业、客户乃至社会价值。但是，以电子商务作为贸易企业的盈利模式仍然存在网络的安全性等一系列问题。[①]

（四）基于自有品牌的盈利模式

自有品牌模式主要指的是贸易企业对消费者的需求进行采集分析，然后根据需求自主选择生产企业设计生产新产品，并在销售商品时，加上自己的标签或者商标的品牌，通过贸易企业独家或有控制的渠道对产品进行分销以获得销售利润的盈利模式。贸易企业直接接触消费者，利用自身积累的顾客信息优势、销售网络渠道优势和品牌信誉，开发自有品牌，以获得更多的产品附加值。

自有品牌模式的特点是自产自销商品，省去了许多中间环节，使用自有品牌的商品可以少支付广告费，进行大批量生产、销售，可取得规模效益，降低商品销售成本。自有品牌营销战略的实施有两条基本途径：①零售企业委托生产者制造，即商业零售企业根据市场动态对商品的质量、规格、类型、原材料、包装等方面自行设计，然后委托生产企业按照设计要求制造，在销售时使用自有品牌。②零售商业企业自设生产基地，即自己投资办厂生产自己设计开发的商品。

随着企业规模扩大和市场优势的增加，越来越多的企业开始通过开发自有品牌来增加盈利，如屈臣氏。屈臣氏自有品牌多采用 OEM 代工生产模式。屈臣氏在代工厂选择、商品制造和商品消费等环节加强质量控制和流程管理，以确保自有产品品质卓越。比如，通过严苛的甄别机制和筛选程序精选代工厂，要求代工厂必须符合质量管理体系标准，真正做到从源头确保产品质量。

与生产者自有品牌相比，贸易企业自有品牌具有信誉优势、价格优势、特色优势和领先优势等竞争优势。企业不仅可以直接从自有品牌中获得利润，而且可以使其成为一个战略工具，约束生产厂商品牌的市场力量，从而对市场结构产生一定的影响。贸易企业自创品牌是一个由低到高发展的过程。在这个过程中，也会遇到诸多问题和风险，同时也会伴随着机遇。对贸易企业来说，创建自有品牌并不是一件简单的任务，首先要了解市场，找到自有产品的精确定位，明确产品创建目标，这同单纯的产品生产有很大区别，需要企业能够制造出自身独有的具有创新性的产品。其次在产品营销环节，贸易企业既要了解产品库存成本，也要掌握产品的供货时间，建立自己的营销渠道。最后要打造良好的品牌形象，需要完善售后，丰富销售渠道。[②]

（五）基于战略合作的盈利模式

企业战略合作模式，主要是指通过各企业间的内外部协调，进而实现战略合

---

①　王莎莎．我国O2O电子商务模式发展研究［D］．济南：山东师范大学，2015.

②　孙薇薇．零售企业自有品牌供应商选择优化研究［D］．上海：华东师范大学，2022.

作双方的资源共享,实现资源最佳配置,使合作成员都得到快速发展,同时也提升自身发展速度,达到"多赢"的局面。战略合作是指出于长期共赢考虑,建立在共同利益基础上,各企业实现深度的合作。一方面,要考虑怎么建立共同利益,包括长短期的,所谓战略,就是要从整体出发,考虑相互之间的利益,使整体的利益最大化。另一方面,环境的变化不仅会引起内外部资源随之改变,同时也会导致企业战略合作中具体成员的变化,也就是说,企业的战略合作模式不完全是静态的,而是一种在特定期限内及环境中的动态合作联盟关系。

本章小结

贸易企业专注于交易,其本质是交易的专业化生产者/提供者。贸易企业交易的专业化利益来自交易成本的节约,只要其中介组织交易的成本小于生产企业的直接交易成本,贸易企业的规模就存在扩张的动机,直到二者相等时,其组织规模得到确定。贸易企业的规模扩张从根本上会受到市场规模和组织成本的制约,具体地说,单体企业的规模扩张会受制于消费者购买力、购物便利程度、市场竞争条件等多种因素。为了降低交易成本和管理成本,实现企业利润和运行效率最大化,贸易企业内的产权结构与组织结构日趋复杂化,出现了独资、合伙、股份制企业,产生了直线制、直线职能制和事业部制等多种组织结构。现代贸易企业通过分店复制的形式实现快速的规模扩张,突破了原有企业理论对生产企业规模扩张的认识,并表现出企业与市场不断融合的现象。

横向分离和横向一体化程度决定了贸易企业的横向边界,企业对规模经济与范围经济的追求是企业横向结构决定的依据,交叉持股、水平兼并和行业协会是横向一体化的主要实现形式。纵向分离和纵向一体化程度决定了贸易企业的垂直边界。盈利模式是企业获取利润的方式,现代贸易企业的盈利模式表现出四个方面的特征:以消费者需求为导向,以服务创新为手段,以信息技术为保障,以供应链管理为基础。

关键术语

贸易企业;企业边界;分店复制;横向一体化;纵向一体化;网络组织;盈利模式

本章思考题

1. 简述贸易企业的性质。
2. 论述贸易企业结构分类和结构合理化。
3. 简述限制贸易企业规模扩张的经济因素。

4. 简述决定贸易企业横向结构的因素。

5. 论述贸易企业纵向一体化的意义和合理性。

6. 简述现代贸易企业盈利模式的基本特征。

7. 举例说明贸易企业各类盈利模式的基本含义和利润来源。

第十章　贸易效益与效率

第一节　贸易经济效益

一、贸易经济效益的内涵

（一）贸易经济效益的概念

人们从事任何经济活动都是为了取得某种有用的成果，而为了达到这一预期目的，就必须在所进行的活动中投入一定数量的社会劳动，并力求投入少、产出多，消耗少、所得多。因此，所谓经济效益是指人们在经济活动中取得的劳动成果同劳动耗费（包括物化劳动和活劳动消耗）或劳动占有（包括流动资金占用和固定资金占用）之间的比较。在社会再生产过程中，人们从事任何经济活动都存在着一个所费、所用与所得的关系，即经济效益问题。一般来说，劳动成果多而劳动消耗或劳动占用少，经济效益就好；反之经济效益就差。[①]

贸易经济效益是经济效益概念在贸易领域中的延伸和体现。[②] 所谓贸易经济效益是指商品交换过程中投入与产出的对比关系。从马克思的劳动价值论来看，贸易效益是劳动投入和劳动产出的对比关系。贸易过程是把商品从生产领域转移到消费领域的中间环节，这个环节既是商品价值的实现过程，也是进行贸易的社会劳动消耗过程。用较少的社会劳动去实现一定的商品价值，或用一定的社会劳动去实现较多的商品价值，是从事贸易经济活动的直接目的，也是我们所要追求

[①]　张章. 贸易经济学［M］. 延吉：延边大学出版社，1997：319.

[②]　易法海. 贸易经济学［M］. 北京：中国农业出版社，2002：239.

的贸易经济效益。① 商品流通过程中的劳动耗费，包括物化劳动耗费与活劳动耗费，贸易物化劳动消耗是指在商品流通中劳动对象和劳动手段的耗费，贸易活劳动消耗是指贸易劳动者在组织商品流通中脑力和体力的耗费，具体表现为商品流通费用额。商品流通过程中的劳动占用是指在贸易活动中所占用的物化劳动量，即所占用的资源，如土地、固定资产、流动资产等。这些劳动占用，在价值形态上主要表现为资金的占用。具体可以用流动资金占用和固定资金占用的总和来表示。② 因此，贸易经济效益的具体表现是指商品流通过程中商品的利润额同商品流通费用额与商业资金占用额之间的比较。

贸易经济效益中的产出或成果不同于工农业经济效益中的产出或成果，它一般用商品销售利润来表示。实现一定的商品销售利润额，需要的投入越少，则经济效益越大，反之则越小。从贸易经济效益中的投入来看，它指的是在此活动中实际耗费的劳动占用，包括活劳动和物化劳动的耗费。贸易经济活动中占用的物化劳动，包括基础设施、设备以及为正常进行贸易经济活动所必需的物资储备等。一定的劳动消耗与占用，实现和创造的成果越多，经济效益就越大，反之则越小。

从西方经济学的观点来看，贸易投入主要包括资本、技术、劳动、土地、企业才能等；贸易产出主要是商品与劳务的销售。二者的对比，就是贸易效益。具体地说，在一定时期的贸易经济活动中，以较少的流通费用和资金占用，实现了较多的商品销售额，就有了贸易经济效益。前者越少，后者越大，则贸易经济效益就越大。反之，前者与后者接近甚至大于后者，就没有经济效益或呈现负效益。总之，所谓贸易经济效益，是指贸易经济活动中产出和投入的对比。③

（二）贸易经济效益的分类

贸易经济效益包括宏观和微观两个方面。

1. 贸易宏观经济效益

贸易宏观经济效益是指贸易的社会经济效益，即贸易部门作为国民经济的一个重要部门，其经济活动为整个社会（包括生产者和消费者）所带来的全部经济利益同贸易部门全行业所占用和耗费的社会劳动之间的比较。其内容主要有：第一，要保证商品流通渠道畅通，宏观上要使贸易网点布局合理，在全国范围内组织好商品的购、销、运、存，使贸易部门能真正适应社会再生产的发展和市场经济的需要。第二，要发挥流通对生产的反作用，加速实现商品价值和使用价

---

① 蒋和胜. 贸易经济学 [M]. 成都：电子科技大学出版社，2005：284.
② 张章. 贸易经济学 [M]. 延吉：延边大学出版社，1997：320.
③ 蒋和胜. 贸易经济学 [M]. 成都：电子科技大学出版社，2005：285.

值，协调好产需之间的关系。第三，要保证市场的商品供应。通过加强对市场的管理，全面提高贸易部门的服务质量，并利用各种手段发挥贸易引导消费的作用，以满足消费者多方面的消费需要。① 首先，要科学制订贸易活动服务规范，贸易活动服务规范化，是提高服务质量和社会效益的一项基础性工作。其次，要扩大服务项目，开展一系列多功能服务。多功能服务既要有在本行业服务范围内延伸、派生的连带性服务项目，又要有跨行业的一些服务项目。总之，为满足消费者需要，在可行与可能的条件下，贸易部门应努力增设服务项目，并制订出相应的服务标准和管理规范，以扩大社会影响，提高经济效益与社会效益。再次，要努力改善贸易活动的服务环境。② 最后，要加强贸易部门的宏观控制与管理，指导社会贸易有比例地发展，调节全国市场的产需矛盾，加速全社会的商品流转，降低耗费与占用，从而提高全行业的劳动效率。③

2. 贸易微观经济效益

贸易微观经济效益是指贸易企业的经济效益，即以各个具体的贸易企业的经营活动为考察对象的经济效益。其内容主要包括：第一，企业上缴国家的税金。贸易经营者有按照国家规定缴纳各种税款的义务，这是国家与企业之间的特殊经济关系所决定的。企业经营管理好，劳动所费少，所得多，相应地为国家提供的税金就多，贡献就大。同时，说明企业的经济效益好；反之亦然。第二，企业自身的盈利水平。贸易企业作为独立的商品经营者，都有自己独立或相对独立的经济利益，都必须以自己的经营成果去补偿自己的劳动消耗，并在按规定向国家缴纳各种税款之后获得企业的盈利，这直接关系到企业自身的生存与发展。因此，企业盈利水平是贸易微观经济效益的重要内容。在一定的劳动消耗和劳动占用的情况下，企业的商品流转额越大、流转速度越快，其盈利水平相应就越高，经济效益就越好。④

3. 贸易宏观经济效益和贸易微观经济效益的关系

把贸易经济效益作为一个系统，其微观经济效益主要是反映贸易企业的经济效益，其宏观经济效益则是指全部贸易总体的经济效益，包括国内贸易经济效益与对外贸易经济效益之和。⑤ 在实际经济生活中，如果过多地强调贸易的宏观经济效益，容易损害企业的利益，导致贸易微观经济效益偏低。同样，如果过多地强调微观经济效益，则容易损害整个社会的利益，导致贸易宏观经济效益不高。

---

① 章国兴. 贸易经济学 [M]. 重庆：重庆大学出版社，1995：242.
② 柳思维，刘天祥. 贸易经济学 [M]. 长沙：湖南师范大学出版社，1998：216.
③ 章国兴. 贸易经济学 [M]. 重庆：重庆大学出版社，1995：243.
④ 易法海. 贸易经济学 [M]. 北京：中国农业出版社，2002：242.
⑤ 谷克鉴. 贸易经济学 [M]. 北京：中国经济出版社，1994：233.

同时，贸易的宏观经济效益与微观经济效益，又是一种相辅相成、辩证统一的关系。一方面，贸易宏观经济效益是由贸易微观经济效益组成的，如果贸易的微观经济效益都不好或者相当多数的贸易企业经济效益不好，很难说贸易宏观经济效益好。另一方面，贸易宏观经济效益又是微观经济效益的前提。贸易宏观经济效益，不仅体现国民经济的整体利益，而且也体现贸易企业的局部利益。因为贸易宏观经济效益的高低直接关系到社会总产品的实现程度、社会生产发展和人民生活水平提高等重大问题，只有宏观经济效益好，社会总产品的实现程度高，社会生产才能健康发展，人民的收入水平才能不断增长，从而为微观经济效益提高创造良好的外部环境条件。因此，正确地处理贸易宏观经济效益与微观经济效益这对矛盾，必须以贸易微观经济效益为基础，以宏观经济效益为前提。①

在一般情况下，微观经济效益和宏观经济效益是一致的，两者是应该且必须结合的。但在两者发生矛盾的情况下，应该局部服从全局，以宏观经济效益为重，微观经济效益服从宏观经济效益。贸易微观经济效益是由各类不同的贸易企业经济效益体现出来的，由于各类型贸易企业的具体职能和任务不尽相同，因此它们各自体现的经济效益的具体内容也不一样。内贸企业与外贸企业、批发企业与零售企业、储存企业与运输企业、加工企业与咨询企业，它们体现经济效益的侧重点是很不同的。由于销售尤其是最终销售是实现商品价值的关键环节，而且销售环节的贸易企业又是最多的，因此，我们常常把销售环节的贸易企业（如零售企业、外贸出口企业）的经济效益作为贸易微观经济效益的主要代表和典型形式。②

（三）贸易经济效益的特点

经济效益是一切经济活动的共同要求，但是，不同领域的经济活动有其不同的内容和特点，其效益的内容和特点也自然不同。贸易是一种重要的经济活动，它的基本职能是媒介商品交换，组织商品流通。因此，贸易经济效益，在其内容和特点上同其他经济部门就不尽相同。贸易经济效益同其他经济部门的效益相比较，具有以下主要特点：

1. 贸易效益以实现商品价值和使用价值及满足市场需求的程度为基本内容

贸易劳动一般并不是直接生产物质产品的劳动，而主要是通过购销活动，将商品从生产领域转移到消费领域，完成商品形态到货币形态的转化，从而实现商品的价值和使用价值，使社会再生产得以顺利进行。因此，商贸企业以一定的劳动投入，在多大程度上实现商品价值和使用价值，完成多少商品流转额，或在多

---

① 易法海. 贸易经济学 [M]. 北京：中国农业出版社，2002：243.
② 谷克鉴. 贸易经济学 [M]. 北京：中国经济出版社，1994：234.

大程度上使市场需求得到满足，乃是衡量贸易效益的基本内容。而物质生产部门的经济效益则主要是以一定的劳动耗费能直接为社会提供多少有用的物质产品为基本内容的。①

2. 贸易劳动耗费中活劳动的耗费占很大比重

从国内外来看，贸易客体主要是商品与服务。不论科技如何发展，商品与服务的流通环节中许多工作都需要现实的活劳动，活劳动在贸易中占比较大。因此，贸易产业中的大多数企业，都属于劳动密集型企业，手工劳动占有较大的比例。活劳动的效率是影响贸易企业经济效益的一个重要的因素，服务业在这一点上表现得尤其明显。② 活劳动耗费的情况，主要是通过劳动效率来表现的，在活劳动耗费既定的情况下，它直接反映一定时期内商品销售额的增长程度和劳动消耗的节约程度。耗费的活劳动量相同，商品销售额越大，说明劳动效率越高，流通过程中所耗费的人力越合理，经济效益也就越大。反之，劳动效率越低，经济效益越差。

3. 流动资金的周转速度直接影响着贸易经济效益的高低

由贸易资金的构成特点所决定，流动资金的周转速度直接影响着贸易经济效益的高低。流动资金的特点在于循环运动，其运动的速度如何，是决定贸易资金需要量，影响费用水平和销售额大小的重要因素。在商品流通规模既定的情况下，合理地节约地使用流动资金，加快资金周转速度，就可以降低费用水平，提高资金利润率，从而提高贸易经济效益。因此，在保证商品流通正常需要的前提下，尽可能地节约流动资金的占用，加快流动资金的周转，提高流动资金的利用率，将有利于贸易经济效益的提高。③

4. 服务质量是衡量贸易效益的重要内容

由于贸易的基本职能是媒介商品交换，因此，商贸行业在组织商品购销活动时，必然伴随着对生产和生活的服务过程，贸易劳动带有很强的服务性。服务质量的优劣直接关系到商品购销任务的完成和超额完成，因此，服务质量的优劣直接影响贸易效益的高低。④ 贸易活动的服务质量，主要表现在对居民商品需求的满足程度，商品销售过程的各种服务条件以及消费者购买商品所花费的时间上。贸易企业经济效益的提高，就必须处理好贸易利润最大化和满足消费者多方面需要的关系，要十分重视和维护消费者的经济利益，并把它作为衡量贸易企业经济

① 郑承志. 贸易经济概论 [M]. 合肥：中国科学技术大学出版社，1998：216.
② 蒋和胜. 贸易经济学 [M]. 成都：电子科技大学出版社，2005：285-286.
③ 王德新. 贸易经济基础 [M]. 北京：中国财政经济出版社，1996：362-363.
④ 郑承志. 贸易经济概论 [M]. 合肥：中国科学技术大学出版社，1998：217.

效益高低的一项重要内容和指标。①

5. 贸易效益受外界环境影响大

贸易经济效益除受内部主观因素影响外，受外部客观因素的影响也较大。这些外部因素包括：社会生产力的分布状况，生产部门的产品数量、质量、品种、更新换代速度，消费水平、消费习惯的变化，国民收入分配和再分配的状况、商品供给与商品需求相适应的程度、商品价格变动、交通运输状况、国家政策、法律等，都对贸易经济效益有直接或间接的影响。所以，在评价贸易经济效益时，要进行全面、具体地分析，限制和克服不利因素，使贸易经济效益稳步提高。②

（四）贸易经济效益的主要影响因素

1. 工农业发展状况

生产为贸易企业提供交换的产品，它对企业效益有直接影响。例如，生产部门为市场提供的商品多少、适销对路状况、质量好坏以及价格高低等将直接影响贸易企业的经营效果；生产部门为贸易企业提供的物质技术设备优劣，直接影响贸易企业经营中的物化劳动耗费和占用；商品流转过程的长短，直接制约着商品资本的流转速度。

2. 交通运输的发展状况

商品在运输过程中，不仅需要一定的时间，而且要损耗和占用一定量的劳动，同时还有商品损耗发生。运输工具、运输路线和运输的组织工作都会对商品运输时间、运输费用产生影响。因此，商品运输工具的现代化程度，商品运输组织的合理化水平，都将影响贸易企业经济效益的状况。

3. 贸易企业管理体制适应商品流通发展的程度

贸易企业管理体制是否与商品流通的发展相适应，对于贸易企业经济效益有很大的制约作用。合理的企业管理体制能使贸易企业在国家的宏观调控管理下，正确处理国家与企业、企业与职工的关系，充分调动各方面的积极性，促使企业和职工重视并且关心劳动消耗和劳动占用的节约，努力扩大经营成果。③

4. 贸易企业经营管理水平

贸易企业的经营管理水平是决定贸易企业经济效益的主要因素之一。贸易企业经营管理水平高，财务制度、营销制度、日常管理制度健全，就能充分有效地激励员工，就能够适应市场需求的变化，确立正确的经营战略和经营方针，采取有效的经营决策，扩大经营规模，调整经营结构，增加适销对路商品的比重，减少商

---

① 张章. 贸易经济学［M］. 延吉：延边大学出版社，1997：323.

② 章国兴. 贸易经济学［M］. 重庆：重庆大学出版社，1995：244.

③ 陈淑祥. 贸易经济学［M］. 成都：西南财经大学出版社，2015：177.

品流转过程中的各种损失和浪费，加速商品流转，使经济效益大大地提高。①

5. 贸易从业人员的素质

贸易企业的一切经营活动最终都要通过贸易从业人员去完成。同生产部门相比较，贸易部门一般属于劳动密集型行业，因此，活劳动耗费在贸易领域的全部劳动耗费中占有相当大的比重。再加上贸易劳动具有服务性强的特点，导致在商品经营过程中要占用大量的人力，耗费大量的活劳动。尽量节约活劳动的消耗，提高贸易劳动效率，以更少的人力实现更多的销售额，有利于贸易经济效益的提高。②

6. 贸易产业技术创新能力

经济的发展越来越表明，技术进步是经济进步最为重要的推动力，对任何一个产业而言，也是如此。贸易产业的技术创新力、应用技术的效率与贸易产业的竞争力高度相关。贸易产业的技术在各个环节，如购进、销售、运输、贮存等各个环节都相当重要。技术发达不但可以加快商品销售速度，还可以节约流通费用，节省交易成本，减少流通损耗，从而从多方面提高贸易效率。③

二、贸易经济效益的评价

（一）贸易经济效益的评价原则

任何一个事务用不同的标准去衡量和评价，自然会得出不同的结论。贸易部门组织商品流通是人们有目的的一种社会实践活动，检验这种实践活动是否达到了目的，是否有成效，以及成效的大小，一方面要看经营成果与劳动耗费和劳动占用的比较，另一方面要看这种经营成果给社会带来的影响和利益。那么，评价贸易经济效益的标准就应该结合贸易活动的特点，充分反映贸易工作的职能、任务和目的以及体现贸易活动中劳动耗费和劳动占用与经营成果的比较，必须坚持以下标准：④

1. 满足社会需要与取得企业盈利相统一的原则

评价贸易经济效益，最先要考虑贸易经济活动的目的，符合贸易经济活动目的所取得的经济效益才是真正的经济效益，违反贸易经济活动目的所取得的所谓"经济效益"不能算作经济效益。社会主义贸易经济活动的目的，是满足社会及成员不断增长的物质和文化生活需要，促进人的全面发展。在符合这一目的的前提下所获得的企业盈利才是真正的经济效益。符合这一目的的盈利越多，盈利水

---

① 蒋和胜. 贸易经济学 [M]. 成都：电子科技大学出版社，2005：294.
② 谷克鉴. 贸易经济学 [M]. 北京：中国经济出版社，1994：237.
③ 蒋和胜. 贸易经济学 [M]. 成都：电子科技大学出版社，2005：295.
④ 王德新. 贸易经济基础 [M]. 北京：中国财政经济出版社，1996：366.

平越高，经济效益就越大。但是，如果只强调目的而不注重企业盈利，在满足社会需要时不注意经济核算，损失浪费严重，造成支出大于收入乃至出现亏损，其结果就会导致企业缺乏经济实力，甚至丧失生存能力而难以为继，这也是不足取的。正确的态度就是必须坚持社会需要与企业盈利有机统一的原则，使企业真正能在满足社会需要的同时又能取得良好的经济效益，走上健康发展之路。

2. 企业经济效益和社会经济效益相统一的原则

这一原则也可以概括为微观经济效益与宏观经济效益相统一，这实际上是局部利益与全局利益的关系。[①] 贸易企业经济效益与社会经济效益从根本上说是一致的。社会经济效益是贸易企业经济效益的前提，贸易企业经济效益是社会经济效益的基础和实现条件，没有贸易企业经济效益，社会经济效益就无从谈起。但是，社会经济效益并不是贸易企业经济效益的简单叠加，而是与贸易企业经济效益存在一个倍数关系。但二者又有相互矛盾的一面，即企业经济效益好，社会经济效益未必就好。这就要求在考核贸易企业经济效益时，必须处理好二者的关系。具体来说，就是贸易企业在商品与服务经营活动中，必须坚持依法经营，通过增设商业网点，实行优质服务等正常的业务活动扩大商品销售，在企业获得较好经济效益的同时，使社会经济效益大大提高。当企业经济效益和社会经济效益二者出现矛盾时，企业经济效益要服从社会经济效益，这应当成为考察贸易企业经济效益的重要原则。[②]

在商品流通过程中，为消费者提供各种优质服务，是贸易企业的一项基本任务。为消费者提供服务项目的多少、服务质量的高低，不仅直接影响贸易企业的经济效益，而且直接关系到商品流通的社会经济效益。因此，在评价贸易企业经济效益时，不仅要通过经济指标分析其经济效益在数量上的增减变化，而且要通过量的分析，对企业维护消费者利益等情况，做出合乎实际的评价。[③]

3. 短期经济效益和长远经济效益相统一的原则

任何经济活动都有一个短期利益与长远利益关系均衡的问题。当短期利益与长远利益统一时，前者为后者的提高打下基础，而后者的提高又为前者的提高创造条件。但是，两者也有矛盾的一面，短期经济效益的提高不一定有利于长远经济效益的提高，在处理两者关系时，应恰当地处理长远经济效益与当前经济效益的平衡，尽量把二者很好地结合起来。[④] 因此，如何把短期利益与长远利益处理

---

① 谷克鉴. 贸易经济学 [M]. 北京：中国经济出版社，1994：241.
② 蒋和胜. 贸易经济学 [M]. 成都：电子科技大学出版社，2005：288.
③ 张章. 贸易经济学 [M]. 延吉：延边大学出版社，1997：328.
④ 蒋和胜. 贸易经济学 [M]. 成都：电子科技大学出版社，2005：289.

得当，并获得最佳效益，这是一个比较复杂而十分重要的问题。它不可能有一个固定的模式或比较关系，只能根据不同的具体条件、时间、阶段来具体安排，甚至同一单位不同时期，在考虑短期利益和长远利益时也应有所侧重。但从长远、整体、全面来说，长远利益必须和短期利益相结合，企业要做到两者兼顾。所以说，坚持短期利益和长远利益的统一，是我们评价贸易经济效益的一个重要标准。①

（二）贸易经济效益评价指标体系的设置原则

贸易经济效益指标体系的设置，是为了评价、考核贸易经济效益，更全面地观察和把握贸易经济效益的实质和贸易经济活动的规律性，从而有效地指导贸易活动。运用和确定贸易经济效益指标体系时，应遵循这样一些基本原则，即科学性原则、全面性原则、实用性原则、可比性原则、可操作性原则、通用性原则等。具体来看：②

1. 科学性原则

科学性原则就是所设置的评价指标要能反映贸易经济效益的本质特征，符合贸易经济效益的含义，即能反映贸易的有效成果与劳动消耗和劳动占用之间的函数关系。

2. 全面性原则

全面性原则指所设置的评价指标要能全面地反映贸易经济效益的复杂内容，既要能反映企业微观经济效益，又要能反映社会宏观经济效益；既要能反映贸易经济效益的数量关系，即贸易有效成果与贸易劳动消耗之间的函数关系，又要能体现贸易经济效益的质量，即对社会需要的满足程度。要切忌片面性。以偏概全，特别要避免用单一的利润指标考核贸易经济效益。

3. 实用性原则

实用性原则包括评价指标的意义明确，计算方法简便，能反映贸易行业的特点和实际情况，操作简便易行，有利于推动贸易部门和企业对经济效益进行考核，促使企业在积极满足社会需要的同时，以较小的劳动消耗和较小的资金占用来获取更多的盈利。③

三、提高贸易经济效益的途径

（一）提高贸易经济效益的意义

贸易经济效益的高低，是检验和评价贸易经济活动的效率、质量和水平的客

---

①　王德新．贸易经济基础［M］．北京：中国财政经济出版社，1996：372.

②　章国兴．贸易经济学［M］．重庆：重庆大学出版社，1995：245.

③　易法海．贸易经济学［M］．北京：中国农业出版社，2002：244-245.

观尺度。提高经济效益，既是经济发展和社会进步的客观要求，也是贸易企业加强管理的中心任务。提高贸易经济效益对于产业发展、企业经营乃至整个社会发展都具有十分重要的意义。[1]

1. 提高贸易经济效益有利于社会再生产的顺利进行和生产领域经济效益的实现与提高

社会再生产过程包括了生产、分配、交换、消费四个环节，这四个环节是周而复始地进行的。其中，交换环节即贸易状况如何，实质上是社会产品实现的状况如何，是社会再生产能否顺利进行的关键环节。贸易经济效益的提高，表明社会产品能较快较好地从生产领域到达消费领域，社会再生产的交换环节畅通，社会再生产就能更好地进行良性循环。同时，工厂生产出来的产品，只有尽快地到达消费者手上，即只有提高贸易企业的经济效益，才能使生产领域的经济效益得到实现和提高。如果生产出来的产品滞留在仓库里，说明生产者付出的劳动并未得到社会的承认，连商品本身的价值都未能实现，更谈不上生产领域经济效益的实现了。此外，在社会再生产过程中，贸易对生产的促进和引导作用是很大的。通过贸易可以把需求信息及时传递给生产部门，以促进、引导生产工艺的改革，提高产品质量，增加花色、品种，从而有力地促进生产领域经济效益的提高。[2]

2. 提高贸易经济效益有利于增加人民群众的合理消费，提高人民的生活水平和生活质量

贸易经济效益对人民群众消费的影响，主要是通过商品销售和服务质量体现出来的。贸易部门对人民群众消费需要的满足程度如何，商品是否适销对路，商品品种、数量、质量、价格是否符合需要，经营方式、经营项目、营业时间、网点设置、服务态度是否便利群众和使群众满意，都直接影响到人民群众的生活改善和生活水平的提高。这既关系到劳动力的再生产，也关系到群众生活质量的改善。因为讲求贸易经济效益，不仅可以更好地满足群众物质与文化生活的需要，而且能大大节约消费者购买商品的时间，还可为消费者带来愉快的享受，从而增加人民群众的自由时间，使每个人有时间充分发展自己，提高生活质量。[3]

3. 提高贸易经济效益有利于贸易企业和产业健康发展

提高贸易企业经济效益，可以促进企业不断改善经营管理，提高职工的素质，这反过来又可以促进贸易效益的提高。经济效益是衡量企业经营管理水平高低的尺度和标志，经济效益的提高是贸易企业改善经营管理的直接体现。贸易企

① 蒋和胜. 贸易经济学 [M]. 成都：电子科技大学出版社，2005：286.
② 王德民. 贸易经济学 [M]. 北京：中共中央党校出版社，1994：139.
③ 谷克鉴. 贸易经济学 [M]. 北京：中国经济出版社，1994：239.

业经营管理水平的高低，直接决定着贸易效益的状况。通过增加贸易效益，可以改善和提高贸易企业职工的工作和生活条件，可以最大限度地提高从业人员的工作积极性，并提高其生产质量；还能使从业人员有更多的机会与能力从严学习，并提高其身心健康水平。因此，提高贸易企业经济效益，事关贸易企业人力资源开发，事关人力资源向人力资本转化，事关企业的可持续发展。贸易企业的发展又是贸易产业兴旺发达的基础。①

4. 提高贸易经济效益有利于为国家经济建设提供更多的积累

社会主义国家要扩大再生产，就必须不断地增加建设资金，这些资金虽然可以从国外吸收一部分，但其大部分还得靠社会主义经济内部的积累来解决。贸易经济效益的提高，意味着实现一定数量的商品销售额付出更少的人力物力，或者表明在一定销量下实现了更多的盈利。简言之，都表现为对社会创造了更多的财富。这些财富在社会主义下相当一部分是用于国家积累去扩大社会再生产的。因此，贸易经济效益的提高，有利于为社会创造更多的财富，也有利于为国家经济建设提供更多的积累。②

（二）提高贸易经济效益的宏观途径

1. 调整产业结构

产业结构的优化是提高经济效益的结构性因素。合理的结构会产生良好的经济效益，不合理的结构会造成经济效益低下的不良后果。产业结构是随着经济的发展而不断变化的，这就必须根据经济发展的规律和未来发展趋势，不断优化产业结构，大力发展具有光明前途的"朝阳产业"，有步骤地淘汰掉没有发展前途的"夕阳产业"，并将"夕阳产业"进行改造与改组，使之改变成为具有发展前途的"新产业"。因此，就必须经常地、适时地进行产业结构调整，优化产业结构，才能有良好的经济效益。在进行产业结构调整时，还必须同时进行产品结构调整、行业结构调整以及生产结构调整，为提高贸易经济效益创造良好的结构环境。③

2. 发展通信和交通

在现代经济社会，发达而先进的通信和交通是贸易活动的重要前提和手段。现代的通信，尤其是发达国家和新兴工业化国家与地区正在建设的"信息高速公路"，使通信手段更加现代化，瞬间即可掌握全国信息和世界信息，现代化的交通和运输可以极为迅速地使贸易活动扩展到世界各地。因此，现代化的通信和交

---

① 蒋和胜. 贸易经济学 [M]. 成都：电子科技大学出版社，2005：288.
② 王德民. 贸易经济学 [M]. 北京：中共中央党校出版社，1994：140.
③ 谷克鉴. 贸易经济学 [M]. 北京：中国经济出版社，1994：252.

通，成为开展国内外贸易活动的重要条件，也是提高贸易经济效益的物质保证。我国在"两通"（通信、交通）的现代化方面已经有了很大进展，但与发达国家相比还有相当大的差距。为了更快更好地与国际经济接轨，必须加快我国通信现代化和交通运输现代化的步伐，加快各项基础设施的建设，为提高贸易经济效益创造良好的"两通"环境。

3. 提高居民购买力和消费水平

贸易的发展不仅受生产的制约，而且受消费和分配的制约。提高人民群众的购买力能力与居民的消费水平，是贸易发展的重要条件。随着生产的发展和国家经济实力的增强，应该不断地增加人民群众的收入，提高人民群众的购买力水平，从而使居民有能力购买更多更好的商品，提高人民的生活水平。这也是发展生产、繁荣贸易的目的。不仅要合理地刺激消费，而且要正确地指导消费，把提高消费水平和改善消费结构有机地结合起来，为提高贸易经济效益创造良好的条件。[①]

（三）提高贸易经济效益的微观途径

1. 坚持市场需求导向，扩大商品销售规模

扩大商品销售量是提高贸易经济效益的重要途径之一。在一定时期内，贸易部门和企业的商品销售量越大，表明贸易劳动的有效成果越多，对社会需求的满足程度越高，经济效益相应就越好。需要指出的是，扩大商品销售，不能简单地以生产为导向，而应该以市场为导向，以商品适销对路为条件，特别是在现代市场经济条件下，更是具有重要的意义。现代市场是卖方市场，需求发生了新的带有战略性的变化，商品适销对路越来越成为贸易引导生产发展、扩大商品销售和提高经济效益的重要条件。只有商品适销对路，才能扩大商品销售，加速资金周转，提高企业的经济效益；也只有商品适销对路，才能真正体现满足需求的程度，提高贸易的社会经济效益。因此，贸易企业必须重视研究市场，了解市场需求，不断提高商品适需的程度，以扩大商品销售，提高贸易经济效益。[②]

2. 强化企业管理

管理出效率，在其他条件相同的情况下，现代贸易活动中经济效益的高低，主要取决于管理这一因素。强化企业管理是一项复杂的系统工程，涉及各个方面。强化企业管理，一方面是要加强贸易活动中的各项基础管理，如劳动管理、业务经营管理、财务管理等，使基础管理做到制度化、规范化、科学化；另一方面是重点管理，抓主要矛盾、主要环节，特别是要在充分调动企业全体人员积极

---

① 柳思维，刘天祥. 贸易经济学 [M]. 长沙：湖南师范大学出版社，1998：210.

② 易法海. 贸易经济学 [M]. 北京：中国农业出版社，2002：252.

性的基础上，加速资金周转和商品周转，减少流通费用，减少商品损耗，改善库存结构，提高劳动效率，真正做到以尽可能少的劳动耗费和劳动占用，取得尽可能多的经营成果，从而大大提高贸易经济效益。

3. 提高人员素质

经济效益是企业素质的表现形式，企业素质决定经济效益，也是企业的生命力。要提高经济效益，必须提高企业的素质。企业的素质包括人的素质、技术与装备的素质和管理素质。要提高企业素质关键是提高人的素质，即通过教育和培养，建立一支有理想、有道德、有文化、懂业务、会管理、守纪律的员工队伍。提高人员素质包括两个方面：一是提高企业领导与管理人员的素质，这是提高企业人员素质的核心和关键，要培养和造就一大批爱岗敬业、思想好、作风硬、善经营、会管理、具有现代管理和现代科学知识的管理型人才；二是提高企业全体员工的素质，要不断加强对企业全体职工的培训、教育和实践锻炼，使他们了解商品流通发展的规律性，掌握现代贸易知识及经营管理的文化科学知识，有良好的社会主义贸易职业道德，熟知各类商品的性能、用途、使用、保管和维修等技术知识及各种推销技巧，当好顾客的参谋。①

4. 合理使用资金，加速资金周转

资金是经济运行的血液，没有资金贸易将会终止。但是，如果资金的使用超过了一定的限度，也会影响到贸易企业的经济效益。在一定产出的情况下，使用的资金越少，则经济效益越高，为此，必须加强资金周转，以尽可能少的资金来实现一定的经济目标。要尽量压缩和清理资金的占用，按照商品销售的规律和特点，勤进快销，缩短商品在贸易中的停留时间；按合理流向组织商品流转；减少商品在途时间；按照财务要求改进结算办法以加快结算速度；改进库存结构，提高库存商品销售率等。②

第二节　贸易效率

一、贸易效率的内涵

贸易效率是指贸易实现过程中价值补偿的程度以及利益实现的和谐程度，是

① 柳思维，刘天祥. 贸易经济学［M］. 长沙：湖南师范大学出版社，1998：211.
② 王德民. 贸易经济学［M］. 北京：中共中央党校出版社，1994：148.

贸易实现过程中所得与耗费的比较。提高贸易效率有利于企业降低内部价值损耗，也有利于提高国民经济运行的质量。由于贸易行为发生于流通过程中，因此，流通中的所占、所费和所得就成为考察贸易效率的基本对象。为此，我们先从流通成本和流通费用谈起。①

（一）流通费用

贸易活动中为保证商品流通得以运行所引起的各种费用开支为商品流通费用，它是贸易活动中劳动耗费的货币表现。在生产者直接销售，没有商人作中介的时候，流通费用就包含在生产者的垫支之中了，是生产者支付的流通费用。有了独立的商人介入流通，相应承担了一大部分流通职能，流通费用的相应部分也就由商人来支出，成为贸易过程中发生的流通费用。与劳动耗费中的物化劳动与活劳动相适应，贸易中的流通费用可划分为两个部分：与活劳动相对应表现为工资等费用，与物化劳动相对应表现为折旧、低值易耗、包装费等费用。贸易中流通费用与劳动耗费中的生产性劳动与非生产性劳动相适应也可划分为两个部分：生产性流通费用和非生产性流通费用。由于生产性劳动是通过对商品的保管和运输等实现商品的使用价值，解决产销在时间和空间上的矛盾，这部分劳动在其过程中有着准确的技术性标准，容易形成它自身的规律性，因而这部分费用是可以度量和控制的。而非生产性劳动是通过买卖活动实现商品价值，在实现过程中要受到商品供求状况、居民收入水平、风俗习惯等许多复杂因素的影响，表现得比较复杂，费用开支的一些项目经常变化，且项目的开支与实际付出的劳动数量存在着差异，因而不易于度量和控制。又因为在贸易劳动中，生产性劳动是从属的，非生产性劳动是主要的，所以使整个流通费用的度量与控制复杂化。

影响商品流通费用的主客观因素归纳起来有以下几个方面：①商品流转额。它与流通费用成正比关系，商品流转额越多，流通费用的耗费就越大，一般通过商品流转额与费用额的比例，即流通费用率来表示。②服务设施和服务水平。为方便消费者购买商品，流通部门在出售商品时不仅要增加服务性的活劳动，也要增加一些物质设施，这会增加流通费用。如果必要的服务设施齐备，服务质量搞得好，又能够加快商品流通速度，扩大商品流转额，那么，就可以降低费用率水平。③商品流通时间与空间。一般来讲，商品流通的时间长、空间广、范围大，流通费用的开支必然多，反之就会少。但是，如果空间扩大，虽然时间延长了，但能为商品开辟广阔的市场，扩大商品流转额，避免了商品积压，缩短了储存时间，那么，就会降低流通费用率的水平。④商品流通环节。因生产和消费在时间、空间上的矛盾，商品在流通过程中需要经过必要的周转环节，每一个中间环

---

① 徐从才. 贸易经济学 [M]. 北京：中国人民大学出版社，2015：210.

节都需要一定的费用开支，它和流通费用之间成正比关系，因而要减少不必要的流通环节。⑤交通运输状况、劳动效率、仓库设置以及流通组织、经营方式等。这些因素对商品流通费用的支出有着不同的影响，且因素之间往往又是相互制约的，共同决定着商品流通费用额。①

（二）交易费用

交易费用指交易成本，是在完成一笔交易时，交易双方在买卖前后所产生的各种与此交易相关的成本，具体指企业用于寻找交易对象、订立合同、执行交易、洽谈交易、监督交易等方面的费用与支出，主要由搜寻成本、谈判成本、签约成本与监督成本构成。一般来说，学术界认可的交易费用可分为广义交易费用和狭义交易费用两种。广义的交易费用是指谈判、履行合同和获得信息所需运用的全部资源。狭义的交易费用则是指单纯履行契约所付出的时间和努力。流通中的交易费用如表 10-1 所示。②

表 10-1 流通中的交易费用

名称	含义
搜寻成本	寻找最佳交易对象的成本及寻找交易标的物的成本
协议成本	交易双方为消除分歧，所进行谈判与协商的成本
订约成本	当双方达成共识而进行交易时，签订契约所投入的成本
监督成本	契约签订后，监督对方是否依约执行的成本
违约成本	契约签订后，当交易一方违约时，另一方为激励契约的履行所花费的成本

（三）寻租

为了获得和维持垄断地位从而享受垄断的好处，厂商常常需要付出一定的代价。例如，向政府官员行贿，或者雇用律师向政府官员游说等。这种为获得和维持垄断地位而付出的代价是一种纯粹的浪费：它不是用于生产，没有创造出任何有益的产出，完全是一种"非生产性的寻利活动"。这种非生产性的寻利活动被概括为所谓的"寻租"活动：为获得和维持垄断地位从而得到垄断利润（即垄断租金）而进行的活动。③

在竞争条件下，市场的运作不一定是完备的，市场的功能可能受到各种因素的妨碍，这时政府就会介入市场。政府介入市场，用权力配置资源，结果是有时

---

① 林文益．贸易经济学［M］．北京：中国财政经济出版社，1994：596-597.
② 徐从才．贸易经济学［M］．北京：中国人民大学出版社，2015：213.
③ 高鸿业．西方经济学［M］．北京：中国人民大学出版社，2018：325.

会产生各种各样的额外收益点（即权力导致的租金），而这会诱使越来越多的寻租活动。政府的批准、同意、配额、许可证或特权等，对资源配置都有影响，它们有的实际上创造了一个短缺的市场。谁拥有这一市场的份额，谁就相当于拥有了某种特权。在这些短缺的市场上，人民企图用自己的资源去获得特权，争取特权的原始分配，或者设法替他人去取得特权。而对于已经拥有特权的人来说，则尽力去保护其特权。这些活动都需要费用，它们的支出也无法减少或消除政府人为制造的稀缺，因此它们都是非生产性的，是社会福利的净损失。

贸易活动中存在众多的寻租行为，最终给私人带来了不正当的超额利润，从而造成了社会资源的极大浪费。这是一笔巨大的交易成本，其浪费表现在三个方面：一是寻租活动中浪费掉的资源；二是由经济寻租引起的政治寻租而浪费掉的资源；三是寻租成功后形成垄断损失掉的经济效率，即传统理论所称的贸易福利净损失。[1]

（四）贸易利润

作为专门从事商品流通活动的商业，它是在低价购进商品、高价卖出商品的商业活动中补偿流通费用支出并获取贸易利润的。也就是说，商业必须在组织商品流通活动中，通过为低进而高出的经济活动，赚取进销差价来维持贸易的经济效益。在货币—商品—货币（G-W-G'）的形态变换中，前后两端的货币没有发生质的变化，它们都是价值的存在形式，变化了的只是数量，由原来数量较少的货币变成了数量较多的货币，以较小的价值量换成了较大的价值量。在商品流通过程中，从事商品流通的商人以低于商品价值的价格从生产者手中购买商品，然后以超出购买价格的余额即进销差价，来补偿流通中劳动耗费的费用支出和得到流通过程中所应当获取的贸易利润。[2]

从表面上来看，贸易利润似乎是贸易中以高于价值的价格出售商品而取得的。实质上，贸易利润不是来自商品流通过程本身，它是生产部门让渡给贸易行业的一部分利润。也就是说，贸易行业以低于市场价值的价格从生产部门购进商品，按照符合商品价值的价格销售商品而形成的。因此，贸易利润是产业利润的一种扣除。社会制度不同，贸易利润反映的经济关系有质的区别。在资本主义社会，贸易利润反映了资本家唯利是图的本质，体现了贸易资本与产业资本瓜分剩余价值，资本家与工人在经济利益上的根本对立，以及剥削与被剥削的关系。在社会主义条件下，贸易利润根本不同于资本主义贸易利润，它反映了国家、商贸企业和劳动者之间，商贸行业与物质生产部门、广大消费者之间在根本利益一致

---

① 徐从才. 贸易经济学 [M]. 北京：中国人民大学出版社，2015：216.
② 林文益. 贸易经济学 [M]. 北京：中国财政经济出版社，1994：601.

基础上的经济关系，社会主义贸易利润已不再被少数剥削者占有，而是为劳动者共同所有。[①]

二、贸易效率的评价

（一）贸易效率的评价原则

1. 消费者与贸易企业利益兼顾原则

盈利是贸易活动的基本目的，也是经济效益在价值形态上的表现。一般来说，贸易利润水平越高，企业经济效益就越好；反之亦然。而贸易企业利润的取得是以满足市场需求为前提的，企业的产品和服务适应市场需求程度越高，销售量就越大，利润相应的就越高。如果置市场或消费者的需求不顾，单纯地追求利润，势必无法达到预期目标。因此，讲求贸易经济效率，不能单纯地追求利润，而必须把企业的利润目标与满足市场需求结合起来，通过满足市场需要，扩大商品销售，来增加企业利润。[②]

2. 经济效益与社会效益兼顾原则

经济效益是指获得的利润回报，社会效益指产品和服务对社会所产生的后果和影响，后者主要表现在公众反响和社会评价体系上。社会效益是经济效益的呈现，是贸易企业的出发点；经济效益是社会效益的基础，是贸易企业的归宿点。无论是为了获得贸易利润还是产业利润，即无论是生产者还是贸易企业，都要兼顾社会效益，作为企业，追求经济效益、利润最大化是企业的目标，但不是唯一的目标。特别是贸易企业作为社会的窗口行业，在追求经济效益的同时，必须承担社会责任，有义务传播文明和诚信，创造有价值的社会文化。总之，贸易企业应将自身的经济效益与社会效益相结合，使企业健康发展。[③]

3. 短期经济效益与长期经济效益兼顾原则

贸易经济活动是一个持续运行的过程，不但要考虑短期利益，而且要考虑长期利益。从长远来看，用现代化技术改造企业，有利于提高企业整体素质，扩大企业规模，提高劳动效率，使企业今后的发展更有后劲，从而取得长期的经济效益。关键在于要掌握一个合理的度，不能以长远经济效益为由，脱离企业实际，长期投入过大过多，使企业背上沉重包袱，严重影响近期效益甚至难以正常运转。正确的原则是应兼顾短期经济效益和长期经济效益，使二者有机结合起来。[④]

---

① 郑承志. 贸易经济概论 [M]. 合肥：中国科学技术大学出版社，1998：228.
② 易法海. 贸易经济学 [M]. 北京：中国农业出版社，2002：243.
③ 徐从才. 贸易经济学 [M]. 北京：中国人民大学出版社，2015：219.
④ 谷克鉴. 贸易经济学 [M]. 北京：中国经济出版社，1994：240.

（二）贸易效率评价的方法

1. 德尔菲法

德尔菲法（Delphi）也称专家法，是主观赋权法中比较常用的方法，专家在对客观实际研究的基础上，利用其知识和经验进行判断和赋权。采用德尔菲法评价贸易效率时，应根据评价目标对贸易所得和贸易所费的指标重新打分，计算指标的中位数、算术平均数和极差，确定贸易效率指标的相应权重。

2. 效用函数综合评价法

效用函数综合评价法是先将每一指标按一定形式转化为"评价当量值"，然后采用一定的统计合成模型计算总评价值。合成模型可采用加法合成、乘法合成、平方平均合成等方法，实际选择时可以根据具体合成对象选择相应的合成模型。[①] 具体应用时，首先可以按贸易所得、贸易所费分成两个子系统，其次选择相应的合成模型分别对两个子系统的内部指标计算合成评价值，最后计算贸易效率的综合评价值（见图10-1）。

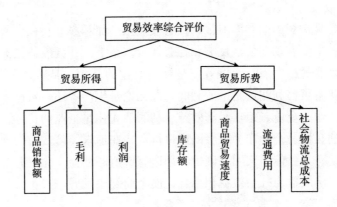

图 10-1　贸易效率的效用函数综合评价法

3. 因子分析法

因子分析是根据相关性大小把变量分组，使得同组内变量之间的相关性较高，不同组变量之间的相关性较低。每组变量代表一个基本结构，这个基本结构成为公共因子。[②] 在具体评价贸易效率时，可利用表10-2中贸易效率三级指标的样本数据计算特征值和累计方差贡献率，找出贸易所得、贸易所费两个公共因

---

① 周日星，苏为华. 商贸贸易业：统计监测评价体系研究［M］. 北京：中国市场出版社，2006：34-39.

② 吴喜之. 统计学：从数据到结论（第二版）［M］. 北京，中国统计出版社，2006：176-179.

子得分函数，最终根据因子得分函数对样本的贸易效率进行评价。

表 10-2　贸易效率评价指标体系

一级指标	二级指标	三级指标
贸易效率	商品销售额	人均商品销售额
		单位营业面积销售额
	贸易毛利	毛利率
		进销差率
	贸易利润	商品销售额利润率
		资金利润率
		成本费用利润率
	库存额	库存率
		存货周转率
	商品贸易速度	流动资金周转率
		资金周转天数
	流通费用	流通费用率
	社会物流总成本	社会物流总成本占 GDP 的比重

（注：一级指标"贸易效率"下包含"贸易所得"与"贸易所费"两个分组，"贸易所得"对应商品销售额、贸易毛利、贸易利润，"贸易所费"对应库存额、商品贸易速度、流通费用、社会物流总成本。）

4. Malmquist 指数评价法

Malmquist 指数是进行全要素生产率动态分析的重要工具，具体应用 Malmquist 指数法评价贸易效率时，可以将贸易所费的相关指标（如库存额、贸易费用、物流成本）作为生产投入，把贸易所得的相关指标（如商品销售额、贸易利润）作为生产产出，即可计算 Malmquist 指数，一些统计软件（如 DEA）也具备这样的计算功能。

（三）贸易效率评价的指标

贸易效率评价的指标涉及贸易所得和贸易所费两个层面的内容：贸易所得是指商品从生产出来后到销售给消费者整个过程中的价值表现形式，包括商品销售额、贸易毛利率、贸易利润；贸易所费是指商品在整个贸易过程中所消耗和占用资源的价值表现形式。

1. 贸易所得

（1）商品销售额。贸易机构是专门从事商品交换的部门，按照国内生产总值核算体系，贸易所得理应根据增加值来计算，但是一旦具体到店铺，这样的数据就很难获取，通常的做法是用销售额来反映贸易产业的"增加值"，因为它既能反映商品销售量，也能在一定程度上表示售出商品时消费者获得的服务量。因此，商品销售额是衡量贸易所得的首要指标，它是指贸易机构对本单位以外的单位和个人出售的商品金额（包括售给本单位消费的商品，含增值税）。在我国的统计指标体系中，宏观上评价时销售额是以社会零售品总额来统计的。社会消费品零售总额是指批发和零售业、住宿和餐饮业以及其他行业直接售给城乡居民和社会集团的消费品零售额。在企业层面，销售额也是评估企业经营效益的重要指标。有时会在商品销售额的基础上衍生出一些相对指标。例如，人均商品销售额、单位营业面积销售额等。计算公式如下：

人均商品销售额=计算期商品销售额/同期商业人员平均人数

单位营业面积销售额=商品销售额/店铺营业面积[①]

（2）贸易毛利和毛利率。商品销售毛利和毛利率。前者是商品销售额减去商品销售成本的差额，又称"进销差价"。后者是商品销售毛利对商品销售额之比，表示每百元销售额中的毛利。其计算公式为：

商品销售毛利=商品销售额-商品销售成本

商品销售毛利率=商品销售毛利/商品销售额×100%

（3）贸易利润。它是贸易企业出售商品所获得的纯收入的货币表现。贸易利润额通常是指贸易企业商品销售收入减去商品销售成本和商品流通费用，再减去税金以后的余额。利润额与流通费用的高低成反比，与商品流转额的大小成正比。利润的多少反映贸易企业经营活动的综合效益，它是贸易企业经济效益评价指标体系中的中心指标，是计算人均利润额和各种利润率的基本依据。[②]

2. 贸易所费

（1）库存额。库存额指报告期末各种批发和零售企业已取得所有权的商品。它反映批发和零售业企业的商品库存情况和对市场商品供应的保证程度。将库存总额与当期商品销售总额相除，可以算出库存率。库存率反映一定时期内（通常为一年）库存总额占商品销售总额的比重。库存率与贸易速度呈负相关关系，一定程度上反映贸易效率的高低。库存率越高，表明库存积压的程度越高，说明商品贸易越缺乏效率。另外，还可以用存货周转率反映销售成本和存货全年平均余额之间的关系，这是衡量一个企业销售能力强弱和存货是否过量的一项重要指标。这一比率越高，说明存货周转速度越快，公司控制存货的能力越强，营运资金投资于存货上的金额越小，利润率越高。反之，则表明存货过多，不仅使资金积压，影响资产的流动性，还会增加仓储费用与产品损耗。存货周转率的计算公式为：

---

① 徐从才. 贸易经济学［M］. 北京：中国人民大学出版社，2015：221.

② 柳思维，刘天祥. 贸易经济学［M］. 长沙：湖南师范大学出版社，1998：206.

存货周转率＝销售成本/存货平均余额

存货平均余额＝（期初存货+期末存货）/2①

（2）商品流通速度。流动资金周转率是反映流动资金周转天数和商品流通速度的重要经济指标。流动资金周转速度越快，商品流通速度也越快，进而贸易经济效益就越大；反之，就越小。流动资金周转率可以用流动资金周转次数和流动资金周转天数两种方式分别表示，其结论是一样的，可以根据不同的需要而选择使用。两种表示方法的计算公式如下：

流动资金周转次数＝某一时期商品销售总额/同期流动资金平均占用额

流动资金周转天数＝计算期流动资金平均占用额×计算期天数/同期商品销售额

流动资金平均占用额＝（期初流动资金额+期末流动资金额）/2

在一定时期内，流动资金周转次数越多，或周转一次所需天数越少，说明流动资金周转速度越快，流动资金利用效果越好，贸易经济效益越高；反之，说明资金周转速度慢，效益差。②

（3）流通费用。流通费用是贸易企业在商品流转过程中所消耗的活劳动和物化劳动的货币表现。流通费用包括经营费用、管理费用和财务费用。流通费用率是商品流通费用总额同商品纯销售额之比。这一指标反映了贸易经济活动的流通费用水平。一般来说，费用额会随着商品流转额的增长而相应增加，如果经过采取措施如加强经营管理，使费用额增长率低于商品流转额的增长率，则表明做到了费用的节约，经济效益得到提高。此外，在一定时期内，在销售额一定的条件下，支出的费用越少，则经济效益越高。其计算公式是：

流通费用率＝商品流通费用总额/商品纯销售额③

（4）社会物流总成本。随着物流在国民经济中的作用的提升，物流成本的高低成为评价贸易企业经营和国民经济流程的重要标准。国际上一般把社会物流总成本划分为运输成本、保管成本和管理成本三部分。其中，运输成本包括支付给运输企业的费用和自家运输费用，保管成本包括保险费用、仓储费用、仓储设备维护和折旧、货物损耗、库存占用资金的利息支出，管理成本主要是指物流企业的人员工资、日常营运开支、水电气、通信、办公等费用。在实际应用中，各国常常利用社会物流总成本占GDP的比重来衡量一个国家或地区物流效率的高低，即一定时期内（通常为一年）国民经济各个部门用于物流的费用总支出占

---

① 徐从才．贸易经济学 ［M］．北京：中国人民大学出版社，2015：223.

② 谷克鉴．贸易经济学 ［M］．北京：中国经济出版社，1994：248.

③ 王德民．贸易经济学 ［M］．北京：中共中央党校出版社，1994：146.

GDP 的比重。①

三、提高贸易效率的途径

1. 制定科学的贸易发展战略，建立合理的流通体制

在社会经济发展战略的框架内制定科学、合理的贸易发展战略，这是保证商品流通取得好的经济效益的前提条件。贸易发展战略涉及流通领域一些大的问题，如贸易在国民经济中的地位、贸易投入、贸易发展等。科学的贸易发展战略对于促进市场商品供求平衡具有重要作用。在一般情况下，当商品供求基本协调、商品符合消费者需要，并且价格稳定时，流通领域就可能有一个好的贸易经济效益，这时流通速度加快、货币流通量适当、流通费用下降、利润额稳中有升、流通过程较好地满足了消费者的需求。相反，如果市场商品供求比例失衡，造成生产与消费脱节，此处积压、彼处脱销，从而影响商品出售，延缓资金周转速度，造成费用上升、利润下降，这样就会降低消费需求的满足程度，也就不可能取得好的经济效益。

建立合理的流通体制是不断提高贸易效率的组织保证。合理的流通体制可以把企业的生产和交换活动在专业化协作的基础上联结起来，组成一个有机的经济整体，通过各种流通渠道的相互衔接，形成纵横交错的商品流通网络，从而保证商品流通的顺畅运行。这里，关键是要打破地区封锁，按经济区域组织商品流通，以大中城市为依托，按商品流通的实际需要确定经营环节，按商品合理流向设置批发机构和组织商品运输，精简不必要的中间环节。在有利于生产发展、市场供应的前提下，使商品走最短的里程，经最少的环节、花最省的费用，用最快的速度，及时安全地把商品从生产地运到消费地。②

2. 合理布局贸易网点，节约商品流通费用

商品从生产领域到消费领域，要耗费一定的物化劳动和活劳动，这种劳动耗费的货币表现称为商品流通费用。流通费用包括商品运输、保管、挑选、整理、分类、包装、买卖和经营管理所引起的一系列开支。贸易部门以较少的流通费用，实现较多的商品流转额和利润，经济效益就好；反之，以较多的流通费用，实现较少的商品流转额和利润，经济效益就差。要使商品流通费用少，必须减少商品流通环节，增加商品流通渠道，合理布局贸易网点。贸易网点分布合理，既方便群众购买商品，又可以扩大商品流通，加速商品周转，降低商品流通费用。所以，对批发贸易网、零售贸易网以及从事商品储存保管和运输业务活动的储运

---

① 徐从才. 贸易经济学 [M]. 北京：中国人民大学出版社，2015：224.
② 林文益. 贸易经济学 [M]. 北京：中国财政经济出版社，1994：605-606.

机构，要统筹安排，合理布局。

贸易部门降低流通费用的途径有以下六方面：①合理分布贸易网点；②合理组织商品运输，减少运杂费；③加强商品保管、养护工作，减少商品损耗、损失；④经常分析库存结构，对不适销商品、残次变质商品，及时采取有力措施，迅速处理，力求使库存商品结构趋于合理；⑤合理组织劳动，提高劳动效率；⑥建立健全物质责任制度，节约经营管理费，对费用开支采取科学有效的方法，如费用分类管理、分级管理、分口管理等。①

3. 全面提高贸易服务质量

社会主义性质决定了商贸经营活动不是单纯地追求盈利，而是通过满足消费需求全面地为消费者提供服务，来求得自身的发展。通过经营活动，满足消费者需求的程度越大，为消费者服务得越好，取得的成果就越大，这本身就是讲求商贸效率的内容之一。由于商贸企业在满足消费者对商品需求的同时，向消费者提供了优质的服务，处处方便群众，就可以招揽顾客，使买卖兴隆，增加了销售。这不仅实现了良好的社会效益，还为提高商贸部门本身的效益提供了保证。相反，如果服务低劣，失去客户，生意萧条，销售下降，不但社会效益无从体现，就是企业自身的收益也难以增加。可见，提高服务质量是提高贸易效率的重要途径。提高服务质量，关键要从以下三个方面入手，搞好售前、售中、售后服务：一是方便，即尽量方便消费者。比如在网点设置、营业时间、售货手续等方面方便消费者。二是信誉，即诚实待客，讲求信誉。不能"见利忘义"，甚至损害消费者利益，那就会损害企业的形象，最终会失去消费者。三是礼貌，即要主动、热情、周到地为顾客服务。② 贸易部门讲求服务质量，从表面上看，同降低费用，节约开支相矛盾，但从长远和更高处看，一个企业没有良好的服务质量是不可能在竞争中求得生存或持久的发展的，要想谋求长期稳定良好的经济效益，必须坚持提高服务质量，取得消费者的信任。③

4. 提升贸易组织化程度

贸易企业作为承担贸易职能的载体，其组织创新程度对贸易效率的提升起着非常重要的作用。提高贸易领域组织化程度可以用"建台构网，并购融合"的八字方针来概括。"建台构网"是指现代化贸易平台与高效贸易网络的构建。它包括三个方面：一是贸易市场化平台；二是贸易信息化平台；三是贸易国际化平台。"并购融合"是将贸易做大做强的有效手段，因此，应鼓励贸易企业以兼

①　章国兴. 贸易经济学［M］. 重庆：重庆大学出版社，1995：255.
②　郑承志. 贸易经济概论［M］. 合肥：中国科学技术大学出版社，1998：235.
③　王德新. 贸易经济基础［M］. 北京：中国财政经济出版社，1996：387.

并、联合、重组、划拨等多种方式提高集中度，克服低水平过度竞争；要以连锁经营为基础构筑大型零售企业，以物流配送为基础构筑大型批发网络。还要积极推进贸易与第一、第二、第三产业的融合，催生出新的生产者服务业和复合型贸易，并使其蓬勃发展。[①]

■ 本章小结

贸易经济效益，是指贸易经济活动中产出和投入的对比，是指一定时期内贸易部门和企业所实现的商品价值和使用价值同所消耗和占用的劳动之间的对比关系。按照考察范围不同，可分为宏观经济效益与微观经济效益两种形式。讲求贸易经济效益应以提高宏观经济效益为前提，实现宏观经济效益与微观经济效益的统一。

对贸易经济效益进行评价应坚持满足社会需要与取得企业盈利相统一的原则、企业经济效益和社会经济效益相统一的原则和短期经济效益和长远经济效益相统一的原则。贸易经济效益评价指标应该本着科学、全面、实用的原则设置。

贸易效率，是贸易实现过程中价值补偿的程度及利益实现的和谐程度，是其中所得与耗费的比较。流通成本是影响贸易效率的重要指标，它包含了流通费用和交易成本。交易费用是制度经济学的重要概念，它由交易的不确定性、交易的市场环境和交易的频率等因素决定。寻租带来的巨大交易费用，表现为官"设租"、商"俘获"官、设置行政壁垒等。贸易利润是贸易部门或贸易企业通过销售商品，从进销差价中扣除商品流通费用和税金后的余额。

对贸易效率的评价，要遵循三个"兼顾"原则：即消费者与贸易企业利益兼顾、经济效益与社会效益兼顾、短期经济效益与长期经济效益兼顾。在此基础上设立贸易效率指标，并选择合理的评价方法，如德尔菲法、效用函数综合评价法、因子分析法、Malmquist 指数评价法等。

提高贸易效益和效率有多种途径。从宏观视角讲，应该调整产业结构、发展通信和交通、提高居民购买力和消费水平。从微观视角讲，应该坚持以市场需求为导向，扩大商品销售规模；强化企业管理；提高人员素质；合理使用资金，加速资金周转，降低流通费用。

■ 关键术语

贸易效益；贸易效率；社会效益；流通费用；贸易利润

---

① 徐从才. 贸易经济学［M］. 北京：中国人民大学出版社，2015：228.

■ 本章思考题

1. 贸易经济效益的概念?

2. 怎样理解贸易宏观经济效益与微观经济效益之间的关系?

3. 简述评价贸易经济效益的原则。

4. 设置贸易经济效益评价指标体系应注意哪些原则?

5. 评价贸易效率的方法有哪些?

6. 联系实际说明提高贸易效益和效率的途径。

7. 提高贸易经济效益的现实意义?

第十一章　贸易管理与政策

第一节　贸易管理

一、贸易管理的内涵与层次

贸易管理是指对商品流通过程、贸易主体经济行为及贸易活动的协调、控制、规范和监督。贸易管理是一个复杂的过程，主要表现为管理对象的复杂性。贸易管理包含着三个层次：第一层次是对商品流通全过程的管理。国家出于稳定市场、保护生产者或消费者利益的需要，对某些特殊产品（如烟草、医药等）的整个流通过程进行管理。管理方式包括：颁发经营许可证、规定交易方式、限定交易对象等。对特定产品流通过程的管理，是古今中外国家进行贸易管理的重要形式之一。

第二层次是对社会贸易活动的管理。在市场经济条件下，市场是贸易活动的舞台。所以，对贸易活动的管理主要表现为市场管理。市场管理的目的是保证贸易活动的有序性、合法性和协调性。管理内容包括：维护交易秩序、保护正当竞争、保障交易主体的合法权益，为正常贸易活动的开展创造良好的市场环境。

第三层次是对贸易主体的管理。贸易主体包括所有参与买卖活动的生产者、经营者和消费者。对贸易主体的管理主要是对参加贸易活动的个人和组织行为的管理。管理内容包括：审查主体资格、规范主体的交易行为以及协调不同主体之间的经济关系。在市场贸易主体中，贸易组织占绝大部分，因此，对贸易组织的管理是第三层次的重要内容。市场上的贸易组织包括：按环节划分，有批发贸易组织、零售贸易组织、储存贸易组织、运输贸易组织；按组织形式划分，有贸易集团、贸易公司、贸易货栈、商品交易所以及仓库、转运站、冷库等；按行业划分，有国有商业系统、粮食系统、供销系统、外贸系统、物资系统及医药、石油、木材、水产等部门的贸易组织。

二、贸易管理的发展

（一）历史上的贸易管理

贸易管理是随着商品经济的发展而逐步形成的。我国早在秦统一中国以前，就产生了古代商业管理思想。商、周时期官府对市场的管理、价格的规定、商税的征收等，反映了古代管理思想的形成。无论是具有宏观管理思想的"富国之学"，还是具有微观管理思想的"治生之道"；无论是儒家以人为本的人本主义，还是法家严治明令的法治思想。它们都从不同角度、或多或少地反映了国家对商业和交易过程的约束和规范。交换是生产与消费的中介，贸易的职能是媒介商品的交换。交换在社会再生产过程中的特殊地位决定了贸易管理的特殊性，它既不同于工业经济管理，又区别于农业经济的管理，随着生产的社会化，商品交换在多层次、多空间进行，贸易地位更加突出，贸易管理形式、方式也发生了重大变化，贸易管理的内容更为复杂。

（二）现代贸易管理

贸易管理具有二重性，即现代管理的共同属性，不管社会制度如何，它都会受到生产力发展水平的制约，反映集体活动的共同要求，遵循管理的共同原则和理论基础。同时，又要受到生产关系所制约，体现生产资料占有者的利益和要求，在不同社会条件下，存在着管理的特殊性，形成各自不同的贸易管理体制和管理模式。贸易管理体制是国家管理贸易活动的制度和组织形式的总称。是国家经济体制的重要组成部分，是实现国家对贸易活动管理的组织保证。贸易管理体制属于行政管理系统，它通过中央及省（区、直辖市）、市（县）等地方贸易管理职能部门的设置，实现国家对贸易活动的管理。[①]

现代贸易管理必须建立在大市场、大流通、大商业的基础上，以多层次、多领域的市场体系为目标，组织和发展社会商业，扩大地区之间、国际之间的贸易往来，以多种贸易形式、多条流通渠道，以最大容量完成商品从生产领域向消费领域的转移。首先，要明确现代贸易管理不是对贸易单位和个人个体行为的制约，而是对商品流通全过程、整个市场体系和社会商业组织进行协调和监督。其次，现代贸易管理不仅是对某一经济形式、某一职能部门的控制，而且是对整个社会贸易主体的规范，是对社会商业的管理。最后，现代贸易管理必须适合现代商业发展的需要。现代商业不仅是一种发达的交换形式，而且是商品交换的总

---

① 林文益. 贸易经济学 [M]. 北京：中国财政经济出版社，1995：609.

和，是商品流通的组织者和策划者，是超越时空界限的社会化大流通，是冲破地区、部门、国界的限制，进行大批量、多品种、长距离、跨时空的贸易活动。因此，贸易管理是社会各种形式商业的协调，是商品流通各环节的协调，是国内贸易和国际贸易的综合平衡与有机衔接。

（三）现代贸易管理的特性

1. 贸易管理的社会性

首先，贸易管理的社会性由贸易活动过程的社会性所决定。交换介于生产与消费之间，一头连接生产，另一头连接消费，由许许多多的独立的、平衡的、相继发生的交换行为所组成，具有时间的延续性和空间的连续性，直接关系到社会的各个方面，直接影响着人们的生产和生活。其次，贸易管理的社会性由贸易活动制约因素的社会性所决定。社会化的商品流通，无论是流通的规模和范围，还是流通的速度和效益，或是流通的形式和方式，都受到社会多种因素的制约。贸易管理的基本任务就是充分考虑社会各种因素对贸易主体、贸易过程的影响，协调好与社会各个方面的经济关系和经济联系。最后，贸易管理的社会性由贸易活动成果的社会性所决定。商品流通直接关系到生产发展和人民生活的满足，其结果最先体现为社会成果。没有社会成果，得不到社会承认，就失去了贸易活动的现实意义。

2. 贸易管理的复杂性

首先表现为管理对象的复杂性。商品交换的主体是由多种经济形式、不同的商业行业、不同的流通环节及不同的商品所有者所构成，并分散于社会的各个角落。这种复杂的管理对象不是用单一的直接的管理所能奏效的。其次表现为管理过程的复杂性。商品从生产领域到消费领域是一个复杂的经济过程，既有机会也存在着风险，既有主观因素的影响，也有客观因素的影响，是在价格与供求交叉波动中进行的。最后表现为成果的复杂性。既表现为企业的经济效益，也表现为社会成果；既有物质性效益，也有信誉性效益；既反映在产品的产销率、购销率上，也反映在服务质量和服务方式上，很难按同一标准评价和衡量，必须建立科学的综合的指标评价体系。

3. 贸易管理的动态性

任何一项交易都是在动态中进行的，整个市场包含着价值运动、商品实体运动（物流）、货币运动（资金运动）、消费需求运动（购买力流向）和商品信息运动。它们既遵循着商品经济的共同规律，存在着同一运行轨迹，又有自己特定的运动模式、运动方向和运动特点。管理对象的动态性，决定了现代贸易的管理不能采取静止的、固定的、单一的直接管理，必须利用各种调节手段，从动态中进行控制和制约，更多地使用间接的管理办法。

4. 贸易管理的系统性

管理对象的复杂性和贸易活动的层次性，决定了贸易管理是一项系统工程，表现为国内贸易与国际贸易、城市贸易与农村贸易、消费品贸易与生产资料贸易、商品贸易与服务产品贸易的统一。一要综合考虑多方面的制约因素和可能出现的问题，利用它们之间的转换性、依存性和互补性，进行系统决策、通盘策划。二要系统运用各种调控手段，采取多种形式，因地、因行业、因品种制宜，根据不同的供求态势，实施不同的管理办法。三要通过系统（行业）组织，实行分口管理，发挥行业协会（公会）的作用，扩大自我组织、自我教育的能力，实行行业管理。①

三、贸易管理的任务

国家对贸易的管理是宏观的管理，包括对市场行为、流通过程、商业企业和对外贸易的协调、监督和规范。管理的主体是国家，体现了上层建筑对经济基础的反作用，反映了不同时期国家经济发展的总方针以及管理的目的和管理重点。

贸易管理任务是由贸易活动职能和社会性质所决定。它的基本任务是，根据国家经济发展的总方针和总任务，建立和完善社会主义市场体系，为贸易活动创造一个宽松的外部环境，加速商品流通，活跃市场，服务生产、服务人民生活，促进国民经济稳定、协调、持续发展。② 具体任务是：

（一）国家通过方针、政策管理商品流通

国家的方针政策是国家整体利益的体现，是引导商品流通坚持社会主义方向的重要保证，也是正确处理和调节贸易过程中各种经济关系的行为准则。通过方针政策的制定、颁布和执行，贯彻国家在一定时期内经济发展的基本任务，规范商业行为，协调流通过程的各种关系，以保持贸易规模、流通速度、商业设置与生产发展、人民生活水平提高的同步性。国家有关贸易政策，包括外贸政策、商品收购、销售政策、价格政策，以及国家的税收、信贷、投资政策，都从不同的角度约束和影响着贸易发展和商业行为。

（二）国家通过计划与非计划手段控制商品总供给和总需求的平衡

保持社会总供给和总需求的平衡，这是协调生产与消费的具体表现，是稳定市场、稳定物价的前提条件，也是实行贸易管理的基本目的。没有一个供求大体平衡的市场，商品经济的秩序就不可能得到稳定，国家也无法通过市场来引导、指导企业的行为，市场经济运行模式也无法建立。因此，必须明确：第一，贸易

---

① 张章. 贸易经济学 [M]. 延吉：延边大学出版社，1997：349-351.

② 林文益. 贸易经济学 [M]. 北京：中国财政经济出版社，1995：614.

计划是国民经济计划的重要组成部分，加强贸易计划管理，包括国内市场商品流转计划、进出口计划等，是实现国民经济有计划按比例发展的重要条件。第二，贸易计划的核心是促进商品供求平衡，满足人民的各种消费需要，有利于社会主义生产目的的稳步实现。第三，贸易计划的实现既要靠计划手段也要靠非计划手段，既要考虑直接调控也要使用间接形式，通过对各种经济参数的调节，引导企业的行为，达到国家调整产业结构、产品结构，实现商品供求平衡的目的。

（三）通过制定商业发展规划对贸易发展进行战略指导

国家对贸易的管理，主要是通过制定贸易主体的商业产业发展规划实行战略指导。国家通过对商业发展目的的质的规定性和量的规定性，明确整个商业产业的发展规模、主体结构、运行体制，把它纳入国家社会总体发展战略之中，既指明了商业的发展方向和实现的目标，也达到了对商业运行的管理和控制。特别在市场经济条件下，多种经济形式、多条流通渠道的竞争，国有商业、供销社商业、个体商业、私营商业和外资商业等，它们发展的规模、速度、比例关系以及行业结构、网点分布不仅关系到各种经济形式自身发展的问题，也关系到整体的计划和指导，更关系到社会主义市场经济的基本模式和结构，这些都必须通过国家制定商业规划加以指导和引导。

（四）通过制订商业法规规范贸易主体的行为

商品流通是一个复杂的经济过程，不仅环节多，联系面广，还存在着多边的经济关系和经济联系，因而必然会产生一些矛盾和摩擦，而且由于市场经济利益的多重性、复杂性，加上企业利益机制的自发性，容易导致企业行为的紊乱，出现违法乱纪、欺诈、欺骗和其他不正当经营行为。国家通过制定商业法规，健全约束机制，明确合法经商和非法经商的界限，维护合法经商，保护正当权益，禁止非法活动，达到保护国家、企业和广大消费者利益的目的。

（五）协调各贸易主体之间的利益和关系

国家通过对社会商业的管理，协调各贸易主体之间的利益和关系，充分发挥各种经济形式、不同类型公司、企业的优势，分工合作，合理配套，协调发展，创造一个平等有序、自由可控的市场环境，保护合法竞争，防止垄断和封锁，促进社会主义统一市场的形成和发展。

（六）通过教育培训提高贸易人才的素质

国家通过发展商业教育，培养商业人才，增强市场观念，同时提高全社会商品经营素质和管理水平。主要是通过对商业教育的规划、组织、指导，制定国内外贸易教育发展计划，通过多形式、多渠道办学，有计划有组织地开展职工在职培训、岗前培训、就业培训，进行专业知识和业务水平的教育。①

四、贸易管理的原则

（一）基本原则

1. 均衡原则

这里的均衡是指贸易经济活动过程的均衡和贸易活动与社会经济过程的均衡。在商品经济条件下，贸易活动过程都不是一个孤立的过程。贸易组织着社会再生产的流通过程，是社会经济运行机体的中介环节，与其他经济运行环节联结成合一的运动过程，共同纳入社会经济总运行之中，与社会经济总体结构保持着密切的依存关系。因此，在贸易管理中，必须把握好贸易经济活动过程同社会经济总体运行过程的均衡。

2. 功能效率原则

贸易管理就是对贸易的社会经济功能加以控制，并以此为手段，实施和实现管理者的意图。必须明确，贸易管理并不是限制或抑制贸易功能的发挥，而是以一定的组织、协调和控制活动去调整它的功能，减弱单纯的市场调节下贸易功能作用的盲目性，为贸易功能的充分而有效的发挥创造条件。需要指出的是，贸易管理对贸易功能的控制，并不排斥市场机制的约束和影响作用，在很多情况下，是通过经济参数的调整调节市场机制的变量，使之输出合乎控制目标要求的市场信号，从而使贸易活动按预期目标协调地发展。

3. 稳定原则

稳定是指贸易组织的商品流通过程的正常、平稳和顺畅。在现实的经济生活中，流通过程既是社会经济运转状况的集中表现，又是决定社会经济运转状况的重要环节，商品流通过程的稳定、顺畅对整个国民经济具有极其深刻的影响。因此，实施贸易管理就是使商品流通过程与生产过程相适应，保持流通过程的正常、平稳、顺畅。

4. 规范原则

规范原则是指贸易管理体系、制度、政策、规则的规范化。贸易管理是一个科学的经济组织和控制过程，管理者面对复杂的管理过程和管理对象，要能够保证管理的有效性，实现既定的管理目标，必须有赖于管理过程的规范化。②

（二）实践原则

在贸易经济的管理过程中，从社会主义市场经济客观规律和商品流通特点出

---

① 易法海. 贸易经济学 [M]. 北京：中国农业出版社，2002：167.

② 林文益. 贸易经济基础 [M]. 北京：中国商业出版社，1996：326-327.

发，还必须遵守以下 3 个原则：

1. 市场、流通、商业统一的原则

这是现代贸易的特点，也是社会主义市场经济的内在要求。市场是贸易活动所依附的客观环境，流通是商品从生产领域到消费领域的转移过程，商业是贸易主体存在的形式，它们是互相依存、互为条件、互相制约的统一体，共同构成了商品经济的基础。三者协调和统一，是商品畅通、市场繁荣的基本保证，也是贸易管理的基本任务。要树立大市场、大流通、大商业观念，从全面观点出发，制订统一的管理条例，塑造一个宽松的全国统一的市场，保证商品流通畅通无阻。

2. 内贸和外贸统一的原则

国内贸易是对外贸易的基础，而对外贸易又是国内贸易存在和发展的重要条件。国内市场是国际市场的重要组成部分，国际市场是国内市场的延伸和补充，两个市场的互补、互调、互促，有利于参与国际的分工和合作，促进国内的经济发展。加快内外贸一体化发展是构建新发展格局、推动高质量发展的内在要求，对促进经济发展、扩大内需、稳定企业具有重要作用。贸易管理必须逐步转向内外贸统一，促进内外贸规则制度衔接融合，促进内外贸市场渠道对接，优化内外贸一体化发展环境，加快重点领域内外贸融合发展，培育内外贸一体化企业，加快内外贸品牌建设。

3. 市场调节与计划调节的统一原则

市场调节与计划调节的统一，促进两种机制优势互补，最大限度地提高商品流通的社会效益。市场经济是一种有序、可控而又充分自由竞争的经济，要充分发挥市场机制的调节作用，通过利益的驱动，使每一个生产者和经营者、每一个企业和单位自觉地、主动地去适应市场变化的需要，促进整个流通效益的提高。但是，必须看到，这种利益的动机，是局部的、个体的经济行为，容易产生片面性、盲目性和无政府状态，需要通过宏观调节，加以平衡和协调。现代贸易管理不是用一种机制取代另一种机制，而是充分发挥两种机制优势，以市场调节为主、计划调节为辅，实现两种机制的有机配合，促进商品流通的不断发展。[①]

五、贸易管理手段

贸易管理主要是指国家及职能部门对贸易经济过程的宏观协调、控制和监督。管理手段和形式，既有直接的也有间接的。不同的经济体制、不同的运行模式、不同的市场态势，采取的手段和形式也不同。传统的计划体制，主要是通过行政手段由国家的直接管理来实现的；而在市场经济条件下，主要是通过经济手

---

① 林文益. 贸易经济学 ［M］. 北京：中国财政经济出版社，1995：617-618.

段，采用间接管理形式，通过发布信息，调整各种经济参数，引导企业行为，达到管理的目的。归纳起来，国家贸易管理主要采用以下四种手段；

（一）行政手段

行政手段是指国家依据有关的法律规范，依靠一定的行政组织，按照行政系统，通过下达并执行行政命令、规定、条例及政府所制定的有关规划来对贸易运行进行调控的手段。行政手段具有较强的强制性，见效较为迅速。在传统的计划经济体制下，行政手段是政府对包括贸易运行在内的整个经济运行进行宏观管理的主要手段。传统体制下行政手段调控具有很高的效率。但由于排斥市场机制的合理作用，以行政手段为主要调控手段的政府管理体系限制了微观经济主体的活力。市场经济体制并不排斥行政手段的合理作用，建设市场经济体制要政企分开，要减少政府对经济运行的不必要的行政干预。

以政府综合管理部门和工商行政管理等职能部门为主的行政机构，是政府采用行政手段对贸易运行进行管理的主体。由这些主体负责实施的对贸易运行进行行政管理的主要内容包括：第一，制定并负责督促实施与经济发展的其他各方面相互协调的贸易发展规划，包括贸易发展的总规模与贸易发展的结构规划等，指导整个社会贸易发展的方向。第二，收集、整理并发布有关的经济信息，为贸易企业提供各种政策和市场信息咨询服务，引导整个社会贸易资源的合理流向。第三，依据有关的法律规定，制定并实施与法律规范相一致的各种政策规定，规范参与贸易活动的所有企业行为，如所有贸易企业都必须注册登记，经营过程中都必须进行明码标价等。

（二）经济手段

经济手段即政府通过运用各种经济杠杆，调整影响微观主体决策的各种经济参数以达到影响或控制微观主体行为的方法。财政、价格和金融等是国家调控经济运行的主要经济杠杆。经济手段是市场经济体制下政府调节经济的重要手段。与行政手段的作用机理不同，经济手段的作用带有间接性特征，其主要借助于利益机制，通过对利益关系的调整，达到调控微观主体的行为的目的。行政手段的作用主要借助于政府的权威，而经济手段的作用则是通过改变各种与微观经济活动有关的经济指标，从而改变微观主体获取经济利益的环境条件，促使其合理地调整经营决策行为。市场经济体制下政府可以对贸易活动的不同作用面，根据不同的经济杠杆的作用力的大小，选择和组合运用各种经济杠杆，使贸易运行保持理想状态。

1. 财政杠杆

财政杠杆包括财政收入杠杆和财政支出杠杆。财政收入主要来源于税收。税收是国家为了实现其职能，按照法规预先规定的标准，从各种从事经济活动的企业和个人强制、无偿地取得财政收入的一种手段。税收的征收带有强制性，所有参与贸易活动的企业和个人，只要符合税收征收的有关规定，就必须照章纳税。由于税收的这一特性，用税收手段进行的调节就是覆盖整个社会的，不存在传统的贸易行政管理体系仅能覆盖传统意义上的系统内贸易的问题。政府可以从多种角度运用税收手段来对贸易运行进行调节，如对企业销售不同的商品设计差别税率，将对企业经营的品种结构产生直接的影响。整个税率水平的高低特别是个人所得税率和消费税率，则会影响到一定时期内人们的消费需求，从而对贸易发展产生间接影响。某些税种的开征则会影响到某些贸易行业的发展等。政府运用财政支出对贸易运行的调节，主要内容为：配合价格政策，对某些贸易经营活动以必要的财政支持，如根据政策要求经营的某些产品价格购销倒挂时的价差和必要的利润补贴，由财政主要是地方财政支持贸易发展规划的实施等。

2. 价格杠杆

价格是价值的货币表现。价格围绕价值运动的过程，就是价格杠杆调节经济运行的过程。在存在利润率平均化趋势的情况下，价格围绕生产价格的波动，则是价格调节资源配置的过程。从一般意义上讲，当某种商品的价格高于生产价格，从而意味着从事该商品的生产或经营能够获取的收益率高于平均利润率时，就会吸引大量资源投入该产品的生产或经营之中。而当价格低于生产价格，从而意味着从事该商品的生产或经营的回报率低于平均利润率时，则会迫使大量资源由该商品的生产或经营中流出。当价格与生产价格相当时，则能保证该商品生产或经营的相对稳定。价格在调节生产和经营的同时，也调节着消费。鉴于价格与经济活动各方面之间的密切关系，价格既是政府直接用于调节贸易运行的手段，在很多情况下，也是其他经济或行政手段作用的对象。政府运用价格手段对贸易运行的调节，通常包括：通过对某些商品经营的利润率的控制，在控制商品售价的同时，也控制贸易的规模；通过直接规定某些商品的价格或经营的利润标准，限制贸易经营中不正当的价格竞争行为；通过各种措施，促进不同时间、空间价格关系的合理化，进而促成合理的流通的时序结构和空间结构等。

3. 金融手段

金融手段包括信贷、利率及汇率等。政府利用信贷手段对贸易活动的调节主要表现为：政府的金融政策，特别是银行信贷的宽紧程度直接关系到贸易企业经营的需求环境，尤其是一定时期内集团购买力的大小。政府组建政策性银行，对某些贸易活动所需资金进行特别支持，如对重要农副产品收购资金等的重点保证，无疑将有助于保障和促进这一部分商品流通的发展。利率对贸易活动的调节主要表现为：一定时期内整个社会利率水平的高低直接关系到这一时期内人们的储蓄倾向，从而会改变整个社会的需求结构，进而影响到贸易的发展；利率的高低直接关系到贸易企业从事一定的贸易活动的成本的高低。因此，利率水平也会直接影响贸易企业的购销行为，较高的利率必然会促进企业设法减少库存，提高资金周转的速度。对不同类型的贸易活动提供贷款的利率水平的差异，会直接影响到不同类型的贸易发展的规模，从而影响到整个贸易的结构。汇率则是影响在国际和国内两个市场上的贸易行为的重要因素。汇率的变化影响到贸易企业的进货成本，本国货币的升值不利于本国产品的出口，却可以起到鼓励企业增加境外商品经营规模的结果，贬值则正好相反。

（三）法律手段

法律是由国家制定或认可，并用国家强制力量来保证执行的行为规范的总和。法律手段是指国家通过制定和执行各种法律规范，来调节贸易运行中各微观主体的行为及其相互关系的方法。法律规范的制定和执行，在客观上对微观经济活动起到引导发展方向、规范各种行为、保障正当利益的作用，且其作用过程带有明显的权威性、强制性和稳定性特征。

与传统的计划经济下的经济活动方式不同。市场经济体制下经济活动的主要方式是借助于各种市场信号，在市场信号和微观主体行为的相互调节的过程中，通过自组织，实现资源的优化配置。在这一过程中，各个微观主体之间需要订立大量的契约，为了保持整个自组织过程的协调，各个独立的微观组织的行为都必须要遵循一定的共同规则，政府在调节经济运行时同样也必须要依据一定的规则。无论是从宏观角度看还是从微观角度看，都需要有明确的规范。贸易运行是市场经济体制下经济运行的重要组成部分，其同样需要若干明确的法律规范，通过这些法律规范的制定和执行，规范贸易活动过程中各种行为主体的行为，保障参与这种活动的相关各方，包括生产企业、消费者和贸易企业的正当利益。

市场经济体制的运行具有区别于其他体制的特征，需要有完备的能够保障这一体制顺利运转的市场经济法律体系。有些学者提出，作为社会主义法律体系的重要组成部分的市场经济法律体系，应当包括下述各种法律规范。第一，市场主体法，包括公司法、合作社法、合伙企业法、国有企业法、集体企业法、私营独资企业法、破产法等，主要用于规范市场主体的组织形式及其地位。第二，市场主体行为规范法，包括债权法、票据法、证券交易法、保险法、海商法、专利法、商标法等，主要用于规范市场主体的交易行为。第三，市场管理规则法，包括反不正当竞争法、反垄断法、消费者权益保护法和产品质量法等，主要用于规定平等的竞争条件，维护市场竞争秩序。第四，市场体系法，包括货物买卖法、期货交易法、信贷法、劳动力市场管理法、技术贸易法等，主要用以确认不同类型的市场，规定各不同市场的有关规则。第五，市场宏观调控法，包括预算法、银行法、价格法、税法、投资法、产业政策法、计划法等，主要规定政府对市场经济活动进行宏观调控时应当遵循的规范。第六，社会保障法，包括劳动法、社会保险法等，主要是有关为劳动者提供社会保障的规范。贸易运行涉及社会生活的各个方面，因此，在运用法律手段调节贸易运行的过程中，上述绝大多数法律规范都是必不可少的。缺少了某些重要的法律规范，贸易运行过程中的某些利益关系就可能很难协调，就难以保证贸易运行在符合微观主体的利益的最大化的同时，尽可能地保证整个社会利益的最大化。近年来，随着市场经济体制的逐步建立，我国加快了经济建设中的法治建设，制定和逐步完善了若干维护正常的市场秩序、保障贸易活动的参与者特别是消费者正当利益的法规，如反不正当竞争法、公司法等。但适应市场经济体制下调节贸易和其他领域经济活动的法律体系尚不完整，因此，在我国，就利用法律手段调节贸易运行来说，一项重要的任务之一就是不断完善现有的法律规范。在条件成熟时，及时出台各种规范贸易运行所必需的新的法律规范，如期货交易法、反垄断法等。与此同时，另一项始终面临的任务就是必须维护现有法规体系的严肃性，做到有法必依，执法必严，不断提高运用法律手段调控贸易运行的效果。

（四）信息手段

信息手段是指利用经济信息的传播来管理经济的一种手段，是国家对贸易活动进行宏观管理的重要形式。随着现代化信息处理和传递手段的发展，为全面、系统、准确地掌握国内外贸易信息提供了可能，为贸易经济的宏观决策和企业的微观决策提供了客观依据。国家通过信息的传播，及时反映经济发展的客观需要，引导企业生产和经营的方向，贯彻政府的意图，达到管理的目的。[①]

第二节　贸易管理体制

一、贸易管理体制的内涵

贸易管理体制是宏观经济管理体制的一个重要组成部分。宏观经济管理体制是国家在宏观经济管理中划分国家与企业、中央与地方的权限与职责，处理它们之间经济利益关系的一系列制度的总称。宏观经济管理体制的建立是国家保证宏观经济运行平衡发展的需要，包括计划管理体制、财政管理体制、贸易管理体制等。贸易管理体制是国家对贸易活动进行组织、领导和管理的根本制度，是宏观

---

① 张章. 贸易经济学 [M]. 延吉：延边大学出版社，1997：356-360.

经济管理体制的重要组成部分，一般包括三个方面的内容，即贸易组织形式、贸易管理职权、贸易管理制度。贸易管理体制既包括宏观贸易管理体制，又包括商业企业管理体制。[①]

二、贸易管理制度的类别

由于各国的国情、经济管理目标、管理的方式方法等的不同，各国的国民经济管理体制也就不可能完全相同。即使是在同一个国家，也不存在固定不变的国民经济管理体制，而是要随着客观经济情况的变化而不断调整和改革。贸易管理体制是整个国民经济管理体制的重要组成部分，要与国民经济管理体制相适应，要随着它的变化而变化。纵观世界各国的贸易管理体制，主要有以下三种基本模式：

（一）高度垄断型的管理体制

这种模式其特点是贸易决策高度集中在中央政府，管理环节繁多，由国家制定统一的贸易计划，并按行政隶属关系层层下达；在管理方法上主要是采用行政方法来直接控制和掌管贸易经济活动。这种管理体制在战时或特定条件下，可发挥出其独到的功效。但在一般情况下采用，其管理效率则是低下的。因为其权力过于集中，机构重叠，企业无任何经营决策权，使企业不能适应市场瞬息万变的需要。

（二）市场调节型的管理体制

这种模式其特点是决策权分散，由各企业自行决策；贸易活动主要通过市场供求规律和价值规律的作用自发地调节，而政府则采取不干预政策。这种管理体制使企业极富活力，但由于其盲目性和权力过于分散，容易造成宏观失控。

（三）集中与分散结合型的管理体制

这种模式其特点是国家掌握宏观决策，企业掌握微观决策，提倡竞争但不放松管理；在管理过程中，把行政方法和经济方法相结合，集权与分权相结合。因而能兼收前两种体制之所长，避其所短，是一种管理效率较高的模式。[②]

三、贸易管理制度建立完善的标准

（一）要符合社会主义市场经济的客观要求

第一，贸易管理体制必须符合商品流通规律的要求，建立和培育一个自愿让渡、等价交换、平等竞争的市场环境。第二，贸易管理体制要赋予企业独立的商

① 柳思维，刘天祥. 贸易经济学［M］. 长沙：湖南师范大学出版社，1998：368-369.
② 王德民，陆成勋. 贸易经济学［M］. 北京：中共中央党校出版社，1994：272-273.

品经营者地位，建立一个自主经营、自负盈亏、自我发展、自我约束的经营机制，有利于增强企业的活力、动力和压力。第三，贸易管理体制要有利于国家的宏观控制和管理，体现社会主义市场经济的特点，充分发挥市场机制和计划机制优势互补的制衡作用。①

1. 贸易企业是自主经营、自负盈亏的独立的法人和贸易活动的主体

自主性是市场经济的基本特征之一，即作为市场活动主体的企业，必须是独立的经济实体，具有生产经营的自主权，能够自主做出生产经营决策并自负盈亏，可以自行调配企业的人、财、物，政府不直接参与企业的生产经营活动。因此，如果没有能够自觉接受市场调节，按市场信号引导行为的企业，那么也就不会有真正意义上的市场和市场经济。这种自主经营、自负盈亏的企业是市场经济的微观基础，是市场活动的主体。

根据市场经济对企业的要求，贸易企业必须享有充分的经营自主权，自主地参与商品交换活动并做出相应的经营决策，同时还必须实行自负盈亏。这样，一方面让贸易企业在利益激励下，积极参与市场竞争，谋求自我发展。另一方面在利益约束下，让贸易企业感受到市场竞争的压力，自动地调整经营方向。

2. 建立统一、开放的贸易格局

统一、开放的贸易格局就是打破各部门各地区的行政壁垒，打开封闭的、狭隘的地方性贸易，使地区内外、国内外贸易联结在一起，以达到货畅其流、物尽其用、人尽其才、地尽其利的目的。这种市场的统一性和开放性，首先是社会化大生产的内在要求。因为社会化大生产要求经济资源摆脱地域的狭隘性，寻求全社会规模的选择和利用。其次是市场经济的本质表现，因为市场活动必然发生横向经济联系，这种联系不应人为地割断。最后是价值规律充分发挥作用的前提，因为价值及其实体——社会必要劳动时间要从全社会商品生产者的经济活动中形成，并对全社会的商品生产者的劳动成果提供统一的社会尺度。人为切割的市场，不符合市场经济的要求，将严重阻碍社会经济的发展。

完整的贸易格局是指生产过程和流通过程的统一。它包括生产资料、生活资料、资金、劳务、技术、信息和房地产等各种经济资源在内的统一的流通格局。首先，这是社会化大生产的需要，因为社会化大生产过程中的供、产、销、人、财、物各环节要在流通中完成各自的使命，如果其中任何一个环节，任何一种资源被人为地从流通统一整体中抽出去，再生产的整体就会受到破坏。其次，市场经济本身需要一个功能和各种资源都齐全的市场体系，为各企业提供全面的平等竞争的环境和全方位的市场信息，如果人为地将生产要素市场切割开来，就会严

---

① 林文益. 贸易经济学 [M]. 北京：中国财政经济出版社，1995：610.

重损害市场的功能。因此，在市场经济条件下，不仅日用消费品，而且各种生产资料、资金、劳动力、地产、技术、信息、产权等都将作为商品而进入市场流通，并由市场机制来调节其流向，以实现资源的最优配置。

3. 建立合理的宏观调控体系

现实中的市场经济绝不是所谓完全自由的经济，完全自由的市场经济是不存在的。市场经济中虽有自由竞争的灵活机制，但它的自发性、盲目性的消极作用也是不言而喻的。社会主义市场经济要获得健康发展，本身就离不开国家政府的宏观调控。因此，政府的作用并不完全是一种外力的强加，而是市场运行的一种内在需求。以市场作用为基础的宏观调控，实质上是国家运用经济手段、法律手段以及必要行政干预手段，适度地引导市场运行，以尽可能避免市场本身具有的盲目性。作为市场经济条件下的流通领域，主要是由市场机制来调节商品流通，但同样也需要国家政府的宏观调控。对贸易活动进行宏观调控的管理机构其职能主要是研究制定贸易的发展规划，制定具体的指导性政策，组织必要的协调，对贸易现状进行分析，开展市场供求预测，发布信息，为企业提供服务，同时对各种交易按照有关法律法规进行监督检查等。政府对贸易活动的宏观调控，对企业的指导与管理，主要是通过市场调节机制和行业协会来贯彻落实，而不直接干预企业内部事务。①

（二）要符合为企业服务的原则

企业是国家经济基础，国有企业和集体企业是社会主义经济基础。贸易经济管理的中心任务，就是为企业服务，为企业创造良好的市场环境和经营条件，增强企业的活力，进行平等竞争，风险经营。一要实现政企分开，正确处理政府职能与企业职责的关系，防止政府行为企业化、企业行为行政化。二要确立企业的真正法人地位，摆脱对政府的依赖和附属物的地位。三要树立企业是经济利益主体的地位。四要变直接管理为间接调控，给企业以充分的经营自主权，根据市场的需要组织生产和经营活动。

（三）要有利于搞活市场

市场是国民经济的中心，它同任何一个经济部门都有着密切联系，存在着互相促进、互相制约和互为条件的关系。贸易管理体制的建立，要有利于处理好交换与生产、消费和分配的关系，以及国家、地方和企业的关系。商品流通各个环节的经济关系和经济联系，有利于调动各个方面的积极因素，把市场搞活。现代贸易管理的中心是市场而不是企业。要根据市场经济体制的要求，为企业贸易活

---

① 王德民，陆成勋. 贸易经济学［M］. 北京：中共中央党校出版社，1994：273-275.

动的开展创造一个公平竞争、秩序良好的市场环境。①

第三节　贸易政策

一、贸易创新政策

坚持创新驱动，大力发展数字流通，加强数字基础设施建设，加速流通数字化智能化改造和跨界融合，推动国内贸易发展质量变革、效率变革、动力变革。

（一）加强数字基础设施建设

统筹推进传统与新型基础设施建设，推动 5G 网络、物联网优先覆盖城市商圈、商品交易市场、大型商业综合体、商贸物流园区等，加强人工智能、云计算、区块链、大数据中心等新型网络、技术和算力基础设施建设。推动仓储、运输、分拣、包装、配送等物流设施设备信息化、智能化改造。推动企业加强信息化改造，逐步上云上平台，构建上下游贯通、内外部互通的企业协同网络。加强商贸流通领域的数字化公共服务，为企业数字化转型提供解决方案，为科技创新、成果转化、产权保护和人才培育等提供支撑。

（二）加快数字技术创新应用

加快新一代信息技术在商贸流通领域的集成创新，深化客户识别、市场营销、运营管理、仓储物流、产品服务等环节的数字化应用。支持建立全渠道用户数据库，运用大数据技术预测消费行为和消费潜力，实现精准化营销和个性化服务。鼓励利用企业资源计划（ERP）、软件即服务（SaaS）和商业智能（BI）等技术，提高可视化管理、动态化响应和智能化决策水平。支持运用物联网、区块链等技术，优化库存管理系统，加强自动搬运机器人、自动码垛机、感应货架等智能装备的应用，大力发展智能商贸物流。

（三）发展流通新业态新模式

积极发展智慧街区、智慧商圈、智慧商店和智慧餐厅，打造沉浸式、体验式、交互式消费场景。推动商品市场创新发展，建立重点市场联系机制，培育商品经营特色突出、产业链供应链服务功能强大、线上线下融合发展的商品市场示范基地。开展电子商务创建示范和国家"网络市场监管与服务示范区"创建活动，推进电子商务创新发展，促进线上线下协调发展，培育一批创新引领、协调

---

① 林文益．贸易经济学［M］．北京：中国财政经济出版社，1995：610-611.

发展的电子商务主体，培育更多"小而美"网络品牌。加快推广无接触式交易、店仓一体、中央厨房+食材冷链配送等新模式，推动社交电商、直播电商等新业态健康发展。推动流通与先进制造业、现代农业深度融合，与旅游、文化、体育、健康等产业资源互补，鼓励发展制造型流通企业和流通型生产企业。

（四）提升流通主体创新能力

强化企业创新主体地位，促进各类创新资源向企业集聚，鼓励企业加大技术攻关和人力资本投入，推进技术、产品、组织、管理和商业模式协同创新。支持骨干流通企业发挥引领支撑作用，牵头组建创新联合体，与高等院校、科研机构联合建立现代流通研究院、流通产业创新中心、流通科技产业园、联合技术中心等。支持企业建设共性技术研发平台，开展流通关键和底层共性技术攻关。支持中小微企业创新成长，推动产业链上中下游、大中小微企业融通创新。支持发展特色经营和精细化服务，培育中小商贸企业竞争优势。鼓励企业加强国际交流合作，提升企业技术研发水平和创新能力。

（五）完善流通创新体制机制

破除制约企业创新的体制机制障碍，完善试错容错纠错机制，营造崇尚创新的社会氛围。促进创新资源自由有序流动，推动流通领域创新项目、基地和资金一体化配置。完善产学研用结合的协同育人模式，拓展数字化转型专业技能培训服务，健全完善内贸领域专业人才培养体系，加强创新型、应用型和技能型人才培养，落实激励企业创新的税收优惠政策。

二、贸易竞争政策

（一）营造公平竞争环境

实行统一的市场准入制度，严格落实"全国一张清单"管理模式，严禁各地自行发布市场准入性质的负面清单，确保市场准入负面清单制度统一性、严肃性、权威性，促进商品、服务和要素自由流动。严格落实公平竞争审查制度，统筹做好涉及市场主体经济活动的增量政策的公平竞争审查和存量政策的清理，清理和废除妨碍全国统一市场和公平竞争的各种规定及做法，着力破除地方保护和区域壁垒。建立和完善反垄断与反不正当竞争常态化监管机制，有效破除行业垄断。强化知识产权保护，对恶意侵权、持续侵权等行为，严格执行侵权惩罚性赔偿制度。加快建设知识产权保护信息平台，为强化知识产权全链条保护提供有力支撑。

（二）健全商务信用体系

加强商务领域信用体系建设，加快建立商务领域信用标准体系。建立完善的全国商务信用信息交互共享平台，依法依规归集商务领域信用信息，并与全国信用信息共享平台共享。支持各地开展商务领域信用管理，提供优质公共服务。积极发展信用销售，完善信用销售保障机制，鼓励国内贸易企业投保信用保险。鼓励内贸企业积极应用信用产品和服务，为诚信消费者提供消费便利。鼓励行业协会商会加强企业诚信管理。

（三）规范发展平台经济

鼓励运用大数据、云计算、移动互联网等现代信息技术，形成更多流通新平台、新业态、新模式，推进制造资源、供需数据集成共享，促进智能制造和服务型制造，推动工业互联网发展。鼓励平台企业向中小企业开放共享资源，带动中小企业数字化转型和技术、模式创新。创新平台监管模式，督促平台企业承担商品质量责任，完善市场准入制度，强化反垄断和防止资本无序扩张，营造竞争有序、开放包容的发展环境。

三、贸易现代化政策

（一）发展壮大现代流通企业

支持流通企业创新发展、兼并重组，整合要素资源、联通内外市场，形成一批内外贸融合、经营能力强的现代流通龙头企业。引导流通企业完善品牌管理，创建自有品牌，实现品牌化发展。支持流通企业、电商平台开展国际化经营，对接国内外商品产地和消费市场，完善全球采购与分销渠道。鼓励大型流通企业参与国家重大战略项目建设和共建"一带一路"经贸合作，在重点市场建设物流配送中心、展销中心等，建立面向国际市场的营销和服务保障体系。

（二）提升供应链衔接产销

推动企业提升供应链管理水平，充分发挥供应链协同平台作用，实现企业间需求、库存和物流信息的实时共享，完善从消费端到生产端的供应链。鼓励分销企业、物流企业、连锁企业、电商平台等供应链核心企业开放渠道资源，共享集采集配、营销推广、技术管理领域技术和经验，实现大中小企业融通发展。加快培育新型供应链服务企业和综合服务平台，向制造商及时反馈消费者个性化需求，吸引消费者参与产品设计，优化市场供需对接，提升供应链整体效率。

（三）加强消费大数据应用

发挥流通企业拥有海量消费数据的优势，基于大数据技术，精准描绘客群画像，分析和传导消费需求，加强产销衔接，赋能上游农业、工业生产企业，提升供需适配能力。畅通政企消费大数据互通机制，推进数据跨部门、跨层级、跨地区汇聚融合和深度利用，构建完善的数据共享体系。加强消费者的数据隐私保护和安全管理。

（四）大力拓展生产性服务

顺应生产性服务业社会化、专业化发展趋势，推动现代流通企业创新服务供给，向供应链上游延伸提供研发设计、贸易金融、物流仓储、商务咨询、检验检测等集成服务，发展反向定制、个性设计和柔性制造。引导流通企业创新发展战略规划、营销策划、市场调查、管理咨询等专业化服务，促进商产融合，助力产业升级。

（五）大力发展农产品冷链

健全政策扶持体系，建设覆盖农产品加工、运输、存储、销售的冷链网络。建设全国性和区域性农产品骨干冷链物流设施，推广移动式冷库应用。鼓励农产品集配中心建设冷链加工配送中心。全面推进农产品产地冷链保鲜设施建设。支持农产品批发市场、农产品流通企业、生鲜电商企业配备农产品预冷、保鲜、温控、移动冷藏车等设备，健全农产品冷链包装、存储、运输、装卸、配送等物流标准，提高农产品冷链流通能力和标准化水平。推动冷链设施设备资源整合和共用共享。

（六）促进生产资料流通创新

推动生产资料流通现代化，支持生产资料市场加快数字化改造，整合生产、采购、物流、销售等各类资源，完善信息、交易、融资等服务功能。支持发展"数字+生产资料流通"的新型模式，鼓励生产资料市场平台化转型，降低生产资料流通和交易成本。鼓励构建集仓储、加工、多式联运等功能于一体的生产资料物流配送中心。

四、贸易协调发展政策

（一）优化流通骨干网络布局

健全流通骨干网络，依托国家综合立体交通网主骨架和物流通道，合理规划商品集散中心、综合物流园区、综合货运枢纽和配送分拨中心等，畅通国民经济"大动脉"。紧密衔接区域重大战略、区域协调发展战略，强化国家级、区域级流通节点城市功能，发挥城市群、都市圈、国家级新区和开发区等功能平台作用，推动流通网络布局与区域、城乡布局相衔接。加快城乡基础设施互联互通，构建城乡高效配送体系，健全农村商业和物流网络，打通工业品下乡"最后一公里"和农产品进城"最先一公里"。

（二）健全县域商业网络

把县域作为农村商业的切入点，推动建立完善以县城为中心、乡镇为重点、村为基础的农村商业体系。支持改造提升县城商业设施，完善县城综合商贸服务中心和物流配送中心。促进县乡村商业网络连锁化，推动各地建设改造一批购物、娱乐、休闲等业态融合的乡镇商贸中心，发展新型乡村便利店。以渠道下沉为主线，支持大型商贸流通企业延伸供应链，为中小企业、个体工商户服务。加快建立完善县乡村协调发展、线上线下有机结合的生活服务网络，优化农村地区文娱、民宿、旅游等业态配置，吸引城市居民下乡消费。规范农村市场秩序，强化质量安全监管，改善农村消费环境。

（三）积极发展农村物流

完善县乡村三级物流配送体系，补齐仓储、配送等基础设施短板。推广城乡统一配送、集中配送、共同配送，支持物流、快递、商贸、运输等企业市场化合作，强化商贸物流、邮政快递、农资配送、客货运输等业务对接，推动物流统仓共配。深入推进"快递进村"工程，支持邮政、快递企业依托农村传统流通网点、农村客货运输站场、乡镇综合运输服务站等，布局基层站点。开展乡村智慧物流体系建设试点，因地制宜打造农村物流服务品牌。

（四）健全农产品流通网络

加强农产品流通基础设施建设和改造升级，聚焦全国重要流通节点和优势农产品产区，完善农产品集散中心和物流加工配送中心。推进农产品品质提升和农业标准化，引导农产品流通企业、农民合作社等在产地就近建设改造田头市场、产地专业市场、产地集配中心、产地仓等，配备清洗、杀菌、加工、包装、分拣、分级、仓储保鲜等设备，提高农产品商品化处理能力。促进农产品批发市场数字化、智能化建设，支持农贸市场现代化发展、数字化转型，推动农产品生产、运输、仓储、消费等环节数据互联互通、设施共用共享。

（五）深化农村电商发展

扩大电子商务进农村覆盖面，促进农户与市场有效对接，完善品牌、营销、物流等电商公共服务，提升农村产业电商化水平。推动电商与快递物流等协同发展，引导电商平台投放更多适应农村消费特点的工业品下乡，加快实施"互联网+"农产品出村进城工程。实施"数商兴农"行动，加强农村电商基础设施数字化建设和改造，推进绿色、有机、地理标志等农产品认证与推广，鼓励农村电商销售的食用农产品附带达标合格证，培育农产品网络品牌。培育农村电子商务主体，持续开展电商人才培训。

五、贸易开放政策

（一）完善内外贸一体化调控体系

促进内外贸法律法规、监管体制、经营资质、质量标准、检验检疫、认证认可等相衔接，进一步健全内外贸一体化的政策体系。提高国际标准转化率，完善强制性产品认证制度。鼓励行业商协会制定发布内外贸一体化产品和服务标准，支持流通企业参与国际贸易规则标准制定。推进同线同标同质，支持企业发展"三同"产品，扩大适用范围至一般消费品、工业品等领域。

（二）促进流通高水平对外开放

积极利用外资，以超大规模市场优势提升内贸行业对外资的吸引力。推进服务业扩大开放综合试点示范。提升利用外资质量，加大外资商业模式、先进技术和管理经验引进力度，积极引进国外知名品牌旗舰店、概念店、体验店、融合店，加快构建品牌汇集、品质高端的优质商品供给体系。积极引导外资投向农村商业和社区商业等短板领域，鼓励外资参与中西部及东北地区流通基础设施建设。

（三）培育内外贸融合发展平台

发挥自由贸易试验区、海南自由贸易港、国家级新区、国家进口贸易促进创新示范区、综合保税区、国家级经济技术开发区等开放平台的引领示范作用，对接国际高标准经贸规则，优化进出口管理和服务，提升贸易便利化水平。提升中国国际进口博览会、中国国际服务贸易交易会等的吸引力和国际影响力，培育若干国际知名度高、影响力大的境内外展会，发展线上线下融合的"云展会"模式，促进国际商品、服务、技术贸易发展。

（四）创新内外贸融合发展模式

培育一批经营模式、交易模式与国际接轨的商品交易市场。推动外贸企业与电商平台、连锁商业企业合作，开辟线上线下外贸产品内销专区，积极开拓国内市场。引导外贸企业与物流企业加强业务协同和资源整合，共建共享物流中心等物流基础设施网络，提高物流运作效率和资产利用效率，支持国内物流企业发展国际业务。鼓励内外贸资源整合，推动行业组织、企业联合体与国际采购联盟加强对接。

六、贸易可持续发展政策

（一）推广实施绿色发展理念

对标国际先进经验，研究推动流通绿色发展评价和第三方评估体系。引导流通企业践行绿色发展理念，提高绿色发展管理水平，履行社会责任，高效利用资源，严格保护生态环境，有效控制温室气体排放，实现可持续发展。

（二）引导绿色生产和消费

引导生产企业推行绿色设计，促进低碳化、标准化和品牌化生产，限制和拒绝高耗能、高污染、过度包装产品，推动包装印刷减量化，减少包装物印刷面积和颜色种类，打造绿色低碳供应链。推进建立统一的绿色产品体系，完善绿色产品标准、认证、标识体系，推动认证结果采信。严格按照配额许可和备案要求，做好国际环境公约管控物质的生产和消费。做好商务领域爱国卫生工作，倡导简约适度、绿色低碳生活方式，积极扩大绿色产品消费。加强绿色低碳宣传，推广节能家电、绿色家具等低挥发性有机物（VOCs）含量绿色产品销售。引导餐饮行业绿色、安全、健康发展，强化油烟治理，推动贯彻落实《反食品浪费法》，持续深化厉行勤俭节约，坚决制止餐饮浪费。

（三）提升流通绿色发展水平

引导流通主体应用绿色节能设备和技术，推进流通领域节能减排，鼓励仓储企业使用绿色建筑材料、产品和设备，执行建筑节能标准。推行绿色物流，支持电商企业使用绿色包装。推进快递包装减量化、标准化、循环化。发展城市共同配送和城市绿色货运配送，推广新能源城市物流配送车应用，鼓励发展集约化配送模式，合理组织、配置物流配送路径，提高车辆利用率。创建绿色商场，加强商务领域塑料污染治理，落实行业管理责任，做好配套制度建设，构建长效治理机制。

（四）构建再生资源新型回收体系

加强再生资源回收网点布局，全面提升再生资源回收行业规范化和规模化水平，针对不同品种的再生资源，构建多元回收、集中分拣和拆解、安全储存运输和无害化处理的再生资源回收利用体系。推进再生资源回收分拣技术升级，更新现代分拣设备设施，提升再生资源回收处理能力。[1]

□□■ 本章小结

贸易管理体制是实现国家对贸易管理的组织保证。是国家经济管理的重要组成部分，它是国家领导和组织商品流通的管理方式、组织形式和管理制度的总称。在商品生产的条件下，为了推动商品的实物形态和价值形态的运动，加快社会再生产的全过程，处理好国家、地方、企业和广大消费者之间的关系，处理好贸易同国民经济各个部门之间，以及贸易内部各个环节之间的经济关系，就需要在流通领域建立一整套与当时生产方式相适应的管理方式和组织形式。现代贸易管理必须建立在大市场、大流通、大商业的基础上，以多层次、多领域的市场体系为目标，组织和发展社会商业，扩大地区之间、国际之间的贸易往来，以多种贸易形式、多条流通渠道，并以最大容量完成商品从生产领域向消费领域转移。

---

[1] 商务部等 22 部门关于印发《"十四五"国内贸易发展规划》的通知［EB/OL］.［2021-12-31］. http://m.mofcom.gov.cn/article/ghjh/202201/20220103236795.shtml.

■ **关键术语**

贸易管理；贸易管理机制；贸易现代化；贸易协调发展；贸易可持续发展

■ **本章思考题**

1. 简述贸易管理的原则和任务。
2. 简述现代贸易管理的特性。
3. 简述贸易管理的手段。
4. 贸易管理中需要处理什么关系？
5. 如何判断贸易管理制度建立完善程度？
6. 举例说明某项贸易促进政策的具体内容有哪些？

参考文献

［1］ Becker G S, Murphy M. The Division of Labor, Coordination Costs and Knowledge ［J］. The Quarterly Journal of Economics, 1992, 107 (4): 1137-1160.

［2］ Dixit A K, Stiglitz J. Monopolistic Competition and Optimum Product Diversity ［J］. The American Economic Review, 1977, 67 (3): 297-308.

［3］ Lucas R E. On the Mechanics of Economic Development ［J］. Journal of Monetary Economics, 1988, 22 (1): 3-42.

［4］ Romer P M. Increasing Returns and Long-Run Growth ［J］. The Journal of Political Economy, 1986, 94 (5): 1002-1037.

［5］ Rosen S. Specialization and Human Capital ［J］. Journal of Labor Economics, 1983, 1 (1): 43-49.

［6］ Stigler G J. The Division of Labor is Limited by the Extent of the Market ［J］. The Journal of Political Economy, 1951, 59 (3): 185-193.

［7］ Yang Xiao-kai, Shi He--ling. Specialization and Product Diversity ［J］. The American Economic Review, 1992, 82 (2): 392-398.

［8］ Young A. Increasing Returns and Economic Progress ［J］. The Economic Journal, 1928, 38 (152): 527-542.

［9］ 巴里·伯曼, 乔尔·R. 埃文斯. 零售管理 ［M］. 北京: 清华大学出版社, 2011.

［10］ 蔡春林. 国际贸易 ［M］. 北京: 对外经济贸易大学出版社, 2011.

［11］ 曹厚昌. 商务代理指导 ［M］. 北京: 人民日报出版社, 1996.

［12］ 陈淑祥. 贸易经济学 ［M］. 成都: 西南财经大学出版社, 2015.

［13］ 陈文玲. 现代流通基础理论原创研究 ［M］. 北京: 经济科学出版社, 2006.

［14］ 陈宪, 韩太祥. 经济学原理与应用 ［M］. 北京: 高等教育出版社, 2006.

［15］董晔然．高级商业经济理论［M］．北京：经济科学出版社，2011.

［16］谷克鉴．贸易经济学［M］．北京：中国经济出版社，1994.

［17］谷书堂，宋则行．政治经济学（社会主义部分）［M］．西安：陕西人民出版社，1998.

［18］黄国雄．现代商学概论［M］．北京：高等教育出版社，2008.

［19］黄国雄，王强．现代零售学［M］．北京：中国人民大学出版社，2008.

［20］纪宝成．商品流通论——体制与运行［M］．北京：中国人民大学出版社，1993.

［21］纪宝成．商业经济学教程［M］．北京：中国人民大学出版社，2016.

［22］贾明德．国际贸易学［M］．西安：陕西人民出版社，2004.

［23］蒋和胜．贸易经济学［M］．成都：电子科技大学出版社，2005.

［24］李陈华．流通企业规模理论研究［M］．北京：经济科学出版社，2010.

［25］李飞，贺曦鸣．零售业态演化理论研究回顾与展望［J］．技术经济，2015（11）：34-46.

［26］李金轩．贸易经济教程［M］．北京：当代世界出版社，2000.

［27］李乐锋，刘晓军．国际贸易实务［M］．南京：南京大学出版社，2015.

［28］林文益．贸易经济学［M］．北京：中国财政经济出版社，1995.

［29］刘东升．政治经济学原理（第3版）［M］．北京：对外经济贸易大学出版社，2014.

［30］刘志彪．全国统一大市场［J］．经济研究，2022（5）：13-22.

［31］柳思维，高觉民．贸易经济学［M］．北京：高等教育出版社，2021.

［32］柳思维，黄福华，等．新兴流通产业发展研究［M］．北京：中国市场出版社，2007.

［33］柳思维，刘天祥．贸易经济学［M］．长沙：湖南师范大学出版社，1998.

［34］马克思．资本论［M］．北京：人民出版社，2004.

［35］任保平．西方经济学说史（第二版）［M］．北京：科学出版社，2010.

［36］宋文献，傅利平．社会主义市场经济学［M］．天津：天津大学出版社，1994.

［37］宋则．马克思市场学说研究［J］．财贸经济，2016（11）：18-33.

［38］孙建国．商务代理［M］．重庆：重庆大学出版社，2011.

［39］孙启源，毕黎明．物资流通经济学［M］．北京：中国商业出版社，1991．

［40］孙耀川．国内统一市场研究［M］．沈阳：辽宁大学出版社，1996．

［41］陶益清，安玉发．市场营销［M］．北京：中国农业出版社，2002．

［42］王成荣，等．第四次零售革命［M］．北京：中国经济出版社，2014．

［43］王德民．贸易经济学［M］．北京：中共中央党校出版社，1994．

［44］王德民，陆成勋．贸易经济学［M］．北京：中共中央党校出版社，1994．

［45］王晓东．新时期我国商品流通问题研究［M］．北京：中国人民大学出版社，2018．

［46］吴国蔚．国际贸易学［M］．北京：北京工业大学出版社，2006．

［47］夏春玉．零售业态变迁理论及其新发展［J］．当代经济科学，2002（4）：70-77．

［48］夏春玉．流通概论［M］．大连：东北财经大学出版社，2016．

［49］肖怡．零售学［M］．北京：高等教育出版社，2007．

［50］徐从才．流通经济学：过程、组织、政策［M］．北京：中国人民大学出版社，2006．

［51］徐从才．贸易经济学［M］．北京：中国人民大学出版社，2015．

［52］徐大勇．企业战略管理［M］．北京：清华大学出版社，2019．

［53］薛荣久．国际贸易［M］．北京：对外经济贸易大学出版社，2020．

［54］杨卫军，陈昊平．经济学基础［M］．北京：北京理工大学出版社，2016．

［55］杨小凯．分工与专业化：文献综述［M］//汤敏．现代经济学前沿专题．北京：商务印书馆，1999：17-40．

［56］姚文仓，杨作林．社会主义市场经济概论［M］．北京：中共中央党校出版社，1993．

［57］叶万春．商品流通经济学［M］．成都：四川美术出版社，2007．

［58］易法海．贸易经济学［M］．北京：中国农业出版社，2002．

［59］张泽元，梅福林，韦建平．社会主义市场经济学［M］．北京：中国档案出版社，1995．

［60］张章．贸易经济学［M］．延吉：延边大学出版社，1997．

［61］中央编译局．马克思恩格斯全集（第46卷）［M］．北京：人民出版社，1982．

［62］中央编译局．马克思恩格斯全集（第49卷）［M］．北京：人民出版

社，1995.

　［63］周肇先．贸易经济学［M］．北京：中国财政经济出版社，1999.

　［64］朱国宏．经济社会学［M］．上海：复旦大学出版社，1999.

　［65］祝合良．现代商业经济学（第 5 版）［M］．北京：首都经济贸易大学出版社，2020.

后　记

　　安徽财经大学贸易经济专业是"国家级一流本科专业"，"贸易经济学"教学团队为安徽省省级教学团队。在长期的教学和专业建设过程中，安徽财经大学一直重视"贸易经济学"教材的编写工作，课程组先后编撰并出版了《中国商业经济学》《流通经济学》《中国贸易经济概论》《期货贸易》《现代贸易组织创新》等教材。为推动安徽财经大学"国家级一流本科专业"建设，"贸易经济学"课程组申报了安徽省省级质量工程项目"贸易经济学"精品线下开放课程（2022xxkc002）和"贸易经济学"省级规划教材项目。本教材的编写是安徽省省级质量工程项目"贸易经济学"精品线下开放课程（2022xxkc002）和"贸易经济学"省级规划教材项目的建设成果，同时本教材也是国家社会科学基金项目"数字赋能零售业态高质量发展的机理与政策"（23BJY194）的阶段性成果。

　　参与本教材编写的有丁宁、陈阿兴、丁华、王旖洁、曾子静、王语诺、林森，其中丁宁担任主编。在本教材编写的过程中，部分章节使用了课程组成员参编的"贸易经济学"教材，借鉴和参考了国内贸易经济研究领域的前辈和同行的相关教材、专著，并在脚注和参考文献中做了相关说明。在此，向关心本教材编写内容的前辈和同行表示衷心的感谢！由于编者水平有限，书中难免有疏漏之处，恳请广大读者和专家不吝赐教，以便及时修订，使之不断完善。